Sobre a Canção
E seu entorno e o que ela pode se tornar

Editora Appris Ltda.
1.ª Edição - Copyright© 2020 dos autores
Direitos de Edição Reservados à Editora Appris Ltda.

Nenhuma parte desta obra poderá ser utilizada indevidamente, sem estar de acordo com a Lei nº 9.610/98. Se incorreções forem encontradas, serão de exclusiva responsabilidade de seus organizadores. Foi realizado o Depósito Legal na Fundação Biblioteca Nacional, de acordo com as Leis nos 10.994, de 14/12/2004, e 12.192, de 14/01/2010.

Catalogação na Fonte
Elaborado por: Josefina A. S. Guedes
Bibliotecária CRB 9/870

V712s
2020
	Villaça, Túlio Ceci
	   Sobre a canção: e seu entorno e o que ela pode se tornar /
	Túlio Ceci Villaça. - 1. ed. – Curitiba: Appris, 2020.
	   219 p. ; 23 cm. – (Artêra).
	
	   Inclui bibliografias
	   ISBN 978-65-5523-043-7
	
	   1. Musica. I. Título. II. Série.
	
	                                                                             CDD - 780

Livro de acordo com a normalização técnica da ABNT

Appris
editora

Editora e Livraria Appris Ltda.
Av. Manoel Ribas, 2265 – Mercês
Curitiba/PR – CEP: 80810-002
Tel. (41) 3156 - 4731
www.editoraappris.com.br

Printed in Brazil
Impresso no Brasil

Túlio Ceci Villaça

Sobre a Canção
E seu entorno e o que ela pode se tornar

FICHA TÉCNICA

EDITORIAL	Augusto V. de A. Coelho
	Marli Caetano
	Sara C. de Andrade Coelho
COMITÊ EDITORIAL	Andréa Barbosa Gouveia - UFPR
	Edmeire C. Pereira - UFPR
	Iraneide da Silva - UFC
	Jacques de Lima Ferreira - UP
	Marilda Aparecida Behrens - PUCPR
ASSESSORIA EDITORIAL	Alana Cabral
REVISÃO	Luana Íria Tucunduva
PRODUÇÃO EDITORIAL	Gabriela de Saboya
DIAGRAMAÇÃO	Loraine Ferraz
CAPA	Eneo Lage
COMUNICAÇÃO	Carlos Eduardo Pereira
	Débora Nazário
	Karla Pipolo Olegário
LIVRARIAS E EVENTOS	Estevão Misael
GERÊNCIA DE FINANÇAS	Selma Maria Fernandes do Valle

AGRADECIMENTOS

Este livro é uma seleção de artigos do blog de crítica musical Sobre a Canção ao longo de seus primeiros nove anos de existência. Os textos selecionados cobrem um período de tempo extenso da nossa produção musical, com prioridade para o período pós-Bossa Nova, quando nossa música populars e firmou como uma das mais originais e potentes do mundo, até a produção contemporânea.

Os critérios para a seleção dos textos envolveram, além da relevância das canções, as melhores possibilidades de adaptação do formato digital para uma publicação física, em que as canções analisadas não estão disponíveis imediatamente. Por isso, recomendo vivamente que, à leitura de cada artigo, o leitor procureas gravações mencionadas para ouvir, mesmo que já as conheça, pois a reescuta é um dos instrumentos primordiaisda boa crítica. Quase todas estão disponíveis gratuitamente no YouTube ou em plataformas de streaming como Spotify e congêneres. Tento dar a abordagem mais ampla possível nas análises, contemplando aspectos históricos, semióticos, sociológicos, além dos musicais propriamente ditos.

Agradeço a muita gente nesses anos de publicação, mas particularmente a Tatiana Henrique e Carolina Barberan, pelas primeiras oportunidades de escrever sobre música; a Paulo Almeida, pela chance de escrever numa publicação externa pela primeira vez; a Eduardo Losso Guerreiro, pelos chamados à publicação no mundo acadêmico feitos a um não acadêmico; a meus interlocutores na crítica e no entendimento musical (muitos citados neste livro) Paulo da Costa, Luiz Henrique Assis Garcia, Leonardo Davino, Marcos Lacerda, Walter Garcia, João de Carvalho, Hugo Sukman, Luiz Antônio Simas e Leonardo Lichote, entre outros particularmente a José Miguel Wisnik, Arthur Nestrowski e Luiz Tatit, por abrirem alguns dos caminhos de crítica que percorro; e a Paula Ceci, por ter me perguntado por que não fazia logo um blog.

PREFÁCIO

A música popular brasileira é tão rica que permite muitas profundas leituras. Os críticos musicais têm se desdobrado na dura tarefa de "entender o cancioneiro do Brasil há anos. E tome falar sobre a música brasileira em resenhas, livros, revistas, programas de televisão, programas de rádio etc. Dos anos 2000 pra cá, a internet não só possibilitou o aumento dos suportes – podcasts, blogs, canais no YouTube, listas no Myspace e no SoundCloud, Tumblr, Spotify, Deezer etc. –, mas permitiu que muitos diletantes e estudiosos de fora da academia e dos grandes veículos de comunicação contribuíssem também com a crítica musical. A tal da democratização. Os escritos de Túlio Ceci Villaça nascem justamente nessa onda.

Os textos aqui selecionados são parte de sua produção para a web. Mas engana-se quem pensa que vai encontrar um amontoado de textos rasos sobre música. Está enganado, também, quem pensa que essa produção literária só funcionaria no suporte das redes: os textos da web, juntos neste livro, são crônicas deliciosas e estudos profundos sobre o cancioneiro popular brasileiro. Túlio é um estudioso. Além de ter fluência na escrita, ainda possui o domínio sobre a teoria musical. Ao contrário de muitos críticos que passam ao largo das minúcias teóricas, o autor aqui se apoia justamente nelas para deixar seu texto ainda mais instigante. São precisas as análises que falam sobre escalas modais, harmonia, escolhas melódicas e arranjos. Aqui, repito, o mergulho é profundo.

A ideia de hiperlink que permeia toda a comunicação na rede pode ser o ponto de interseção nos textos que se apresentam. Uma sacada bastante original que faz conexões inusitadas e insuspeitas. Túlio nos revela os hiperlinks da MPB, as ligações que ninguém percebe, os *"easter eggs"* da canção brasileira. E é uma delícia, tanto para o público leigo quanto para o mais versado. Ninguém acaba este livro da mesma forma que começou.

PS:

Pensei em começar este prefácio contando como conheci Túlio. Mas é melhor contar como NÃO conheci Túlio. Estudávamos na escola Villa-Lobos no mesmo período, lá pelos idos de 1997/1998. Frequentávamos o bar que, salvo engano, tinha um apelido que fazia um trocadilho com o nome de Túlio, tínhamos os mesmos amigos, participamos dos mesmos concursos na escola. Túlio era melhor amigo do melhor amigo do meu irmão. Apesar de tantos pontos de contato, não nos conhecemos nessa época. Somente quase 20 anos depois fomos apresentados. O tempo foi generoso conosco. Cá estamos produzindo e falando de música.

Paulo Almeida – produtor cultural

SUMÁRIO

TERESA, UM PALIMPSESTO 11

UMA ODISSEIA NO SOM 16

TRÊS CHARLES 22

UMA OUTRA CANÇÃO DE EXÍLIOS 26

O CANTE SEM MAIS NADA 30

MILTON E O ETERNO RETORNO DA MELODIA 35

RAUL, DO ESOTÉRICO AO EXOTÉRICO 39

PALAVRA NOVA QUE DISPENSA EXPLICAÇÃO 44

O MILAGRE DE DORIVAL 49

O CAMINHO DO MEIO E O LUGAR COMUM 57

LUAS, LUAS, LUAS, LUAS 61

O HOMEM CORDIAL CONTRA O FASCISMO 65

FILHOS DA AQUARELA: QUERELAS DO BRASIL 71

UMA CANÇÃO E SEUS RAMALHETES 76

CANÇÕES DE GUERRA, CANÇÕES DE AMOR 80

SINA: UMA REESCUTA 85

FILHOS DA AQUARELA: NAÇÃO 91

A SAGA DO MENINO DO CORPO FECHADO 95

A TROPICÁLIA VAI PASSAR? 104

NEGÃO, NEGUINHA, NEGUINHO 111

A CANÇÃO E O FUTEBOL 115

DE CARTOLA A FELA KUTI – CANTOS DE TRABALHO E
MENTALIDADE COLONIAL 118

DE MÁRIO DE ANDRADE A MESTRE AMBRÓSIO – UMA EPOPEIA...123

FUNK, FOLCLORE, ARMAS E FELICIDADE...129

MARGINAL, FRONTEIRIÇO, BERADÊRO...134

SEO ZÉ, SERTANEJO UNIVERSAL...137

DUAS DESPEDIDAS E UM CAMPO DE MORANGOS...141

A MELODIA DO RAP – RACIONAIS MCS...145

A MELODIA DO RAP – EMICIDA...150

A MELODIA DO RAP – CRIOLO...156

ORA (LEREIS) OUVIR ESTRELAS...163

O MEDO, A VIDA, A MORTE...170

FUNK, FREUD, FEITIÇO, AS FOGUENTAS E AS FOGUEIRAS DA SANTA INQUISIÇÃO...174

FILHOS DA AQUARELA:
DE PONTA A PONTA TUDO É PRAIA-PALMA...177

QUERO VER A CANÇÃO AGORA...185

GUINGA E A ÚLTIMA CANÇÃO DO BECO...190

VIDA E MORTE CIRANDEIRA...197

OS MUITOS CAMINHOS DAS CARAVANAS...201

O SISTEMA DA BABILÔNIA A MAIS
DE MIL DECIBÉIS...208

O CARNAVAL CONTRA O FASCISMO...213

Teresa, um palimpsesto

Henrique de Borgonha tinha poucas chances de alcançar fortuna, pois, embora fosse de uma das famílias mais nobres da Europa, era filho caçula, não tendo direito à herança. Assim, sua única saída era a mesma de muitos nobres arruinados ou com perspectiva de conquistas naqueles primórdios do século XII: aderir às Cruzadas ou, no caso, um seu reflexo, a Guerra da Reconquista da Península Ibérica aos mouros. Depois de ajudar o rei Afonso VI de Leão e Castela a expulsá-los da Galiza (o noroeste da Espanha atual), recebeu dele as terras um pouco mais ao sul, o Condado Portucalense, além de casar-se com uma filha ilegítima do rei, Dona Tereza de Leão.

O filho de Henrique, porém, após a morte do pai, entrou em conflito com a mãe, que pretendia manter o domínio sobre as terras aliando-se a Dom Fernão Peres de Trava, de uma poderosa família da Galiza (dizem que também seu amante). Portanto, Dom Afonso Henriques se rebelou, declarando suas terras independentes de Leão e Castela, e proclamando-se rei Afonso I de Portugal, em 1139.

No entanto, em Portugal não se falava português, e sim galego, ou melhor, galego-português, como é chamada hoje a língua que o originou. É justamente a partir do isolamento político de Portugal independente que a língua portuguesa vai começar a desenvolver sua identidade, incorporando, por exemplo, elementos árabes, enquanto o galego derivava para o espanhol. O primeiro documento escrito em português reconhecido é o testamento de Afonso II, neto de Afonso I, de 1214. Porém o marco do fim do português arcaico (e, portanto, início do moderno) é posterior ao Descobrimento do Brasil, datando de 1516! E a primeira gramática da língua portuguesa só surgiu 20 anos depois.

E por que este livro sobre a canção se inicia falando dessas coisas? Um pouco de paciência para penetrar nos meandros dessa novela. Sancho I, segundo filho de Afonso I e segundo rei de Portugal, por ser o segundo filho, só herdou o trono pela morte do primogênito. Teve inúmeros filhos e filhas (11 do casamento, mais vários naturais). A primeira filha era mulher, chamada Teresa – ou Tarasia ou Tareja, conforme se falava. Teresa casou-se com outro Afonso (não se perca). Esse era Afonso IX, rei de Leão (que a essa altura estava separado de Castela). Porém, depois de terem tido três filhos, o casamento foi anulado pelo fato de serem primos em primeiro grau! Afonso IX era neto materno de Afonso I de Portugal, e sobrinho de Sancho I.

Então, começam as desventuras de Teresa. Com a morte de Sancho I, Teresa herdou o Castelo de Montemor-o-Velho, mais suas redondezas e proventos. Sua segunda irmã Sancha e a caçula Mafalda herdaram propriedades do mesmo porte, e todas o direito de usarem o título de rainhas. Isso gerou em Afonso II, seu irmão, o temor de que Teresa, ao morrer, deixasse as vastas terras para os filhos, herdeiros do reino de Leão, o que significaria o desmembramento de Portugal. Assim, bloqueou o testamento. Diante disso, Teresa se recolheu a um convento. A pendenga só foi resolvida depois da morte de Afonso II por seu filho, Sancho II, que concedeu às tias o usufruto das terras, desde que renunciassem ao título de rainhas.

Afonso IX, ex-marido de Teresa, por sua vez, casou-se de novo, e teve mais cinco filhos. E, no entanto, acreditem, seu segundo casamento também foi anulado por consanguinidade! Berengária de Castela também era sua prima, dessa vez em segundo grau. Com a morte de Afonso, o reino de Leão passou a ser disputado pelos filhos de ambos os casamentos, com o agravante que Afonso havia deserdado o primogênito, Fernando de Leão, filho de Teresa. Finalmente, com a intervenção dela, outro Fernando, filho do outro casamento e rei de Castela, assumiu o trono, tornando-se Fernando III de Leão e Castela e unificando os dois reinos, iniciando com isso um processo que possibilitou as Grandes Navegações séculos mais tarde, mas que só terminaria com o fim da Reconquista e casamento de Isabel I de Castela e Fernando II de Aragão, em 1469, unificando esses reinos e constituindo o reino da Espanha.

Teresa voltou então ao convento, onde permaneceu até sua morte, em 1250. Em 1705, o papa Clemente XI beatificou Teresa e Sancha. Mafalda se juntou a elas em 1793, beatificada por Pio VI.

Contada toda essa história, um leitor desavisado pode pensar que nunca havia ouvido falar desses personagens, especialmente da Beata Teresa de Portugal. Ledo engano. Veja se já não conhece de cor esta história:

Terezinha de Jesus
de uma queda foi ao chão

Acudiu três cavalheiros
Todos de chapéu na mão
O primeiro foi seu pai
O segundo seu irmão
O terceiro foi aquele
Que a Tereza deu a mão

Terezinha de Jesus é a mais antiga canção em português ainda constante no repertório popular. Como todas as cantigas folclóricas, tem sua origem envolta em bruma. Há registros dela, ou de versões dela, na Ilha da Madeira, possessão portuguesa no meio do Atlântico, no formato de charamba, uma dança açoriana. Antes disso, ela se perde nos tempos. Há quem defenda que a Tereza em questão seria Santa Terezinha, e que os três personagens masculinos seriam, respectivamente, o Pai, o Filho e o Espírito Santo – este a quem Tereza deu a mão. A hipótese explicaria, inclusive, o erro de concordância do verbo acudir, "uma vez que Deus é uno e trino" (sic).

Interpretações como esta, apesar de um bocado forçadas ao tentarem abarcar detalhes, não são de todo absurdas, dada a religiosidade devota do povo português. Fato é que uma canção folclórica como essa passou, literalmente, por milhares de vozes que são todas suas autoras em algum grau, e que a vão construindo até hoje – prova disso é que há inúmeras versões para além das duas estrofes mais antigas, como a conhecida *da laranja quero um gomo, do limão quero um pedaço* etc., além da correção do verbo acudir (possivelmente um resquício do português arcaico), nestes tempos em que a canção infantil tem quase sempre uma preocupação pedagógica embutida. Não há provas, mas apenas evidências, da correlação entre a Beata Tereza e a cantiga. Certo é que a crônica popular dos acontecimentos por meio da música é regra em populações sem alfabetização, maioria absoluta num Portugal que ainda mal se firmava como país.

Uma interpretação menos direta, porém igualmente instigante, diz respeito à posição social da mulher na sociedade – válida desde a época de Teresa e antes, até o século XX. Tomando-se aquele a quem Teresa deu a mão como seu marido, ela passa da responsabilidade do pai para a do irmão (quando da morte do primeiro), para enfim passar a ser posse do homem que a desposa numa vida de dependência e obediência absoluta a uma hierarquia masculina. Cantada num delicado tom menor, num casto ternário, *Terezinha de Jesus* seria então um retrato da passividade historicamente imposta à mulher. Ora, direis, essa interpretação entra em contradição com a vida de Teresa, que teve seu casamento anulado. Mas antes de ser contradição, essa polissemia é que garantiu à cantiga a sobrevida que teve e tem, partindo de um fato determinado para se tornar o retrato da cultura que a alimenta continuamente.

Mas há, sim, uma diferença fundamental na trajetória de Teresa: ela entra para o convento. Assim, o homem a quem Teresa dá a mão não é seu marido, cujo casamento é anulado e que ainda por cima despreza o primogênito: Teresa esposa a Deus. Trata-se de uma saída diversa do destino natural da mulher, talvez a única possível a quem passava por uma queda como a que Teresa passou. E, no entanto, há nessa saída a manutenção da dignidade. Nesse sentido, Terezinha de Jesus, contando a história da mulher que se sobrepôs a diversos reveses e lutas familiares, conseguindo, afinal, sobreviver, serve também como a crônica da luta da mulher pela afirmação e pela sobrevivência num mundo masculino, dentro das circunstâncias da época, com vieses tanto sociológicos quanto psicológicos.

Chico Buarque partiu da narrativa de *Terezinha de Jesus* para compor *Terezinha*, uma canção que é o desdobramento exato dessa visão do lugar da mulher. Na canção do Chico, o primeiro homem que se apresenta tem todas as características dessexualizadas do pai (*Trouxe um bicho de pelúcia / Trouxe um broche de ametista*), ao passo que o segundo, com seu comportamento agressivo e competitivo, assume a característica do irmão, com os quais se desenha uma relação edipiana (*Indagou o meu passado / E cheirou minha comida*). O terceiro é o amante, que tem a percepção completa da mulher e permite a ela a realização no relacionamento, o amadurecimento afetivo e sexual.

> *Ele não me trouxe nada,*
> *Também nada perguntou.*
> *Mal sei como ele se chama,*
> *Mas entendo o que ele quer*
> *Se deitou na minha cama*
> *E me chama de mulher*

Note-se que, efetivamente, esse processo cantado por Maria Bethânia em sua conhecida gravação está inteiro implícito na narrativa da cantiga original. Não é à toa: Terezinha de Jesus é uma canção que possivelmente passou quase um milênio sendo repetida, elaborada, macerada, desbastada, lapidada, conciliando, assim, como todo canto popular, uma extrema simplicidade com uma superposição espantosa e extremamente profunda de significações, desde a crônica popular das fofocas da família real até o processo de formação do sujeito, passando pela discussão do lugar da mulher na sociedade. Além de ter testemunhado o nascimento de uma língua e de um país, atravessando oceanos e espalhando-se por continentes, em inúmeras camadas de leituras e interpretações. Tudo isso em oito versos. E 900 anos.

Uma odisseia no som

[Ironia modo on] Elvis não morreu, e o homem nunca foi à Lua. Mas esqueça daqueles argumentos bobos como "a bandeira americana estava tremulando" (estava suspensa por uma vareta) ou "não devia haver penumbra" (ora, a luz do sol reflete na superfície). A prova definitiva é uma fotografia do set de film... ops, da Nasa em que, agachado ao fundo e meio escondido pelo astronauta Neil Armstrong, está, inconfundível, o cineasta canadense Stanley Kubrick. É claro que é ele, quem mais? E por que ele estaria ali? Ora, porque ele foi o diretor da encenação que foi a chegada do homem à lua. Repare a tela azul ao fundo. Essa e muitas outras evidências provam definitivamente que Kubrick foi o responsável pelas falsas imagens do pouso da Apolo 11 em 20 de julho de 1969. [Ironia modo off]

De toda essa teoria de conspiração de proporções literalmente astronômicas e levada ao paroxismo no documentário falso e hilário *Dark side of the moon*, do francês William Karel, fica uma pergunta que, embora de fácil resposta, serve também para dar a partida no assunto real deste texto: por que Stanley Kubrick foi justamente o escolhido (pelos paranoicos) para ser o diretor dessa alegada farsa? Ora, porque Kubrick dirigira no ano anterior o filme de ficção científica mais importante da história, e que disputa com alguns poucos o lugar de melhor filme jamais feito: *2001 – Uma Odisseia no Espaço*. Um filme emblemático tanto em termos de perfeição formal – de que Kubrick, perfeccionista notório, era mestre – como também em sua mensagem inconclusa e misteriosa sobre o início/fim da Humanidade. *2001*, uma experiência visual antes de ser racional, mudou a maneira de imaginar o futuro e suscita ainda hoje investigações esotéricas interessantíssimas. Mas damos mais um passo para nos aproximarmos do tema real deste texto, tratando de sua trilha sonora.

A original é de Alex North, colaborador de Kubrick em *Spartacus*. Porém ela acabou sendo descartada. Em vez disso, Kubrick recorreu a temas de música de concerto de diversas épocas. É clássica a dança das naves espaciais ao som do *Danúbio Azul*, de Johann Strauss, ou o homem macaco lançando seu osso, que se transforma em nave espacial, sob os acordes de *Assim falou Zaratustra*, de Richard Strauss. Estes são temas bem conhecidos.

Porém as duas peças do compositor húngaro György Ligeti incluídas por Kubrick na trilha sonora de *2001*, *Atmosphères* e *Lux Aeterna*, não têm temas cantabiles e facilmente reconhecidos. Na verdade, não têm ritmo definido, nem tom... São pura textura, puro efeito sonoro, pura falta de referência, em um caso orquestral, no outro com a voz humana. Estamos em pleno espaço sideral. Ligeti é um compositor do século XX (faleceu em 2006), e suas explorações timbrísticas tornaram-se referenciais na música de concerto.

Um ano depois de *2001* (ou melhor, de 1968, ano do filme), o homem chega à Lua (ou, segundo alguns, não chega). E no fim desse mesmo ano, os Mutantes lançam seu segundo álbum, e nele a canção *2001*. Diversas outras canções já haviam sido feitas tendo como mote a chegada do homem à Lua. Ângela Maria cantara, na marcha de carnaval *A Lua é dos Namorados*:

> *Lua, ó Lua, querem te passar pra trás*
> *Lua, ó Lua, querem te roubar a paz*
> *Lua que no céu flutua*
> *Lua que nos dá luar*
> *Lua, ó Lua, não deixa ninguém te pisar.*

E Gilberto Gil já cantara em *Lunik 9*, nome de uma das naves não tripuladas do programa espacial soviético que pretendia chegar à Lua:

> *Poetas, seresteiros, namorados, correi!*
> *É chegada a hora de escrever e cantar*
> *Talvez as derradeiras noites de luar*

Porém, se essas duas canções tomam um ponto de vista anterior à alunissagem (na verdade, Lunik 9 a descreve quase cinematograficamente), em *2001*, Tom Zé já está longe, no futuro. A conquista da Lua não é o seu mote, e sim um fato consumado. Aliás, para ser mais franco, nem foi exatamente Tom Zé que associou a música ao filme. Tom Zé havia composto a canção *Astronauta libertado* e aprovado a letra, mas não a melodia. Pediu ajuda a Caetano Veloso para refazer a música, mas não conseguiram nada que agradasse a ambos. Quando o Tom Zé já havia desistido da música,

Guilherme Araújo, produtor dos baianos, chegou e jogou sobre a mesa uma fita cassete. Tom Zé leu o rótulo: *2001*. Era a versão de Rita Lee para a composição, que ele adorou de cara.

2001, a canção, é bem diferente de *2001*, o filme. Mas tem ao menos duas coisas em comum com ele: a capacidade de unir passado e futuro e a recusa de apresentar uma conclusão. Tanto quanto a letra futurista de Tom Zé, o arranjo de Rogério Duprat é a grande estrela dessa gravação (Gilberto Gil também a gravou, num arranjo mais, digamos, homogêneo, e com um décimo do impacto). O futurismo da letra soa como uma atualização do futurismo modernista de 1922, como que estendendo a celebração da indústria e tecnologia de São Paulo à Via Láctea. Porém com uma diferença, que na verdade acaba subvertendo o que acabei de dizer. É o fato de essa modernidade exaltada não ser externa, mas internalizada. *2001* é cantada inteiramente na primeira pessoa. E toda ela trata não da chegada do homem à lua ou ao futuro, mas da sua própria transformação pessoal, como que invadido pelo futuro.

> *A cor do sol me compõe*
> *O mar azul me dissolve*
> *A equação me propõe*
> *Computador me resolve*

ou

> *Meu sangue é de gasolina*
> *Correndo não tenho mágoa*
> *Meu peito é de sal de fruta*
> *Fervendo num copo d'água*

Ou seja, pode-se dizer que o futuro se realiza no próprio eu lírico do protagonista da canção, e não no espaço sideral; não na distância, mas dentro aqui. Ora, isso inverte – ou melhor, subverte – a noção anterior, de passar de São Paulo para o Universo inteiro na temática, pois é o Universo que me invade e transforma até o limite da desumanização, quiçá da evolução da espécie. Mas esse elogio do progresso, ainda que (ou ainda mais) trazido para dentro da humanidade e não alcançado por ela, lido isolada (e ingênua) mente, a letra de *2001* poderia ser uma ode triunfalista à evolução da espécie – e me atrevo a dizer, essa leitura a situaria perigosamente próxima do fascismo.

Mas, então, chega o arranjo do Duprat e vira tudo do avesso. E essa virada do avesso (aliás, mais de uma, como veremos) é que torna *2001* a canção espetacular que é. E a fonte inicial dessa virada é a decisão de cantar metade dela com uma dupla caipira e a outra metade com um grupo de rock. O grupo de rock seriam os próprios Mutantes, claro. A dupla caipira, a um ouvido menos atento (o meu, por muito tempo) pode parecer formada por Rita Lee e Tom Zé, de forma caricata. Mas não. Foi convocada uma dupla real. A metade sertaneja de 2001 é interpretada por Zé do Rancho e Mariazinha – acredite se quiser, pais de Noely, esposa de Xororó, da dupla com Chitãozinho, e, portanto, avós de Sandy e Junior. A participação da dupla não é creditada, mas foi descoberta pelo pesquisador Carlos Calado, autor de *A divina comédia dos Mutantes*, a mais alentada biografia da banda.

Essa escolha tem consequências inesperadas. Porque o que a dupla caipira canta não é música caipira, e sim uma paródia dela. Mas ao mesmo tempo a interpretação da dupla é genuína e lhe empresta sua credibilidade. Isso coloca a metade caipira da canção num incômodo lugar entre o original e o pastiche, cantando uma letra futurista. Se Rita e Tom Zé (por mais que este seja de Irará, interior da Bahia), ou mesmo Arnaldo Batista, resolvessem cantar essa parte, ela soaria unicamente como avacalhação do caipira, o que significaria que os intérpretes tomavam posição na dicotomia que *2001* propõe, a favor do rock (já que o estilo do rock é mais natural aos Mutantes). Mas não é isso que acontece. Mesmo os erres retroflexos e o X de galáxia soando como CH, mesmo estes podem soar como exagero humorístico ou sinal de autenticidade, num jogo de decifração que não se resolve.

Por outro lado, também não se pode dizer que a outra metade da canção, dos Mutantes, seja absolutamente crível, ou ao menos séria. Isso porque, embora os Mutantes fossem efetivamente um grupo de rock, a característica irônica de suas interpretações, a começar pela voz meio derramada de Arnaldo, por si só coloca sempre uma pulga atrás da orelha do ouvinte – será que eles estão falando sério mesmo? Também a porção rock de *2001* transita a meio caminho entre o pastiche e o real, e parece por si só estar ridicularizando a outra metade, caipira, que, por sua vez, também parece fazer pouco dela. As duas metades da canção são igualmente autênticas e avacalham-se mutuamente, ambas têm a mesma credibilidade cambiante, andam no fio da navalha na escuta do ouvinte. É sobre essa suspensão, mantida até a apoteose final, que se sustenta a poética da música, é ela quem impede que sua letra caia numa mera exaltação da modernidade – como também numa mera crítica. Nada é exato, tudo é duvidoso, mesmo as afirmações peremptórias.

E com isso, é impossível afirmar com segurança se a gravação de 2001 se constitui como uma ironia ou uma celebração. O tremendo contraste entre o mundo rural e o espacial soa inverossímil, claro, mas nem por isso insincero – e é isso o mais surpreendente. Porque – e essa é a primeiríssima inversão – não é o caipira que vai ao espaço, é o espaço que vai ao caipira. Até a reviravolta que desembocará no *grand finale*, Zé do Rancho e Mariazinha são responsáveis pelo refrão, enquanto as estrofes intermediárias ficam a cargo dos Mutantes. A alternância entre eles, mantidos na mesma canção em lugares separados, quase como dois eu líricos diversos, ou um mesmo dividido em dois, cria uma atmosfera de surpresa e incredulidade, que será amplificada no interlúdio. E aí voltamos a Ligeti.

A chegada do interlúdio sem melodia, harmonia, ritmo, nenhum elemento musical reconhecível, tem o efeito similar à falta de gravidade no arranjo de *2001*. Tudo sai do lugar, tudo flutua. Os próprios intérpretes estão flutuando no espaço, e com eles os significados já provisórios e incertos da canção até aí. Se houve uma leitura de crítica ou exaltação, ambas agora estão suspensas. O mais interessante é que, embora remeta imediatamente às peças que foram usadas no filme *2001*, esse interlúdio, ele sim, não passa de uma paródia descarada delas. Na verdade, a referência deles pode ser tanto essas peças quanto *Revolution 9*, a colagem de John Lennon que é a penúltima faixa do Álbum Branco, igualmente de 1968 (dos Beatles, influência confessa e fortíssima dos Mutantes), com seus sons díspares reprocessados, uma espécie de anticanção. Fazendo nesse interlúdio a fusão, ou sobreposição, da música pop e da vanguarda erudita, ao mesmo tempo em que riem de ambos e de si mesmos (pois os sons de assombração feitos por Arnaldo são, sem dúvida, humorísticos, e até um teremim se faz ouvir no meio da balbúrdia), os Mutantes preparam a fusão/sobreposição final de *2001*, que vai definir a canção.

Mas antes dela, a inversão. Pois na volta do interlúdio, quem surge cantando a última estrofe da canção é a dupla sertaneja e não o grupo de rock. Na reentrada do refrão, aí sim o grupo de rock, substituindo a dupla caipira. A troca de lugar reforça a incerteza de qualquer afirmação feita anteriormente, já que os seus emissores são intercambiáveis. O que quer que se tenha concluído é também o seu contrário: *Eu não vim para explicar, vim para confundir*. E em seguida, o golpe final. Com um rasgueado triunfal da viola, os arranjos sertanejo e roqueiro são *sobrepostos*.

Note-se que não existe um terceiro arranjo que organize de algum modo as duas versões da música que se alternaram até aqui. Os dois acontecem integralmente ao mesmo tempo (obviamente, Rogério Duprat, autor do arranjo como um todo, desenha-os de modo a poderem ser sobrepostos, e altera ligeiramente aqui e ali. Mas o que o ouvinte escuta efetivamente é tudo acontecendo junto, exatamente o que ele queria). Até mesmo os arranjos vocais típicos, em terças que se acompanham na moda de viola e reforçando as sétimas dos acordes no rock, acontecem simultaneamente. O efeito é poderoso. E significa...

Significa que a porca torce o rabo. Significa, em pleno 1968 da corrida espacial, a disparidade terra / espaço, de um planeta com milhões de pessoas vivendo em algum século passado e mandando representantes à Lua, ao mesmo tempo. Significa o homem pré-histórico descobrindo o osso como uma arma, e antecipando as naves espaciais quando inventa um instrumento. Significa um país preparando-se para o Milagre Econômico e integrando-se por satélite com grande parte de sua população vivendo na miséria. Significa a ambição humana de se superar e sua incapacidade de ser simplesmente humana. Está tudo ali, sem bula e sem manual, como a vida é e a arte deve ser. Se *2001*, o filme, pinta em cores vivas o início e o fim da Humanidade sem esclarecer nada, com seu final enigmático e polissêmico, *2001*, a canção, faz o mesmo contraste em forma de pastiche, levando tudo a sério e sem levar nada a sério, aponta inúmeras direções ao mesmo tempo e diz a que veio sem dizer se o homem chegou à Lua ou se o espaço chegou ao homem, recusando-se terminantemente a chegar a uma conclusão, porque ela sabe que não é chegada, é ponto de partida. Sem esclarecer nada. E curtindo com a nossa cara.

Três Charles

Nos álbuns de 1969 e 1970 de Jorge Benjor (à época, apenas Ben), gravados ambos com o incrível Trio Mocotó, está não muito escondida uma trilogia de canções, uma pequena e algo imprecisa saga em três capítulos, no entanto incrivelmente coerentes entre si, e um excelente exemplo entre tantos da capacidade de Benjor de sintetizar complexidades na simplicidade aparente de seu estilo muito particular.

Take it easy, my brother Charles, do álbum de 69, é um despretensioso apaziguamento. Nenhuma história é contada, mas subentendida: Charles, irmão de cor de Jorge, está prestes a se descontrolar. Jorge, para acalmá-lo, faz um libelo à paz, à sugestão, à simpatia. Ouvida distraidamente, a letra não parece fazer mais sentido do que isso, com sua inesperada menção à chegada do homem à Lua no meio. Ainda assim, sua levada empolgante, entre o soul e o samba, tem algo a dizer. O soul, gênero musical associado à luta pelos direitos dos negros, misturado ao ritmo negro brasileiro por excelência, embalando a expressão *irmão de cor*, tudo isso já dá pistas sobre o que Jorge está falando. Mas as pistas se materializam ao ouvir a canção que fecha o álbum:

Charles Anjo 45 conta toda a história que *Take it easy* não conta. A história do dono do morro, temporariamente preso, mas idolatrado e esperado ansiosamente de volta (*Antes de acabar as férias nosso Charles vai voltar* – ele se refere às *férias forçadas* citadas antes. Charles vai fugir), remete-nos a um período de romantização da marginalidade (*Seja marginal, seja herói*, dizia Hélio Oiticica) que ficou para trás em tempos de UPP. Mas o discurso de Jorge é mais sutil, pois, embora cantada numa discreta primeira pessoa, em especial o refrão, o corpo da letra de *Charles anjo 45* oscila entre a persona do próprio Jorge e a de outra pessoa, um personagem, um morador do morro. O discurso de Jorge transita entre o endosso a Charles e a postura de um expectador mais ou menos neutro.

Ouvida retrospectivamente depois de *Charles anjo 45*, *Take it easy my brother Charles* ganha desdobramentos de tensão. O aborrecimento de

Charles, em uma situação não explicitada, pode resultar em violência, mesmo em morte. A canção solar esconde em si possibilidades tenebrosas. O soul também era o som dos mafiosos, de gangsters, dos que flertavam com a marginalidade. Mas o samba rasgado *Charles anjo 45* não tem necessidade de repetir o paralelo já traçado, sua letra sem rodeios exige uma ambientação também direta. A passagem do soul para o samba ocorre como Jorge assimila o *black is beautiful* em *Negro é lindo*, como lembra bem o pesquisador Fred Coelho no documentário sobre Benjor *Imbatível ao extremo*, da Rádio Batuta do Instituto Moreira Salles.

Jorge interpreta o *Anjo 45* em sua sintaxe característica, entre cantada e falada mesmo quando melismática, como um bate-papo de boteco, numa aproximação com o ouvinte. A sempre interessante melodia de Jorge avança movida pela inflexão da fala, num voo de mosca varejeira que parece não ter direção, mas tem alvo certo. Jorge quase não a usa para destacar pontos específicos ou dramatizar passagens, seu interesse é fazer a crônica do morro.

Já Caetano Veloso teve uma leitura diferente ao gravar a canção em um compacto no mesmo ano. Caetano, ao contrário de Jorge, trata de sublinhar cuidadosamente em sua interpretação a melodia da canção, inclusive diminuindo muito seu andamento. Ao fazer isso, tira dela o caráter naturalista e explicita o distanciamento em relação aos acontecimentos, situando-se numa falsa e algo irônica primeira pessoa. Tudo isso aumenta a dramaticidade da música. Já a gravação de Ben cria essa dramaticidade pelo avesso, ao acelerar brusca e tremendamente o andamento depois do fim da letra. Aí se torna visível uma tensão que era latente em todo o discurso anterior, em que *saraivadas de balas pro ar* são uma celebração.

Então, no álbum seguinte de Jorge, *Força Bruta*, de 1970, um novo personagem entrou em cena, apresentado já no título da canção *Charles Jr*. Assim como *Charles anjo 45* ressignifica retrospectivamente *Take it easy, Charles Jr.* ressignifica novamente as duas canções precedentes. Outra vez cantada na primeira pessoa, ela assume uma terceira forma: nem o aparente livre improviso da primeira, nem a história encadeada da segunda, dessa vez, o que temos é um discurso articulado, uma dissertação, um manifesto. E outra vez a persona de Jorge transita pelo personagem, mas agora de forma diversa: não há o distanciamento. Jorge agora chega efetivamente a ser Charles Jr., toma integralmente para si seu discurso.

Charles Jr., por óbvio, é filho do Anjo 45. Filho da marginalidade, filho da violência (e a relação do uso do inglês Junior também faz paralelo com o *take it easy*, e por extensão com o universo do soul da primeira canção, com todos os seus desdobramentos). Mas o que era um dado objetivo agora é estendido e entendido: *Pois eu nasci de um ventre livre / Nasci de um ventre livre no século XX*. A herança da escravidão que levou Charles, o irmão de cor, à marginalidade agora é convertida em uma afirmação de liberdade. A marginalidade foi o estranho, enviesado e possível meio de ser livre, e que ainda assim o levou à prisão. Não há nem sombra da glorificação desse caminho, apenas a constatação. Charles Jr. não se identifica com a marginalidade, mas também não se desvencilha dela. *Pois eu já não sou não não o que foram os meus irmãos*, mas *Eu também sou um anjo*: A identificação com o pai, que vem desde o nome, não implica seguir seus passos, mas abrir um novo caminho, como ele abriu. Seja marginal, seja livre. Seja um anjo, seja herói.

As três canções têm a mesmíssima estrutura: refrão curto e grosso que ecoa durante toda a letra, esta conversada sobre uma sequência de três ou quatro acordes, não mais, e novamente o refrão, agora como uma reafirmação implícita de tudo o que foi dito e contado. Um apaziguamento, um festejo, uma reivindicação, um crescendo de tensão, cuja culminância é expressa no andamento mais lento, quase andante, e destacada no arranjo de cordas de Charles Jr., em que o intermezzo, ao contrário da feroz batucada anterior, é de um violão solo, conseguindo expressividade análoga pelo caminho inverso.

Mas o que talvez seja ponto de ligação mais interessante entre essas três canções é a volta sutil, na terceira delas, da menção que soava tão arbitrária na primeira, da chegada do homem à Lua. Se em *Take it easy* ele cantava:

> *Depois que o primeiro homem*
> *Maravilhosamente pisou na lua*
> *Eu me senti com direitos, com princípios*
> *E dignidade*
> *De me libertar*

Agora, ele explica e desenvolve:

> *Eu tenho fé e o amor e a fé*
> *No século vinte e um*
> *Onde as conquistas científicas espaciais medicinais*
> *E a confraternização dos povos vai vai*
> *E a humildade de um rei*

Serão as armas da vitória
Para a paz universal

Mas há uma diferença fundamental entre essas duas passagens: se na primeira *as conquistas científicas espaciais* davam vazão à luta por uma liberdade pessoal, Charles Jr. já almeja bem mais alto e mais amplo. O pensamento de Jorge Ben ao longo dessas três canções traça uma trajetória de refinamento. Seu sonho não é mais individual, e sim coletivo. O apaziguamento de Charles, personagem real, companheiro de peladas da infância de Jorge Ben, dá lugar ao da humanidade, por um mundo em que o caminho da libertação de Charles e suas *armas da vitória* não precisem ser um revólver calibre 45. Charles Jr. é um passo civilizatório adiante, um passo utópico, na direção de um mundo em que o lado escuro de *Take it easy* não seja necessário, em que a vida do *Anjo 45* não seja em vão.

Uma outra canção de exílios

Uma canção pode ter várias encarnações. Composta ou gravada num determinado contexto histórico, pode voltar à tona anos depois, num contexto diferente, ou correlato, na mesma gravação ou em outra que a releia e posicione perante o novo cenário. Em alguns casos, datada a princípio, tem uma segunda chance de mostrar perenidade para além da especificidade que a motivou. E em outros a canção já tinha em si essa capacidade de ultrapassar a significação imediata, mas precisou dessa segunda exposição para que isso ficasse mais claro a mais gente.

O período da ditadura militar brasileira foi pródigo em canções assim. Muitas serviram a seu tempo dignamente com metáforas e alusões que se esforçavam ao mesmo tempo por se fazer compreender e passar despercebidas. Tratavam do tempo presente, dos homens presentes, da vida presente, como disse Drummond em tempos de guerra, bem antes. E não se preocupavam muito com a própria sobrevivência como canções. No entanto outras, abaixo da casca de decifração direta, guardavam sementes de outras leituras, porque não se limitavam a tratar do drama de sua época, que já era tremendo, mas o identificavam com questões ainda mais amplas, que dizem respeito a qualquer época, qualquer país, qualquer homem.

Vapor Barato, de Jards Macalé e Waly Salomão, foi composta em 1970 e gravada por Gal Costa em 1971, no álbum *Fa-tal – Gal a todo vapor*, correspondente ao show de mesmo nome dirigido por Waly, que marcou a carreira da cantora. A canção foi feita em circunstâncias políticas e culturais muito difíceis, de repressão política duríssima, no período que foi intitulado Anos de Chumbo e que teve como resposta de uma parte da juventude o desbunde, uma reação de quem não suportava o que via à volta e voltava-se para valores espirituais, não se encontrava na cultura vigente e inventava uma contracultura.

A canção está impregnada desses fatos. Mas ela sobrevive a eles, recusando-se a ser um mero documento de uma época. De maneira quase casual, ela ressurgiu aplicada a uma nova circunstância histórica, e assim evidenciou-se a sua transcendência a essas circunstâncias. *Vapor Barato* trata da busca humana de um lugar no mundo, e do exílio desse lugar. Como o escritor italiano Primo Levi, que, no título do livro que conta sua experiência no campo de concentração nazista de Auschwitz, pergunta: *É isso um homem?*, transformando num questionamento existencial sua vivência pessoal, Wally Salomão (à época Sailormoon), antes de falar de sua experiência objetiva, fala do seu exílio interno, de um país que o abandonava em vez de ser abandonado. Ele conta:

Começamos a trabalhar exatamente naquele período que marcava um vazio depois do AI-5, depois de tudo o que foi o tropicalismo em 1968 e que foi cortado violentamente no final daquele ano. 69 começava como um período de esmagamento total, vindo de cima, do poder. A gente conversava muito e eu ficava incitando Macalé a quebrar os vínculos com remanescentes da bossa nova ou então com a música de concerto, com aquele perfeccionismo. Insistia na necessidade dele criar um espaço próprio. Isso era fundamental naquele momento – uma voz que continuasse cantando e mantivesse acesa a chama. Nessa época escrevi e Macalé musicou Vapor Barato, de letra oposta à tendência liricista e nebulosa que predominava. Era direta, frontal, dizendo o que era possível naquele momento de desencanto.

Waly não conta duas coisas. Primeiro, que o personagem auto-descrito na letra tem muito de Balbino, o maluco da praça da cidade baiana de Jequié, natal de Waly, que vagava com a indumentária exata enumerada na canção, incluindo os anéis de bijuteria ou brinquedo. Waly aproveitou a lembrança de infância para a composição. E Waly também não conta, mas Macalé sim, que Waly foi preso e torturado no presídio de Carandiru. *Vapor Barato* nasceu daí. Os lancinantes oito minutos e meio da gravação de Gal Costa são o lamento de quem se perde de um país. É fácil buscar mensagens (nem tão) cifradas na letra: *calças vermelhas, casaco de general*, o recado é óbvio. E, no entanto, está longe de explicar tudo.

A estrutura de *Vapor Barato* é franciscana. Tom menor, quatro acordes descendentes em direção à dominante, e é tudo. Jards diz que *todo mundo* tocava a canção à época. A melodia segue a direção dos acordes, descendente, linear, cansada, quase falada, subindo apenas no último acorde para preparar o retorno à tônica e à frase seguinte, num passo a passo desalentado, extenuado. Até chegar ao refrão.

O refrão, de duas palavras. O refrão, elementar, cru, estrangeiro, rompendo a barreira do agudo e despejando dor. Todo o desalento da letra da canção aqui se transforma em torrente, como um uivo para a lua – e Gal, efetivamente, no fim da música abandona a letra e se lança em vocalizes que são quase uivos, contrastando com os scats nasais, comedidos do início. Como também ao cantar *eu quero esquecê-la / eu preciso*, em que o quase grito da segunda frase contradiz a primeira e mostra o esforço violento desse esquecimento forçado, contra a vontade, necessário como forma de sobrevivência. Gal canta a canção duas vezes, a primeira acompanhada apenas por um violão batido com fúria, da maneira mais elementar, o contrário do Jards Macalé profundamente influenciado por João Gilberto. E na segunda vez, um trio bluesly passa a soar. Blues, canto de exílio. Toda a solidão do mundo ressoa.

Corta para 1995. O cineasta Walter Salles filma *Terra Estrangeira*, com a atriz Fernanda Torres. Fernanda, num intervalo das filmagens, começa a cantarolar uma canção. Walter Salles decide incorporá-la ao filme, daquele jeito mesmo, cantada à capela pela personagem dela. E nos créditos põe a gravação integral de Gal Costa.

O enredo de *Terra Estrangeira* se passa em 1990, logo após a ascensão de Collor à presidência, e o confisco do dinheiro das cadernetas de poupança, as economias e a esperança de boa parte da população. No momento maior da volta da democracia, uma fraude tinha lugar, e o país adiava o encontro consigo mesmo. No filme, personagens premidos pela crise econômica emigram para Portugal. Os versos de *Vapor Barato* voltam a fazer sentido quase literal: *eu não preciso de muito dinheiro, graças a Deus*.

Em 1996, a canção é gravada pelo grupo O Rappa, em seu segundo álbum, *Rappa Mundi*. A versão do Rappa segue por um caminho diverso ao de Gal. A quase lassidão da primeira gravação dá lugar a um vigor condizente com a postura combativa do grupo. Até dentro da mesma frase, a ênfase muda: antes, *eu estou tão cansado*. Agora, *mas não pra dizer que eu não acredito mais em você*. Falcão se permite menos voos vocais que Gal, amarra mais a melodia, calca o pé na levada da bateria de Yuka, base da música do Rappa. Sob a sintaxe do reggae em substituição ao blues, mudam também as significações imediatas: o discurso pode ser de um filho que sai de casa, *aquele velho navio* adquire possibilidades diversas. O título, que fora citado por Caetano na canção *Fora de ordem* nomeando um *mero serviçal do narcotráfico*, integra-se também à letra de formas inesperadas.

A visão do Rappa não se compara com a de Gal. Nem deve. Pois o que torna possível a gravação do Rappa, de certa forma, é o retorno da gravação de Gal em *Terra estrangeira*. A atualização histórica de *Vapor Barato* no filme de Walter Salles foi mais que isso – pois o filme é menos uma crônica histórica que uma busca existencial –, foi o reconhecimento da permanência da canção para além de contextos particulares, ou aplicável a inúmeros contextos, gerais ou pessoais, como as boas obras de arte. Zeca Baleiro, pouco depois, a mesclou com a sua *À flor da pele*, com a familiaridade de quem relê uma carta antiga.

A sobreposição de contextos e significados em *Vapor Barato*, no lugar de esconder sua universalidade subjacente, a expõe. *Vapor Barato* não precisava do *resgate* de Walter Salles (ela tinha sido sequestrada? Detesto essa expressão) para ser a soberba canção que é. Não foi ela a beneficiada, e sim nossa escuta que se renovou e se renova a cada momento histórico ou pessoal, ao reconhecer a polissemia que torna rica uma obra de arte. Esse segundo olhar sobre ela permite vislumbrar a possibilidade de ainda muitos olhares. Que venham outros.

O cante sem mais nada

*Se diz a palo seco
o cante sem guitarra;
o cante sem; o cante;
o cante sem mais nada;
se diz a palo seco
a esse cante despido:
ao cante que se canta
sob o silêncio a pino.*

O poema *A Palo Seco*, de João Cabral de Melo Neto, cuja referida estrofe é apenas a primeira de 16, foi publicado no livro *Quaderna*, de 1960. E o site Cuadra Flamenca, da Associação Cultural de Dança Flamenca em São Paulo, explica em seu glossário de termos do estilo:

Cante – Utilizado como abreviação de "Cante Flamenco", denomina o conjunto de composições musicais em diferentes estilos que surgiram entre o último terço do séc. XVIII e a primeira metade do séc. XIX, devido à justaposição de modos musicais e folclóricos existentes na Andaluzia. Palo – Nome que recebe cada estilo de cante. Palo Seco – Estilos de cante sem o acompanhamento da guitarra.

Em 1973, no álbum *O Romance do Pavão Mysteriozo*, Ednardo canta *A Palo Seco*. Não literalmente. Ao contrário, Ednardo se faz acompanhar pela guitarra – não flamenca, mas elétrica – de Heraldo do Monte, arranjador do álbum ao lado de Hareton Salvanini e Isidoro Longano. *A Palo Seco*, a canção, não tem nenhum elemento musical relacionado ao cante flamenco – nem mesmo o violão rasgueado de acompanhamento da primeira parte, nem a harmonia, nada. Nada, a não ser seu espírito. Nada, a não ser a crueza tanto de seus versos quanto de sua interpretação. Nada, a não ser a guitarra de Heraldo dando a primeira nota como uma faca cortando a carne. Ou a virada feroz da bateria para a entrada na segunda estrofe. Nada a não ser a voz rascante de Ednardo (*o pássaro araponga / que inventa o próprio ferro*, no dizer de João Cabral), sem vibrato, às vezes descalibrada, e que termina a canção no *fade out* da guitarra (que retorna adiante hendrixiana para o golpe final) cantando à capela, sem acompanhamento. *A Palo Seco*.

1973. Ednardo canta: *Tenho 25 anos de sangue, de sonho e de América do Sul*. Em 1973, iniciam-se as ditaduras civil-militar uruguaia (27 de junho) e chilena (11 de setembro), esta com o golpe de Augusto Pinochet pondo fim à experiência de socialismo democrático de Salvador Allende. Na ditadura chilena, foram torturadas quase 40 mil pessoas. No Brasil, vigoravam os Anos de Chumbo, período mais sangrento da repressão, que só terminaria junto com o governo Médici, em março de 1974. 1973. Ednardo canta: *Por conta deste destino, um tango argentino me cai bem melhor que o blues*. Em 1973, encerra-se uma das encarnações da ditadura argentina (iniciada em 1966), com a eleição do candidato peronista Hector J. Cámpora (25 de maio). Porém o percurso da democracia continuaria acidentado. Ele renunciaria logo depois em prol de novas eleições em que Perón, impedido pelos militares na primeira, pudesse concorrer. Perón vence as novas eleições, mas morre menos de um ano depois, sendo sucedido por Isabelita Perón, sua vice. E em 1976 Isabelita é deposta por outro golpe, e um novo período ditatorial se estenderia agora até 1983. E em 1976, Belchior apresenta sua versão para *A Palo Seco* no álbum *Alucinação*.

Diante da contundência da gravação de Ednardo, o canto de Belchior soa suave, quase melancólico. O grito áspero e a guitarra distorcida são substituídos por uma cama de teclados e a voz anasalada que em alguns momentos parece sequer levar a sério o que ela própria diz. Aqui, cabe uma curta análise melódica: se os versos citados nos parágrafos anteriores são os de notas mais agudas da canção, externando claramente os momentos de maior tensão (além deles, os versos finais se iniciam na mesma nota aguda – trato deles mais tarde), já os versos intermediários *sei que assim falando pensas que esse desespero* (expresso nas notas agudas) *é moda em 73* (76 para Belchior) recuam para uma região mais grave, como se ditos num aparte ao próprio discurso. Na voz de Ednardo, esse verso soa como uma fraca contraposição, em que a hipótese é desvalorizada: mesmo que o ouvinte pense isso, está errado. Já cantado por Belchior, a possibilidade de *esse desespero* ser realmente algo que não se pode levar tão a sério se torna mais real, como se ele se permitisse de algum modo zombar do próprio desespero. No próprio verso que compara o tango argentino ao blues americano, que em Ednardo tem ares de luta anti-imperialista (a discussão paralela de que o blues, lamento negro tanto quanto o tango, seria também a música do explorado, e assim a dicotomia aqui seria mais sutil, entre os explorados daqui e os de lá, corre paralela), em Belchior, a menção ao tango ganha ares dramáticos no limite do *kitch*.

É incrível pensar que essas mudanças de significação não tão sutis ocorrem não apenas por causa das mudanças de arranjo, mas de intérprete, e a carga pessoal que eles trazem para a canção. E mais interessante é perceber que tanto Ednardo quanto Belchior têm em suas canções e gravações implicações políticas de teor próximo. Então, de onde vem a diferença tão clara entre as duas leituras? Penei até me dar conta. *Em Belchior a dimensão existencial se sobrepõe à política.* E aqui me ocorre imediatamente a ligação direta que há entre o canto geracional de Belchior, citando diretamente a juventude (e de forma às vezes irônica) ou falando em nome dela em várias canções: *que coisa adolescente, James Dean (Medo de avião); Nunca mais meu pai falou: "She's leaving home" e meteu o pé na estrada, "Like a Rolling Stone..." (Velha roupa colorida); Saia do meu caminho, eu prefiro andar sozinho, deixem que eu decida a minha vida (Comentário a respeito de John); mas mais que todas, Minha dor é perceber que apesar de termos feito tudo, tudo o que fizemos, ainda somos os mesmos e vivemos como nossos pais (Como nossos pais).* Em todas elas, a crônica de uma juventude belíssima e libertária, porém desperdiçada ou em vias de sê-lo. Uma geração perdida, entre outras coisas, na luta armada. Mas algo de caráter eminentemente político como esse fato, sem que lhe seja negada essa dimensão, tem seu efeito individual, sua vivência pessoal ressaltada antes do caráter coletivo. Outro exemplo, de *Galos, noites e quintais*:

> *Eu era alegre como um rio*
> *Um bicho, um bando de pardais*
> *Como um galo, quando havia*
> *Quando havia galos, noites e quintais*
> *Mas veio o tempo negro e, à força, fez comigo*
> *O mal que a força sempre faz*
> *Não sou feliz, mas não sou mudo*
> *Hoje eu canto muito mais*

A referência ao golpe militar aí é óbvia. Mas por incrível que pareça, não é o foco. Não se trata da típica linguagem cifrada da MPB de oposição à ditadura e às voltas com a censura, mas a descrição do efeito desses acontecimentos sobre o eu lírico – ainda que não deixando de lado a ação política e a luta, como os versos finais deixam claro. Essa característica de

Belchior imprime sobre toda sua leitura de *A Palo Seco* seu viés particular. Seu desespero não é tanto pelos rumos do país ou mesmo da América do Sul, mas da própria vida e de sua geração nesse cenário de incompreensão.

    Essa leitura pode a princípio parecer desengajada ou mesmo alienada, e, portanto, de pouco alcance poético. Ledo engano. Cantar a juventude e sua trajetória, criticamente inclusive, é uma das armas de longo alcance artístico do rock n' roll. *Quero uma balada nova falando de brotos, de coisas assim*, diz Belchior (em *Todo sujo de batom*). *Smells like teen spirit*, diria Kurt Cobain anos depois. Mas no Brasil, a banda que mais se aproximou da capacidade de leitura geracional de Belchior, inclusive com a característica de sua crítica política eventualmente ficar encoberta por ela, foi a Legião Urbana, que não por acaso é responsável pela verdadeira atualização de *Como nossos pais* que é *Pais e Filhos*. Muitos paralelos poderiam ser feitos aqui entre Belchior e Renato Russo, incluindo as múltiplas referências literárias espalhadas por suas canções (Belchior, além de dialogar diretamente com Beatles e outras bandas, cita Hemingway, Edgard Allan Poe, Olavo Bilac, e por aí vai. Já o próprio título *Pais e Filhos* é o da obra prima do escritor russo Ivan Turgenyev). Mas o que mais importa aqui é a visão de juventude de ambos, mesmo algo romântica, e uma forma de cantar seus dilemas que, no caso da Legião, contribuiu decisivamente para a formação de um público fiel e que se renova, mesmo anos depois da morte de Renato. Isso porque, como a vida dá voltas, mais adiante uma banda com características próximas – talvez devamos dizer herdadas – da Legião veio interferir novamente na leitura de *A Palo Seco*, a carioca Los Hermanos, que a incluiu em seu repertório de shows.

    A característica herdada de Legião pelos Los Hermanos não é tanto a poética ou a forma musical, mas a legião (com trocadilho) de seguidores que se identificaram com sua poética... geracional. E são os Hermanos que vão apresentar *A Palo Seco* a um novo público – segundo eles próprios, partindo da gravação de Belchior, o que faz todo o sentido. A primeira vez que a tocaram foi num programa chamado *Sarau MTV*, com um arranjo acústico aproximado do reggae que torna a canção surpreendentemente leve, em contraposição com sua letra densa. Mas a versão apresentada no programa *Altas Horas* em 11 de maio de 2003 com o próprio Belchior, numa já rara aparição pública sua, é surpreendente por outros e melhores motivos. Porque nela, além da visão existencialista que motivou a retomada, a característica crítica e a voz rascante da versão de Ednardo é novamente ouvida, e o desespero existencial de Belchior é respondido. Ednardo é ouvido na voz leve de Marcelo Camelo e em sua guitarra que volta e meia abandona a levada do reggae para se desabrir em peso. E os metais do arranjo ressoam a melancolia da gravação de 1976 no espírito dos fãs dos Hermanos e Legião, que cantaram ironicamente: *Deixa eu brincar de ser feliz / Deixa eu pintar o meu nariz* (*Todo carnaval tem seu fim*). Mas a exultação contagiante de Belchior no palco não deixa dúvidas: a geração seguinte sempre redime a anterior, ainda que para incorrer nos mesmos erros mais tarde. Mas há ainda algo, que não é da voz de Ednardo nem de Belchior, que se impõe nessa versão renovada. É o retorno do Palo Seco, o cante. Não o cante em si, sem acompanhamento da guitarra, à capela. Mas a contundência invocada por João Cabral de Melo Neto nos últimos versos de seu poema. Pois João Cabral, o poeta que dizia não gostar de música (e que, no entanto, descreve tão magnificamente uma forma musical, ainda que nela a expressividade venha paradoxalmente do silêncio que a acompanha), já ao final de cuida de estender o conceito do que descreve:

> *A palo seco existem
> situações e objetos:
> Graciliano Ramos,
> desenho de arquiteto,
> as paredes caiadas,
> a elegância dos pregos,
> a cidade de Córdoba,
> o arame dos insetos.*

E é essa contundência, força estética capaz de sobrepujar interpretações em busca de algo mais profundo, que retorna no coro que encerra essa versão conjunta – ou que se faz mais potente, mas na verdade nunca deixou a canção. Isso porque a frase final de *A Palo Seco*, com sua melodia iniciada logo na nota mais alta, em três intervalos ascendentes seguidos como facadas – *E eu quero é que esse canto* – para logo depois descer uma quarta, porém permanecendo suspenso na harmonia – *torto feito faca corte* – até o fim da frase, até cravar-se finalmente n*a carne de vocês*, este último e quilométrico, porém lacônico verso, que vai sendo atrasado ritmicamente em relação ao acompanhamento – *esse verso*, que remete a outros poemas de João Cabral como *Uma faca só lâmina*, ele por si só contém em si a definição de a palo seco. E esta se faz ouvir, para além de questões políticas ou existenciais. Para além de compreensões ou análises, como João Cabral gostaria, a pura sensação. O cante. O canto.

Milton e o Eterno Retorno da melodia

Um procedimento recorrente na música de Milton Nascimento é o uso de um mesmo tema instrumental em duas ou mais canções, de diversas formas. Muitos compositores citam a si mesmos, e assim tentam conferir algum tipo de unidade à sua obra. Mas geralmente essas citações se dão na letra, não na melodia, e muito menos nos arranjos. Ao fazer isso, Milton carrega de uma canção para outra significados diversos, agrega em uma a lembrança da outra, mas de forma mais sutil que na citação da letra. Vejamos dois exemplos dessa técnica.

1. O tema de Pablo

Pablo é uma canção de 1973. Na verdade, são duas. *Pablo I*, a que nos interessa, construída sobre uma base de piano, é uma canção singela de Milton e Ronaldo Bastos em que ele usa um artifício característico: a segunda parte modula para tom menor, e o contraste vai se acentuando até desembocar numa instabilidade harmônica de suspense (aqui, reforçada pelas cordas vertiginosas) e voltar ao tom inicial numa espécie de redenção (aqui, com o coro de crianças). A mesma estratégia foi usada por ele anos depois na versão de *La Bamba* que, com letra, acabou gravada por Maria Rita com o nome *A Festa*. Por coincidência, *A Festa* é também o subtítulo da segunda *Pablo*.

Milton revelou muitos anos depois que Pablo é o nome do filho de uma ex-namorada que Milton adotou simbolicamente, e de quem precisou se afastar durante a Ditadura Militar, por temer retaliações sobre ele. *Pablo* tem duas gravações relevantes por Milton: uma do álbum *Milagre dos Peixes*, uma em inglês do álbum *Journey to Dawn*, de 1979 (com um arranjo bem mais amadurecido, mas com o mesmo tema no acompanhamento). A primeira gravação, em compensação, é cantada por um menino, o que é um dado importante. Nas duas gravações, Pablo I e II são emendadas.

Em 1993, Milton lançou o álbum *Angelus*, que à época chegou a ser saudado como um terceiro Clube da Esquina internacionalizado, tamanho o calibre das participações – Peter Gabriel, Herbie Hancock, James Taylor, Pat Metheny, Jon Anderson, Wayne Shorter. Nele, há duas versões da pequena canção – quase uma vinheta – *Sofro Calado*, dele e de Régis Faria. A primeira aparece bem no meio do álbum, e é exclusivamente arranjada pelas vozes de Milton sobre percussão.

> *Sofro Calado*
> *Pra não lhe dizer*
> *A cada segundo*
> *O que é um segundo sem você*

Já a segunda, que encerra o álbum, tem como base exatamente o tema de *Pablo*, tocado ao piano, evocando diretamente as gravações de 1973 e 79.

A versão cantada sobre as vozes está em modo menor, o que faz com que o intervalo inicial ascendente da palavra *sofro* fique também menor. É quase uma blue note, a nota característica do blues que é propositalmente desafinada para baixo. As vozes em falsete de Milton sobrepostas no arranjo são gemidos de sofrimento que sublinham a letra.

A versão cantada sobre o piano está em modo maior, e o plano da retomada do tom que descrevi então é realizado ao longo do álbum, como uma canção dividida estrategicamente em duas. O álbum em si é "trazido para dentro" da música, sendo posto entre as duas versões. A suavidade do piano original de Pablo, com sua letra de fortes metáforas, sugere a identidade entre as canções, colocando Pablo como a primeira pessoa das duas histórias. O menino que cantou sua própria história em 1973 tornou-se adulto, sofre de amor, mas se consola na infância que continua dentro de si. O sofrimento da primeira gravação ganha uma dimensão de redenção.

> *Meu nome é Pablo*
> *Como um trator e vermelho*
> *Incêndio nos cabelos*
> *Pó de nuvem nos sapatos*
> *Meu nome é Pablo*
> *Nasci num rio qualquer*

Meu nome é rio
E rio é meu corpo
Meu nome é vento
E vento é meu corpo
Incêndio nos cabelos
Pó de nuvem nos sapatos
Como um trator é vermelho
Pablo é meu nome
Meu nome é pedra
E pedra é meu corpo

2. O tema de Cais

Cais é a segunda canção do álbum *Clube da Esquina I*, de 1972, parceria de Milton Nascimento e Ronaldo Bastos. Além da canção propriamente dita, ou tão importante quanto ela, o tema apresentado ao piano pelo próprio Milton no fim da faixa tornou-se emblemático. O tema se apoia em um intervalo dissonante de segunda maior martelado na mão esquerda, enquanto a direita, e depois a voz, traçam a melodia. Não é apresentado inteiramente, mas decai em *fade*.

O tema retorna no mesmo álbum, numa das faixas finais, *Um Gosto de Sol*. Continua baseado no mesmo ostinato, mas agora transposto para cordas (o piano soa ao fundo), e é apresentado inteiro, ou seja, com uma segunda parte típica do Milton, em que a harmonia permanece em suspenso como que desequilibrada, para depois voltar com tudo à primeira parte.

A estratégia da reapresentação do tema de uma música inicial em outra música no fim serve para dar unidade ao álbum, e foi muito usada por grupos de rock progressivo da época como o Genesis – e a influência do rock progressivo sobre o Clube da Esquina, não apenas via o grupo Som Imaginário, que o acompanhou, mas sobre o próprio Milton, ainda não foi suficientemente estudada. Mas há algo mais aí.

Em 1978, Milton e Lô Borges gravam o *Clube da Esquina II*. O álbum já se inicia referencial – um coro à capela canta um trecho de *San Vicente*, do *Clube da Esquina I*, antes mesmo da primeira faixa. Mas é na música que encerra o álbum, *Que bom, amigo*, que a ligação se completa.

Que bom, amigo é uma canção inteiramente construída sobre o tema de *Cais*. A melodia da canção, que segundo Márcio Borges em seu livro *Os sonhos não envelhecem*, foi composta de improviso por Milton no próprio estúdio, soa intercalada com a do tema, fazendo um jogo de canto e contracanto. Mas não apenas a óbvia ligação entre os álbuns é reforçada. Há também um jogo de relações entre as três canções.

Cais, em sua letra, narra uma aventura fundamentalmente solitária. *Para quem quer se soltar invento o cais / Invento mais que a solidão me dá*. O piano toca igualmente solitário no fim do arranjo.

Um gosto de sol é acompanhada somente pelo piano. No entanto, ao final (o arranjo de 83 segue o original), as cordas se somam a ele emoldurando o encontro. *Alguém que vi de passagem / Numa cidade estrangeira / Lembrou os sonhos que eu tinha / E esqueci sobre a mesa*. É o complemento do pensamento, do caminho percorrido solitariamente à descoberta do outro. Seria um bom encerramento para a ideia. Mas Milton volta a ela anos depois.

Com *Que bom, amigo*, Milton consegue dar um passo à frente. O que era um encontro fortuito e de passagem se torna efetivamente uma comunhão. Nessa canção, o tema é indissolúvel da própria composição, sublinhando a letra que repete quase tautológica: *Que bom, amigo / poder saber outra vez que estás comigo / dizer com certeza outra vez a palavra amigo / se bem que isso nunca deixou de ser*. É, agora sim, a celebração do ideal coletivista que caracteriza o Clube e que levou Milton e Lô a convidarem novos participantes para esse segundo álbum. O que era um grupo de amigos agora é uma congregação.

Milton sempre afirma que o Clube da Esquina é muito maior que seus participantes originais. Ele seguiu à risca esse pensamento tocando com músicos de variadas vertentes – de nomes do jazz a estrelas pop como os grupos RPM e Duran Duran, e apadrinhando cantoras como Clara Sandroni e Maria Rita. Essa diversidade não o impede de ter uma obra profundamente particular. O uso reiterado de temas como os abordados aqui são uma de suas assinaturas. Um reconhecimento de si e do outro. Um modo de possibilitar o encontro.

Raul, do esotérico ao exotérico

Que Bruce Springsteen, o grande roqueiro americano, como muitos músicos, tem uma atuação política engajada à esquerda era sabido desde sempre. Quando ele, em sua turnê de 2013 pela América do Sul, incluiu na Argentina uma canção do repertório de Mercedes Sosa e no Chile uma de Víctor Jara, músico assassinado pelo golpe de Pinochet, essas atitudes foram tomadas como gentilezas e respeito pelos lugares onde estava, em vez de simplesmente decorar o nome do país cinco minutos antes de entrar no palco e esquecê-lo logo depois de sair, e também como posicionamentos inequívocos e coerentes com suas críticas ao próprio governo dos EUA em épocas diversas. Porém nada disso impediu Bruce de surpreender o Brasil com sua escolha para abrir os shows em São Paulo e Rio de Janeiro (este no festival Rock in Rio): *Sociedade Alternativa*, de Raul Seixas e Paulo Coelho.

Grande parte da surpresa se deveu à diferença fundamental entre a figura dos autores de *Sociedade Alternativa* e os outros autores escolhidos por Bruce. O jornalista Álvaro Pereira Junior, nas mãos de quem acabou caindo a incumbência de sugerir a Bruce a canção a ser interpretada, chegou a pensar também em *Que país é esse*, da Legião Urbana, e *Inútil*, do Ultraje a Rigor. Outras pessoas sugeriram *Canção da América*, de Milton Nascimento (no clima das homenagens feitas por Bruce nos países anteriores), e *Comida*, dos Titãs. Quando o amigo e também jornalista considerou que Raul Seixas seria mais apropriado, pensaram também em *Aluga-se*. Nenhuma parecia se alinhar perfeitamente, até que Álvaro imaginou o público cantando em coro o refrão de *Sociedade Alternativa*. Bingo. O e-mail de resposta de Álvaro ainda incluía Legião e Ultraje, mas na tarde do show já tuitavam da fila que dava para ouvir a banda ensaiando a canção de Raul e Paulo Coelho.

Raul e Paulo, mesmo à época do lançamento da canção, não faziam parte das forças políticas da esquerda tradicional como Mercedes e Vitor em seus países. Talvez fosse mesmo equivocado situar Raul no espectro político da esquerda – ou em qualquer outro espectro –, e Paulo Coelho menos ainda, e hoje, em que se transferiu para uma literatura que lhe rendeu fama mundial, sendo, no entanto, bastante rasa no sentido estritamente literário, conforme ele próprio admite, seria ainda menos de se esperar. No entanto, em seus posicionamentos públicos atuais, ele se coloca à esquerda bem mais claramente que à época. E, apesar disso tudo, *Sociedade Alternativa* (e quase toda a obra de Raul) permanece uma canção de imenso alcance político, num âmbito, porém, muito diverso, talvez mais amplo até do que o próprio Bruce costume ser.

Raul contou em entrevista à revista *Bizz*, em 1987, o episódio que o levou ao exílio em 1974 – ano do lançamento do álbum *Gita*, do Raul, no qual está *Sociedade Alternativa*:

Veio uma ordem de prisão do Exército e me detiveram no Aterro do Flamengo. Me levaram para um lugar que não sei onde era. Imagine a situação: estava nu, com uma carapuça preta. E veio de lá mil barbaridades. Tudo para eu dizer os nomes de quem fazia parte da Sociedade Alternativa, que, segundo eles, era um movimento revolucionário contra o governo. O que não era. Era uma coisa mais espiritual. Preferiria dizer que tinha pacto com o demônio a dizer que tinha parte com a revolução. Então foi isso, me escoltaram até o aeroporto.

Essa negativa radical de Raul a se envolver com a oposição ao regime ditatorial pode, à primeira vista, parecer alienada – para seguir o jargão da época. E no fundo era mesmo, uma vez que *Sociedade Alternativa* foi composta num contexto totalmente diverso. As influências que levaram Raul e Paulo até esse refrão que é como um grito de guerra são bem identificadas, mas mesmo assim extremamente nebulosas. Refiro-me ao guru Aleister Crowley e à sua Lei de Thelema, doutrina descrita por ele em 1904. Aleister é pintado ainda hoje ora como satanista (ele associava o número 666 a si próprio), ora como iluminado incompreendido, e sua filosofia, a partir da sua principal sentença – usada por Raul e Paulo na letra –, *Faz o que tu queres, tudo será da Lei*, contém pontos contraditórios, podendo ser enxergada como algo que promove a elevação humana (com preceitos como *todo homem e toda mulher é uma estrela*), ou que leva ao individualismo mais feroz (como o que afirma que *o homem tem direito de matar todo aquele que for contra seus direitos*). A primeira dessas frases é gritada por Raul na sua gravação da música. A segunda era comumente recitada por ele quando a cantava em seus shows.

A obscura história da iniciação de Paulo e Raul na Thelema por representantes da doutrina de Crowley tem diversas versões, tanto de amigos comuns da época quanto de jornalistas. Paulo Coelho, anos depois, escreveu ter renegado sua iniciação por ter entrado em contato com o demônio (ou algo muito próximo disso), reconciliou-se com o Catolicismo (já o vi declarar que sua única divergência com ele é crer na reencarnação), e não muito tempo depois sua parceria com Raul terminou. Após anos em relativo ostracismo, ressurgiu como escritor. O interessante é que o tema principal de seu maior sucesso editorial, *O Alquimista* – a busca de sua *lenda pessoal* acompanhada da famosa frase *quando você quer alguma coisa, todo o universo conspira para que você realize o seu desejo* – nada mais é que reprocessamento do lema maior da Thelema renegada por Paulo. Toninho Buda, que conviveu com Paulo entre 1981 e 1986, afirma peremptoriamente que essa frase nem sequer seria um reprocessamento, mas de autoria do próprio Crowley. O próprio Paulo, em *As Walkirias*, escreveu sua versão:

As pessoas queriam saber o que era a sociedade alternativa. 'Basta prestar atenção na letra da música', pensou consigo mesmo. Não era uma música – era um mantra de ritual mágico, com as palavras da besta do Apocalipse sendo lidas atrás, em tom baixo. Quem cantasse aquela música estaria invocando as forças das Trevas. E todos cantavam.

E por aí vai. A atribuição de significados ocultos não tem fim, nos mergulha num buraco sem fundo. Fato é que Raul, por mais que tenha recitado os versos de Crowley com convicção, não parece ter levado tão a sério todos os detalhes dessa história. Paulo conta que, no fim das contas, a tal Sociedade Alternativa era formada por ele, Raul e suas respectivas mulheres. E Raul, em entrevista posterior, contou que Crowley, baseado em papiros egípcios, teria descoberto *uma coisa terrível*. E qual era? *Não sei, porque era neófito. Só na quarta iniciação eles contavam o segredo (risos).*

A relação de inimigos íntimos entre Raul Seixas e Paulo Coelho tem sua melhor descrição em um momento espetacular do excelente documentário de Walter Carvalho sobre Raul, *O Inicio, O Fim e O Meio*: na entrevista com Paulo Coelho na Suíça, em que ele afirma ter apresentado todas as drogas a Raul, e logo após dizer que não se sente culpado por isso (já que Raul viciou-se em cocaína), surge uma mosca (não há moscas em Genebra, segundo Paulo) que passa a atrapalhar a entrevista a ponto de ele se esquecer várias vezes seguidas do que dizia, até perder a paciência e tentar matá-la. E o próprio Paulo reconhece o visitante: *é o Raul*. Em seguida no filme, a canção *Mosca na sopa*...

Caetano conta no documentário que, ao ser visitado por Paulo e Raul no auge do mergulho místico de ambos, ele ficou obviamente incrédulo, e que a postura de Raul oscilava entre a reafirmação de suas convicções e certa adesão à postura irônica de Caetano, que então se tornava autoironia... No fundo, é bem possível que Raul, mesmo quando conclamava os mais cruéis postulados de Aleister Crowley, acreditasse neles não em si mesmos, mas como expressões de um princípio mais amplo que ele percebia instintivamente. Postura que os mestres da seita que os iniciaram, ao serem entrevistados, deixam clara ao relatar a indisciplina de Raul, incapaz de obedecer à risca todo o amontoado de rituais e símbolos esotéricos a que era submetido. Afinal, *antes de ler o livro que o guru lhe deu, você tem que escrever o seu*, cantaria ele mais tarde em *Todo mundo explica*.

Certo é que (e agora seguimos os conselhos do alter ego de Paulo em *As Walkírias* e prestamos atenção à letra, mas não só a ela), mesmo sem esse calhamaço de conceitos antecipados (pré-conceitos) para soterrá-la, a força impressionante do refrão de um único verso é suficiente para sustentar e justificar toda a canção, com sua levada marcial, induzindo a uma ordem unida que, afinal, é o grande objetivo de todo refrão – o mínimo de elementos conseguindo o máximo de resultado. O tom menor inicial se desdobra para a relativa maior na estrofe seguinte, e aí está um segredo da música: a ordem unida, junto com a mudança de tom, escancara-se também em multiplicidade.

> *Se eu quero e você quer*
> *Tomar banho de chapéu*
> *Ou esperar Papai Noel*
> *Ou discutir Carlos Gardel*
> *Então vá!*

A lista propositalmente aleatória e absurda da única outra estrofe faz contraponto perfeito com a primeira, e tira dela toda aparência autoritária, mística, sinistra. A começar pelo primeiro verso, anti-individualista, ao incluir o outro no desejo, iniciando-se pela condicional: nada se impõe. A palavra de ordem que traduz o refrão é tolerância com a diferença, convivência, lado a lado com a liberdade. Ouvido na sequência dessa estrofe, o verso final, lei de Thelema em estado literal, tem o sentido da *Lei* bem distante de algo que permita o assassinato, por exemplo. Embora Paulo, tido como o autor da letra (na verdade, Raul também costumava participar de sua elaboração), fosse um discípulo atento de Crowley à época, a direção final da canção é claramente de Raul, uma direção que não parece tão preocupada com iniciações esotéricas e nem com a condução de multidões inconscientes, fazendo-os repetir um refrão com significados ocultos. Pelo contrário, é um chamado para abertura de consciência. Sim, Raul clama pela *Lei do Forte* já no *fade out*, associa Crowley ao número 666. Mas não são esses clamores que direcionam a canção. A rigor, esses clamores *não são* a canção. Bruce Springsteen, que evidentemente não sabe nada dessa história embrulhada, mas apenas o resultado sonoro final, percebeu isso perfeitamente.

Mas mesmo o contexto político, que poderia ser então o decisivo para a interpretação de *Sociedade Alternativa*, foi negado por Raul com decisão tamanha que quase lhe custou a integridade física. Raul, torturado, recusou-se a admitir que sua música poderia ser pautada pelo combate ao regime ditatorial brasileiro. E não era mesmo. O fato de ela se opor decisivamente a qualquer autoritarismo – e muitas outras servem de exemplo, a começar pela genial *Ouro de Tolo* – é apenas uma consequência lógica de um alcance muito maior. *Sociedade Alternativa* e outras não falam de representação democrática, não falam de oposição política. Falam simplesmente, com a estética direta que só o rock pode fornecer, de governar a própria vida e conviver com a vida alheia. Ideias tão simples e seguramente mais revolucionárias do que praticamente quaisquer outras, em quaisquer contextos.

Sociedade Alternativa tomou um caminho inesperado. Criada num contexto muito específico, dentro de ditames, conceitos e preceitos complicadíssimos como costumam ser as seitas iniciáticas, ela não tardou em se descolar dessas amarras. Foi por si só se distanciando das interpretações exegéticas (que, entretanto, ainda persistem) e assumindo um caráter político libertador muito mais amplo do que o pensado inicialmente, e de certa forma mais incisivo, por ser capaz de atingir um público que não tinha ideia da Thelema e não fazia questão nenhuma de fazer, e fazer uma pregação libertária muito mais eficaz e com muito mais desdobramentos, entre humanistas, sociais e outros, do que qualquer seita seria capaz de conseguir. Se Raul tinha consciência absoluta desse processo ao compor? Talvez não. Mas mantenho a impressão, a cada vez que a ouço novamente, de que, no fim, era isso mesmo que ele queria. E no início e no meio também.

Palavra nova que dispensa explicação

Em 1987, aos 15 anos, Riroca tornou-se Sarah Sheeva, hoje missionária neopentecostal da Igreja Celular Internacional. Sarah limita-se a dizer que mudou de nome porque soava estranho. E de fato soa, não apenas pela óbvia possibilidade de trocadilho infame, mas também por uma impossibilidade fonética desafiada pelos pais: o primeiro r de Riroca deve ser lido com o som de R no meio da palavra, feito com o auxílio da língua, e não o outro, feito no fundo da garganta. Só que não há palavra na língua portuguesa que se inicie com esse som.

Revista QUEM: Você se chamava Riroca. Por que mudou de nome?
Sarah Sheeva: Essa história já tem mais de 15 anos, e tento o máximo possível não remeter a esse assunto. Riroca, em tupi-guarani, significa casa do amor. Era um nome muito esquisito. Algumas pessoas não entendiam e me chamavam de palavrão. Desenvolvi uma timidez excessiva e os meus pais entraram na justiça pedindo que alterassem o meu nome. Foi a melhor coisa que eles fizeram. A partir dali, eu me tornei uma menina normal.

Pepeu Gomes e Baby Consuelo levaram oito meses para decidir com que nome batizar a primeira filha. E quando o fizeram, criaram uma tremenda confusão. Não que eles se importassem muito. Em 1973, os Novos Baianos, grupo musical integrado pelos dois, já se mudara do apartamento em Botafogo dividido por 14 pessoas para o *Cantinho do Vovô*, em Jacarepaguá, onde viviam como uma colônia hippie e/ou anarquista. Lá tratavam de música, amor e futebol, numa ordem que variava conforme lhes dava na telha. Não à toa, o álbum lançado pouco após o nascimento de Riroca (mas provavelmente ela ainda não tinha nome) chamou-se Novos Baianos F.C. (Futebol Clube).

O álbum seguinte, chamado apenas Novos Baianos, ganhou logo o apelido de *Alunte*, por conta da faixa *Linguagem do Alunte*. Já essa música surgiu a partir do equívoco na grafia do tema *Alimente* numa edição do álbum anterior. A palavra foi impressa truncada, provocando risadas gerais quando um técnico do estúdio exclamou: *Aí já é alunte!*. A canção foi composta por Morais, Galvão e Pepeu para (não) explicá-la. Assim como *Ao poeta* foi composta pelos mesmos três para não explicar Riroca.

(O pesquisador Fred Coelho uma vez afirmou que, no fim das contas, o músico brasileiro que melhor entendeu o violão de João Gilberto foi Jards Macalé. Dizendo isso, sustentou que, embora muitos tenham tomado para si os ensinamentos de João em muitos âmbitos, Jards foi quem conseguiu levar especificamente o violão de João para o seu, sem que seu violão deixasse de ser personalíssimo como é. O violão de João está lá, inteiro, e transformado, para quem quiser ouvir.

Na época respondi, concordando, mas acrescentando: se Jards foi quem melhor traduziu João em seu próprio violão, individualmente, quem conseguiu a melhor compreensão coletiva de João foram seus discípulos mais diletos. Uma compreensão quase inconsciente talvez, em que os elementos de João se redistribuem por todo um grupo musical, mas também uma compreensão didática, em que há mesmo aulas – como quando João os incentiva a tocarem *Brasil Pandeiro*, de Assis Valente, como uma forma de compreenderem o samba mais a fundo, ou quando, passeando pelo bairro de Botafogo com Moraes, altas horas da noite, veem uma mulata descendo o morro cedo para trabalhar, e João exclama: *Lá vem o Brasil descendo a ladeira!* Moraes entendeu muito bem.)

Linguagem do Alunte e *Ao Poeta* têm em comum a desconstrução da linguagem. Cada uma foi construída em torno de uma palavra inventada. Estão juntas no álbum de 1974, chamado apenas *Novos Baianos*, o último com a presença de Moraes Moreira. *Alunte* se inicia com a separação de sílabas de algumas palavras – a primeira, naturalmente, é *bola*. Porém, comparativamente, o arranjo e a construção de *Linguagem do Alunte* são relativamente tradicionais. Enquanto isso, *Ao poeta* parte para a ignorância, ou melhor, parte da ignorância na direção da sabedoria, numa formatação, mais que original, absolutamente congruente com a desconstrução que se propõe a fazer.

A abertura de *Ao poeta* é o único momento da gravação em que se ouvem instrumentos melódico/harmônicos tradicionais – dois violões e flautas doces. Porém já aí a presença das flautas mostra certa precarização proposital – os Novos Baianos não costumavam usá-las. A flauta doce, instrumento associado em música popular à musicalização infantil e ao movimento hippie, causa um estranhamento imediato. Porém, logo após, entra a voz de Paulinho Boca de Cantor, de forma surpreendente.

O primeiro som que ele faz não é palavra, nem som musical. É um barulho, um barulho que, pela repetição, vai aos poucos formatando a palavra *filha* – e mesmo assim em sua pronúncia mais informal, *fia. A fia de Baby. A fia de Baby criou problema para a grafia*. Está aí o tema, e o tema é a menina e seu nome, e a denominação do tema é, ela própria, feita montando as palavras a partir do barulho fundamental.

Em seguida, sobre uma levada de atabaques e palmas, surge um estranho naipe de *trumpentes*, instrumento improvisado feito com um pedaço de plástico colocado sobre um pente e dobrado. Não há nota determinada. A sensação de precariedade se acentua, tudo se passa como uma improvisação, mas, por outro lado, os trumpentes têm claramente um arranjo combinado em que realizam eficientemente o papel de um naipe de metais. Sobre essa base ao mesmo tempo precária (na formação) e elaborada (na construção), a frase inicial da letra é repetida e explorada de frente para trás, de trás para frente, em pedaços. Diversas possibilidades de construção, agora gramatical, são investigadas, antes de se anunciar: *isso eu ia dizer na capa, mas existe possível grafia*. A nova surpresa da referência à capa do álbum como um possível complemento da mensagem da canção coloca a canção em contato direto com o *mundo exterior* à gravação, tangenciando a ideia de um diálogo do qual ela faria parte, sem explicitá-lo.

A base seguinte é ainda mais reveladora: agora, o batuque se inicia somente a partir de sons vocais, antes de nova entrada dos atabaques, mas que aqui serão acessórios, como as palmas foram logo antes. *Thi-qui ta-ca, ta-ca-ta-cum ta-ca*. Caminho diverso do inicial, que passava do barulho à palavra, agora as sílabas tornam-se som musical. A palavra desconstruída torna-se arranjo para a frase que explicita a questão: *A gramática prevê que só entre duas vogais o êrre tem som de rê*. A regra rígida que é enunciada na letra é desafiada a cada segundo no arranjo.

Próximo passo: ao som de um rufo de bateria de crescente tensão, anuncia-se finalmente o busílis da questão: *Baby, é assim que o poeta, Baby, achou de botar o nome na menina de Riroca, só porque ela é curioca*. No reforço máximo da pronúncia do R inicial e na menção ao sotaque do Rio de Janeiro, ocorre na prática um questionamento da norma culta que faz sentido entre linguistas: os registros locais da língua são integrantes da língua, todos dignos de respeito e com direito à existência. Na sequência, a bateria passa do rufo para uma interminável virada em que a tensão se despeja furiosamente para o argumento seguinte, evocando, claro, o futebol: RRRRRRoberto Dinamite é convocado como exemplo acabado de R linguodental, como qualquer locutor esportivo que se preze sabe, abrindo caminho para RRRRRomários e RRRRRonaldos. *Nasceu no RRRRRRio*, arremata definitivamente Paulinho. O lugar, o uso, o povo faz a língua, não o contrário.

Mas ainda há mais. A bateria agora, estruturada a partir do barulho como a voz o fora, apronta uma levada típica de jazz (um estilo popular de extrema sofisticação), como que zombeteiramente. E zombeteiramente voltam os trumpentes, zumbindo enquanto agora a convocação segue irônica: *Vamo lá, Caetano Veloso, Gil, Chico Buarque!* Os ícones da canção são chamados a referendar a presente canção, referendando por tabela a defesa da *tese Riroca*. A zombaria prossegue, agora evocando mediunicamente – finalmente! – o Poeta:

> *Só na*
> *Só na*
> *Só na*
> *Sessão espírita*
> *Fernando pode dizer*
> *Pessoa*
> *Pessoa*
> *Pessoa que não é prosa*
> *Pode dizer poesia*

E, assim, Pessoa é irreverentemente deslocado para a sessão espírita – não pode mais opinar. Em compensação, o poder e a liberdade da poesia agora estão aí para quem chegar. Note-se que lá atrás é dito que foi o poeta que botou o nome de Riroca. Qual poeta? Ora, qualquer um. Ninguém sabe nada, ninguém tem o poder individual de determinar o som de uma letra ou de proibi-la de soar.

Ou, talvez, um: *Só Drummond, só Drummond, só Drummond. Mas se não Drummond, deixa eu vê...* O encerramento de *Ao poeta* se dá novamente sem acompanhamento, como o início do canto/declamação de Paulinho, entre a canção e a poesia propriamente dita. As últimas sílabas de *deixa eu ver*, no mais autêntico sotaque carioca, convertem-se em *xô vê* e daí em *chover, chuvê...* A passagem de sentido pela mudança sutil de pronúncia vai dissolvendo o sentido em fade out, mergulhando a canção no caos de onde veio. A voz e a palavra em estado puro, de onde *Ao Poeta* se originou e para onde retorna.

Uma criança, ao nascer, é capaz de produzir todos os sons de todas as línguas. De acordo com o lugar em que nasce, os pais que tem, o povo que a recebe, desenvolve alguns fonemas e esquece outros. Não apenas com o som, nossa educação foi desenvolvida para moldar, cortar arestas, tornar menor. Uma educação ideal, em um lugar ideal, talvez fosse a que permitisse às crianças não perder a infinidade de possibilidades que trazem ao nascer. Desenvolver algumas sem perder as demais, sem ter de reaprender os sons esquecidos mais tarde nos cursos de línguas. E para todos os saberes como para os sons.

Feita para uma questão específica, para responder a uma polêmica, *Ao poeta* (e também *Linguagem do Alunte*, indo em outra direção) extrapola seu assunto várias vezes, como a obra de arte deve fazer. *Ao poeta*, construída sílaba a sílaba, som a som, fonema a fonema, forma e conteúdo integrados milimetricamente sob aparência de improviso, poema concreto misto de canção, é um desafiador manifesto lançado ao vento. Como o antieuclidiano nome da menina Riroca foi também um desafio à norma, que Sarah Sheeva não pôde sustentar. Não se pode culpá-la, o mundo não é o *Cantinho do Vovô*. Quem sabe um dia seja como o poeta sonhou, ou seja: com os sons, e tudo o mais, que a gente quiser.

O Milagre de Dorival

Tenho ânsia de ser o autor do mais puro, do mais simples. Parto para encontrar a forma mais doce de dizer as palavras e música de uma canção, num estribilho que você segure na cabeça, que trauteie, que assovie. Meu sonho é chegar à perfeição de ser o autor de uma Ciranda Cirandinha, uma coisa que se perca no meio do povo. – Dorival Caymmi, em entrevista ao jornalista Tárik de Souza nas páginas amarelas da Veja em maio de 1972.

A canção é uma condensação, uma síntese. De certa forma, toda obra de arte é. Mas a canção é um formato específico em que esse fenômeno ocorre de forma quase imprevista, como o voo do besouro. A junção de palavras com melodia e harmonia funcional em pouco mais de três minutos – poucos temas, não muitos versos. Formalmente, a canção não tem como ir muito longe, como iria uma sinfonia, por exemplo. Seu arco é curto. E, no entanto, esse arco tem a capacidade de subentender dentro de si mundos inteiros. A canção é um subentendido por excelência. E, de todos os cancionistas brasileiros, o que sem dúvida teve a maestria de fazer conter mais em menos, mundos inteiros em três minutos, foi Dorival.

E como é que ele conseguia, é a pergunta inevitável. O mistério de seu ofício, de sintetizar em poucos versos cantados não uma miríade de desdobramentos semióticos ou que tais, mas a vivência específica de algo com tamanha força e consistência que parece se tornar memória pessoal. Dorival é da linhagem dos mestres de ofício medievais, desenvolvedores em toda uma vida de suas técnicas refinadas em fazer o comum – uma cadeira, uma parede, um pão – algo ao mesmo tempo imanente e transcendente, apto ao uso cotidiano e portador de uma verdade profunda. Dorival sabia extrair e expor do evento diário a sua dimensão trágica, épica, e sabia fazer isso como o lapidador, com meia dúzia de golpes precisos. Como é que ele conseguia?

Para essa resposta há apenas pistas, e a primeira delas é descartar a noção de que essas sínteses tenham surgido prontas na mente de seu criador. As canções de Caymmi tiveram em geral ciclos longos de gestação, às vezes anos, e mais de uma versão antes da definitiva, interrompidas até que um verso se desatasse. Outra pista vem talvez do fato de que o próprio Caymmi tivesse dúvidas sobre seu método ou capacidade de realização. A neta Stella Caymmi, no livro sobre o avô *O mar e o tempo*, conta que em 1943, Caymmi, já conhecido desde 38 por *O que é que a baiana tem* ter sido gravada por Carmem Miranda,

[...] procurou alguns amigos para discutir um desejo antigo. O baiano estava pensando seriamente em estudar música. Achava que não poderia ser um músico completo se não pudesse ler partituras. Esperava ser incentivado. Surpreendeu-se quando Villa-Lobos e Radamés Gnatalli o dissuadiram da ideia. Temiam que Caymmi perdesse sua espontaneidade de cantor popular. Em vista disso, ele desistiu até dos estudos que havia começado a fazer em casa por conta própria. Afinal, um conselho de um Villa-Lobos e de um Radamés não podia ser ignorado. Caymmi então recolheu seu chapéu e foi tratar de compor do jeito que estava acostumado.

E ainda na entrevista para Tarik, ele afirma:

Acontece que eu prefiro sempre a harmonia alterada [...] Deve ser instintivo, porque desde pequeno acho que o som deve ter outra beleza, além do acorde perfeito.

Isso porque o caminho para chegar à simplicidade não é ele mesmo simples. E o desejo de Caymmi de que sua obra se confunda com a criação popular se mostra muito ambicioso, pois essa criação é fruto de séculos de lapidação de arestas. O lento processo de Dorival de encontrar, na complexidade, sua forma mais concisa, no contraste com este, se mostra extremamente veloz.

E se é exatamente a capacidade de ser simultaneamente simples e complexo com tal intensidade seu grande mistério, o caminho para compreendê-lo será acompanhar esse processo. Tomemos uma canção de Caymmi arbitrariamente, pois, como diz Caetano, *escrevi 400 canções e Dorival Caymmi 70* (na verdade, cerca de 120 catalogadas). *Mas ele tem 70 canções perfeitas e eu não*. Stella anota em seu livro:

Tô fazendo uma música com cara de pesca milagrosa – Caymmi anotou *no dia 12 de julho (de 1975) em sua agenda. Em Rio das Ostras, nos dias que se seguem, ele continua trabalhando a música nova. O samba, depois chamado Milagre, típica canção praieira, foi gravado por Nana e Dorival, no disco da cantora, pela RCA, dois anos depois.*

E eis aqui o primeiro esboço da futura *Milagre*:

E eis aqui o primeiro esboço da futura Milagre (Figura 1):

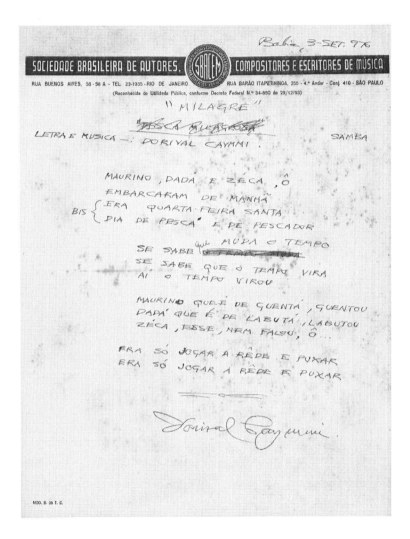

Nesse rascunho, já é possível vislumbrar quase toda a estrutura da canção, mas o número de rasuras indica a quantidade de caminhos possíveis para praticamente todos os versos. Frases alternativas como *Tinha que ter peixe pro pescador, pode ser que mude o tempo* e *Zeca nem se incomodou* foram mais tarde buriladas. Ao menos uma foi deixada de lado, *Tinha que ter peixe, sim, sinhô*. O verso final, imensamente expressivo, já era definitivo desde então.

Alguns dias depois, Dorival volta ao trabalho (Figura 2):

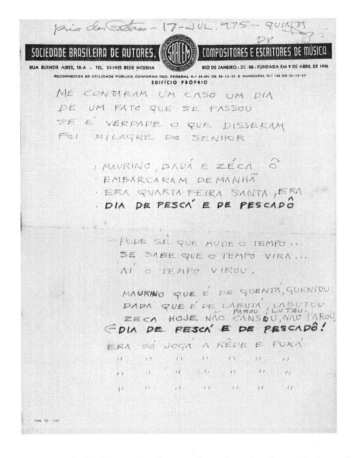

Essa versão de *Milagre,* de alguns dias depois, é reveladora de alguns procedimentos de Dorival. Um deles, que é encontrado também em canções como *João Valentão* ou *Das rosas,* consiste em uma primeira estrofe introdutória, contrastando com uma segunda parte mais longa, por assim dizer principal. A melodia pensada por Dorival para a introdução *Me contaram um caso um dia / De um fato que se passou / Se é verdade o que disseram / Foi milagre do Sinhô* não é conhecida, mas é possível presumir que seria mais lenta que o samba que se segue. E por que terá sido descartada? Outra vez a resposta é uma conjectura, mas a mais provável seria: em nome da concisão. Dorival deve ter avaliado que a introdução pouco acrescentava de informação. Ela poderia ter a função de estabelecer um caráter algo lendário à história contada a seguir – caráter que ela já tem. Ademais, essa primeira estrofe seria o único lugar da canção onde a palavra que deu seu título, ainda não escolhido, apareceria, e talvez tenha sido deixada de lado para evitar a redundância – veremos logo a função primordial da repetição na música de Dorival, e a diferença entre esta e a redundância.

Outro ponto a ser notado é a variedade de ações aventadas para o terceiro pescador, Zeca. Três hipóteses são postas: *não parou, não cansou,* ou *lutou*. Talvez Dorival pensasse em utilizar mais de uma nesse momento. Mas a multiplicidade de opções é um sintoma de que talvez ele não estivesse satisfeito com nenhuma delas, o que vai se confirmar na versão definitiva, em que todos são descartados e *Zeca, esse nem falou*.

O processo de composição de Milagre começa em julho e termina em setembro. (Figura 3):

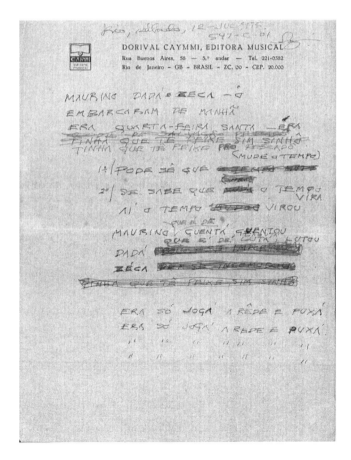

Nesse manuscrito, *Milagre* aparece já com sua feição definitiva, quase sem correções. A principal não está na letra, mas no título. *Pesca Milagrosa* é substituída por *Milagre*, simplesmente. Outra vez a busca da concisão: desnecessário informar que se trata de pesca. Escrever é cortar palavras, disse Drummond.

Caymmi só chegou a gravar *Milagre* sozinho em 1984, para um LP da Funarte. Mas, como anunciou Stella, em 1977, a canção tem seu primeiro registro pela filha Nana, e o próprio Dorival.

A estrutura de *Milagre* então surge inteira em apenas 11 versos. Uma estrofe de apresentação dos personagens, uma com a ação propriamente dita, e um verso de encerramento. Esquemático? Não, econômico. Nem uma sílaba é desnecessária. Os dois primeiros versos (aliás, cantados *ad libitum* na primeira vez, como que substituindo a introdução descartada) fazem a descrição objetiva: três pescadores embarcaram de manhã. E os dois seguintes situam a narrativa no plano mítico, prenunciando o transcendente, traçando a ligação com o sagrado que passará a pairar sobre os acontecimentos: era quarta-feira santa. A primeira estrofe situa o ouvinte nos dois planos da história, mas sem usar uma metáfora sequer. O antropólogo Antônio Risério diz que Caymmi faz uma *leitura literal do litoral*. Tudo que se ouve são histórias, descrições. O transcendente contido nelas transborda sem a necessidade de mais nada.

E de repente, o tempo vira. O aspecto trágico da vida do pescador é explorado em inúmeras canções praieiras. Em *O Mar*, por exemplo, que Dorival considerava talvez sua canção preferida, o verso de abertura tão banal *O mar quando quebra na praia é bonito*, ao ser repetido no fim, depois de cantada a morte trágica de Pedro, que não volta no fim do dia, e o sofrimento desesperado de Rosinha, adquire uma conotação terrível. Longe de mera repetição, ele traz uma transfiguração de sentido que beira o apavorante. Assim, o anúncio da virada repentina do tempo abre a porta para a possibilidade da tragédia, instaurando a tensão. E aqui Dorival mostra sua maestria: o tom muda junto com o tempo, descendo uma terça. Muda sem preparação, mas o que causa a sensação de mudança sequer é a passagem de tônicas, mas o fim do verso *Aí o tempo virou*, quando a harmonia para no segundo grau do novo tom, depois de o acorde do tom ter sido usado na verdade como uma passagem modal para ele. O alvo da modulação não fica claro imediatamente, gerando a sensação no ouvinte de desestabilização: o barco pode virar.

Mas *Milagre* é uma canção épica, não trágica. Maurino, Dadá e Zeca guentaram, labutaram, nem falaram. E o tempo serenou. E o peixe veio, junto com a volta à tonalidade inicial. O perigo é recompensado, *era só jogar a rede e puxar*. A repetição do verso, longe de uma tautologia, remete à repetição do gesto, e a própria frase tem a entonação da história contada, é possível imaginá-la na boca do próprio pescador contando o dia da fartura que ficou na memória da aldeia.

Então, quando parecia que não seria possível ser mais conciso, sintético, econômico, surge João Gilberto.

João gravou *Milagre* no magistral álbum *Brasil*, com Caetano Veloso e Gilberto Gil. A gravação de João, Gil e Caetano consegue ser ainda mais econômica que a própria canção do Dorival, ao abreviar as repetições de frases, a da apresentação e a final – de melodias similares, particularmente a frase inicial ascendente. Ele as resume ao mínimo essencial. *Era quarta-feira santa, dia de pescar e de pescador* passa a ser apenas *Quarta-feira santa, dia de pescador*. E a frase final, esta é reduzida a apenas duas palavras, tornando-se *A rede*. Essas três sílabas são suficientes para evocar toda a frase melódica e conseguem, incrivelmente, ainda intensificar a força dos versos. E, seguindo o exemplo de Caymmi, ao retirar toda a dramaticidade possível e preocupar-se unicamente com a própria história e com a própria canção, João permite que se mostre toda a sua expressividade e beleza. Em João, como em Caymmi, menos é mais.

A referência bíblica de Milagre é propositalmente múltipla e algo vaga. A menção inicial à Quarta-Feira Santa não encontra correspondência no restante da letra. O amansamento da tempestade (ou talvez apenas um vento virado) que atinge os pescadores remete a uma passagem de Jesus, enquanto a óbvia pesca milagrosa, primeiro título do samba, é outra – aliás, são duas as relatadas no Novo Testamento. E o próprio Dorival acrescenta ter buscado nos símbolos do pescador e do peixe a simbologia cristã. A relação com o sagrado, o transcendente, permeia toda a canção unicamente à base de alusões que não se desviam um milímetro da função de contar. Caymmi elimina toda repetição meramente literária, como usar duas palavras diferentes para referir-se à mesma coisa, e ao encontrar a palavra justa, aí sim se permite repeti-la, saboreá-la – e até a isso João Gilberto renuncia, mas paradoxalmente, é exatamente esse rigor quase estoico que retira todos os obstáculos de significados acessórios e permite que o metafísico emerja na escuta de *Milagre*. Depois de analisar, dissecar todos esses detalhes, compreendendo um pouco do caminho percorrido pelo artesão para fabricar esse cristal Baccarat, ainda mais belo pelo que se vê através dele, a pergunta persiste: como é que Dorival conseguia? Qualquer resposta será insuficiente. Como toda canção de Caymmi, *Milagre* é uma aula de mistério.

O caminho do meio e o lugar comum

No texto de apresentação de seu álbum de 1975, *Lugar Comum*, João Donato diz:

A origem da primeira música, Lugar Comum, que dá nome ao disco, é um assobio de um homem descendo a canoa no Rio Acre, em Rio Branco. O rio passa bem no meio da cidade. Ao cair da tarde, eu estava lá, pequenininho ainda, com uns sete ou oito anos, não me lembro bem. Passou uma canoa com o cara assobiando, e eu fiquei melancólico pela primeira vez na minha vida, um sentimento até então desconhecido para mim. Fiquei pensando, 'por que eu fiquei assim?', mas eu sabia que esse sentimento vinha daquele assobio e eu guardei a melodia.

Tempos depois, o mesmo João contaria em entrevista a Almir Chediak para seu Songbook:

Peguei aquele ita em Belém e havia um artista no navio, o cantor Carlos Galhardo, parecia um artista de cinema. puxa! Eu era garoto, ficava olhando para ele cheio de admiração. Também me lembro que o rádio do navio tocou I'm getting sentimental over you, com a orquestra do Tommy Dorsay, e eu fiquei triste, jururu. Foi a segunda vez que fiquei assim. Na primeira, eu tinha uns oito, nove anos, e tava na beira do rio assobiando um troço assim (assobia a melodia de Lugar Comum). Fiquei meio triste, com aquele negócio na cabeça. Muitos anos depois, Gilberto Gil botou letra naquela melodia, deu o nome de Lugar Comum e o Tárik de Souza considerou uma das 10 obras mais significativas da música brasileira dos últimos tempos. Para você ver a força que tem uma música simples, sertaneja.

Mas, peraí, então: quem assobiou, e, portanto, é o autor original da música, foi o homem na canoa (que nem é citado na segunda versão) ou João Donato? Essa dúvida pode parecer insignificante. Mas ela ilustra um bocado do que é essa canção, cuja autoria o próprio João, numa terceira ocasião, afirmou que é *do Acre*, nem mais nem menos. Uma criação natural, emanada de um lugar. Um lugar comum.

Lugar Comum já se chamou *Índio perdido*, antes de ser *kentonizada* – a expressão que João utiliza quando promove um upgrade harmônico no material a molde do orquestrador americano Stan Kenton (1912-1979), que o influenciou. Esse upgrade significa o acréscimo de extensões nos acordes – nonas, décimas primeiras, décimas terceiras, além de acordes de transição e/ou substituições de acordes por outros que mantenham suas funções, mudando sutilmente a sonoridade. No entanto a estrutura básica da canção, retirados esses acréscimos, é franciscana. Tárik de Souza, em seu texto de apresentação no Songbook, afirma: *Minimalista, avesso à grandiloquência, Donato é um inimigo ferrenho do chichê.* Clichê, no dicionário Aurélio, sinônimo de... lugar comum. Haveria aqui então uma contradição?

Lugar Comum é composta sobre três frases musicais. A primeira, de meras duas notas, sobe dois tons com a harmonia indo da tônica à dominante – *Beira do mar* –, e apenas um tom quando esta volta à tônica – *lugar comum*. A segunda, com amplitude de três notas, faz o mesmíssimo caminho à dominante – *começo do caminhar* –, e volta à tônica tocada um tom abaixo – *pra beira de outro lugar*. Repete-se com outra letra, e fim da primeira parte. A segunda tem apenas uma frase, igualmente curta e com a mesma amplitude. Vai sendo repetida quatro vezes, sempre se iniciando um tom abaixo, indo à subdominante – *a água bateu* –, à antirrelativa – *o vento soprou* –, à relativa da dominante – *o fogo do sol* –, à dominante em II/V e volta à tônica na primeira vez – *o sol do Senhor* –, na segunda, fica na dominante preparando a volta ao tema inicial, e a frase da última vez – *de onde tudo sai* –, ao invés de se iniciar um tom abaixo como as outras, começa dois tons abaixo, mantendo o mesmo desenho. Fim da canção, e seu recomeço.

Essa descrição pode parecer extremamente complexa a um não músico, mas ao contrário, o fato de toda a estrutura caber em um parágrafo e não haver na melodia uma única nota fora da tonalidade é sintomático de sua frugalidade. E aí talvez haja um caminho para explicar melhor a fala de Tárik: não que ele seja inimigo do clichê, mas talvez mais apropriadamente ele não tenha medo do clichê. O que poderia soar como clichê em outras mãos, nas de João Donato soa como o caminho absolutamente natural e mantendo um frescor de coisa nova, como um lugar ao qual, mesmo se voltando sempre, haja sempre algo a descobrir. Resta-nos tentar descobrir como e por quê.

Lugar Comum, o álbum, é o segundo de Donato em que as composições têm letra. Gilberto Gil, autor desta, conta:

A letra de Lugar Comum foi escrita em Itapuã, no verão, estimulada pela sensação boa de estar ali e de ali ser um lugar comum a tanta gente comum – pela ideia de comunidade. Os versos finais reafirmam minha obsessão com o eterno retorno, como sentido yin-yang da realimentação, do embricamento vida-e-morte e da polaridade dos contrários: a coisa de o um dar o dois, o dois dar o três, e o três dar tudo.

O fim da fala de Gil se refere a um trecho do *Tao te ching*, o Livro do Caminho, obra mestra do taoismo e do zen. Em seu verso 49, ele afirma:

> *O Tao (o caminho) gera o um*
> *O um gera o dois*
> *O dois gera o três*
> *O três gera as dez-mil-coisas.*

O que pode ser pensado assim: de Deus (ou do devir, ou do insondável, dependendo da sua concepção) vem a unidade, que, desdobrada, gera a dualidade (como quando Deus separa o que está em cima do que está embaixo ou o mar da terra seca no Genesis). A partir da oposição entre opostos surge o terceiro elemento, formando-se a trindade (outra vez o Cristianismo encontra pontos de contato, mas poder-se-ia pensar em dialética também). E daí desenvolve-se a multiplicidade absoluta.

Estou dando uma enorme volta, mas não é à toa, e aqui começo a retornar. A ideia de uma unidade em meio à multiplicidade norteia essa canção, não apenas a letra de Gil escrita na praia e referencial ao mar, mas a melodia ouvida/composta por João no coração da selva e na beira de um rio. A dicotomia entre esses dois lugares é já uma pista: a melodia que ressoa num lugar ressoa também em outro, mais do que traçar uma ligação, indica uma identidade entre esses dois lugares.

Lugar comum: lugar como outro qualquer; lugar de todos. Dois sentidos diversos, a que se acrescenta o sinônimo de clichê, de fórmula gasta pelo uso. Itapuã, lugar como outro qualquer, lugar de todos. Praia, ponto de partida para chegar a outra praia, outra margem. Margens que também tem o rio, que vai em direção ao mar. Permito-me essa associação de ideias para indicar o quanto há efetivamente uma identidade na diferença de cenários que vai da melodia-rio de Donato à letra-mar de Gil. Em ambas, a constatação de algo subjacente ao lugar, algo que os une. A sensação de melancolia de João é irmã da sensação agradável de Gil, reações individuais ao mesmo reconhecimento do que desafia a ser exprimido – Donato e Gil, cada um por sua vez, aceitaram o desafio.

E em 1995, Arnaldo Antunes, a seu modo, também aceitou, ao gravar *Lugar comum* em seu álbum *Ninguém*. A voz rascante de Arnaldo contrasta fortemente com a suavidade de gravações anteriores. Os harmônicos da guitarra do excelente Edgard Scandurra substituem as extensões dos acordes de Donato. Porém a canção sobrevive perfeitamente a essas mudanças, e mais ainda, ressurge com renovado interesse. Como um lugar a que se volta, mas se enxerga com outros olhos. Na gravação de Arnaldo, a canção *Lugar comum* é ela própria o lugar comum a que se volta, que ele visita. E quando Arnaldo consegue, metalinguisticamente, deslocar o significado do lugar de um lugar propriamente dito, percebe-se com mais clareza que o lugar que Gil e Donato visitam também não está em Itapuã ou no Acre, nem mesmo na memória (pois João nem tem certeza sobre a autoria da melodia), nem sequer é a própria canção.

O lugar é o lugar que se visita ao ouvir a canção. O lugar a que Donato foi ao ouvir o assobio do índio na canoa, a que Gil foi partindo de Itapuã – de suas impressões de Itapuã e suas divagações sobre o Tao. Lugares comuns, lugares em comum, a que se pode chegar por caminhos muito diversos, assim como desse mesmo caminho pode-se ir a diversos lugares. Uma canção como *Lugar comum* se presta a tornar comum (a todos) um lugar que se pode visitar ao ouvi-la, e impedir que esse lugar seja comum (banal), tornando-o especial, acrescendo-lhe significados novos a cada visita. Como a melodia de Donato é sempre nova a cada audição. Como a letra de Gil aponta na direção oposta do *Tao te ching*, retomando das dez mil coisas ao três, ao dois, a uno, o mar remontando ao rio e este da foz à nascente, no coração da floresta. À origem comum. Cuja percepção pode ser agradável e feliz como a de Gil, melancólica como a de João, e que pode vir de um assobio perdido na mata ou na gravação de uma orquestra feita em outro continente e ouvida como que por acaso numa viagem. Unidade insuspeita, inesperada, inefável, que gera o inumerável.

Luas, luas, luas, luas

A autorreferência, ou seja, citar a própria obra, é uma das maneiras mais óbvias de se tentar dar coesão interna a esta obra – quando não é uma demonstração inequívoca de narcisismo. Porém, se toda obra de arte é por natureza referencial, parece também natural que um autor refira-se a si mesmo não apenas como uma consolidação do próprio pensamento ou expressão de suas obsessões – o que é comum –, mas também como uma maneira de levar adiante pensamentos diversos, porém traçando entre eles uma relação que é principalmente estética, estilística, mas que acaba se desdobrando também em significados, num processo que se retroalimenta.

Lua, lua, lua, lua é uma das faixas do álbum *Jóia*, de Caetano Veloso, lançado em 1975. Ele é acompanhado apenas pelo órgão de Antônio Adolfo e pela percussão não creditada, mas provavelmente de Perinho Albuquerque. Tem uma estrutura harmônica absolutamente singela: tônica, tônica diminuta (como um substituto da dominante do segundo grau), segundo grau, dominante (o famoso II/V), que volta para a tônica. A frase título, com sua melodia descendente por degraus ascendentes, movimenta-se da tônica para a diminuta, na primeira parte da cadência. E nessa frase se encontra o ponto de partida para a volta que a lua vai dar em algumas canções de Caetano.

No álbum de 1987, Caetano canta uma ode à esposa e musa de Fellini, *Giulietta Masina*. Nela aparece a primeira citação do verso descendente em degraus. Mas agora cumpre perceber um contexto harmônico diverso: *Lua, lua, lua, lua* agora surge exatamente no passo seguinte da cadência da canção original, na passagem de segundo grau para dominante, o II/V. Como se a lua prosseguisse seu caminho no céu. Porém há uma diferença: *Giulieta Masina* é uma canção em tom menor no modo dórico, e o II/V, em vez de ser uma passagem harmônica, agora é a sua sustentação básica. Essa canção tem uma harmonia em suspenso, como que sempre a caminho de se resolver na tônica, e sempre voltando ao aparente segundo grau, que é efetivamente o tom. Essa harmonia em suspenso ao mesmo tempo faz a lua flutuar no ar e evita a conclusão.

Mas essa não é a única citação de *Giuliella Masina*. Há outras duas: uma incidental, da melodia de *Leãozinho* na guitarra, já quase no *fade out*. E outra, que nos interessa mais: sobre a mesma harmonia deslizante do II/V, Caetano entoa outro verso, de outra canção: *existirmos, a que será que se destina?*

A história de *Cajuína*, do álbum de 1979 de Caetano, *Cinema Transcedental*, é conhecida: foi feita para Dr. Heli, o pai do poeta piauiense Torquato Neto, depois do suicídio de Torquato. Em *Cajuína* (como em *Lua, lua...*), o verso em questão abre a canção, como uma porta que se abre para que a história seja contada implicitamente, assim como o suicídio de Torquato paira sobre a pergunta. Essa ideia de abertura se traduz harmonicamente no tom menor que inicia uma cadência simples e muito próxima à de *Lua, lua, lua, lua*: da tônica para o quarto grau (em Lua, lua o quarto grau é substituído pelo acorde relativo menor, com a mesma função), deste para a dominante, e de volta à tônica, numa cadência inicial que se estenderá logo adiante.

Porém, ao ser citada em *Giulietta Masina*, a pergunta de Caetano, de introdutória, torna-se retórica, numa harmonia que, em termos tonais, não sai do lugar, e soa como posta entre parêntesis – e isso apesar da manutenção tanto da melodia quanto dos acordes que a acompanham, pois o que muda é a sua função. E com essa mudança, a inquirição dura e inconformada de *Cajuína* prescinde de resposta em *Giulietta Masina*, como que refletindo a reflexão suscitada no filme – *vídeo de uma outra luz*.

Em *Cajuína*, e *Giulietta Masina*, Caetano é acompanhado por formações instrumentais de grupo (na primeira, pela Outra Banda da Terra: Tomás Improta – teclados; Vinícius Cantuária – bateria; Arnaldo Brandão – baixo; e Bolão – percussões, e mais Dominguinhos e o próprio Caetano ao violão DiGiorgio), num suave contraste com os dois instrumentos de *Lua, lua, lua, lua*. Em 1991, no álbum *Circuladô*, ele voltou à formação de duo para mais uma etapa da órbita lunar.

Com Caetano ao violão e Ryuichi Sakamoto nos teclados, *Lindeza* é como um corolário de *Lua, lua, lua, lua*, em sua postura contemplativa. Porém não há exatamente um sentido de conclusão, nem uma relação direta entre as duas canções. Ainda assim, há um sentido na terceira citação do mesmo verso. A primeira coisa a aventar seria que este agora estivesse na conclusão da cadência, que fosse cantado com a harmonia indo da dominante à tônica, terminando a trajetória iniciada em *Lua, lua, lua, lua* e continuada, sob outro contexto tonal, em *Giulieta Masina*. Entretanto não é isso que acontece. Aqui o verso se encontra exatamente no espaço harmônico entre uma e outra: se na primeira canção ele ia da tônica à diminuta e na seguinte ia do segundo grau ao quinto, agora ele faz a passagem da diminuta para o segundo grau que executará o II/V, mas que é por sua vez adiado por outro II/V um tom acima, em empréstimo modal – um adiamento da definição, como uma órbita secundária a desembocar na principal. O desenvolvimento de sentidos do verso não se dá pela sua óbvia conclusão, mas pela descoberta de mais uma possibilidade de alocação harmônica. O que em *Lua, lua, lua, lua* era o lançamento de um mote a ser glosado e em *Giulieta Masina* era um comentário lateral adjetivo à personagem/tema/título, em *Lindeza* é exemplo definitório do tema/título, que por sua vez atribui retroativamente adjetivos às outras duas canções: o tema lindeza refere-se ao tema lua e ao tema Giulietta. E, por tabela, a pergunta existencial de Cajuína, citada ao lado do verso Lua, lua..., ressoa também aqui, como um eco distante, já sem a dramaticidade de *Cajuína*, mas como parte da contemplação.

Mas há outra leitura em que o verso tema desse artigo aparece com a forma de uma conclusão. Apenas esta não se dá na questão harmônica, mas na estrutural. Pois se em *Lua, Lua, lua, lua*, o verso é o inicial, em *Giulietta Masina* ele surge ainda na primeira estrofe, mas já em seu desenvolvimento, antes da parte B. E em *Lindeza*, ele é cantado na repetição da parte A, depois da B – diferença sutil, mas que já é a preparação para o fim da canção. Assim, ele se apresenta conclusivo, sem que sua harmonia o seja e sem mudar uma nota sequer, apenas por seu posicionamento na composição.

Todo esse artigo baseado em sutilezas harmônicas pode parecer árido para não músicos. Paciência. Aquilo que se ouve sem se ouvir, que o sentido dá sentido sem passar pela impressão consciente, pode ter diversos caminhos de racionalização. Mas não há nada melhor do que ouvir o que se racionaliza, para poder sentir junto, e para isso vai a recomendação enfática da escuta das canções. Falta apenas falar de um detalhe: o acorde final de *Lindeza*, em que Sakamoto explora o extremamente grave e o extremamente agudo do piano, numa lancinância de acorde aproximadamente na dominante – ou seja, sem resolução – e que vai aos pincaros, como uma estrela cintilando, dolorosamente belo. Caetano usa os silêncios para falar de beleza e lua, desde o *estanca* da primeira canção, acompanhado por uma pausa no instrumental, até o ressoar desse último acorde, último som do álbum *Circuladô*, cintilando mesmo depois de o som desaparecer, internamente, na harmonia das esferas.

A trajetória do verso *lua, lua, lua, lua* certamente não é pensada e planejada, mas foi surgindo ao acaso das composições de Caetano, que tem com a lua uma questão (dedicou a ela outras canções, como *Lua de São Jorge*). Essas canções emaranhadas entre si não formam em si mesmas uma unidade, nem havia a intenção disso. Mas elas servem de sustentação, como uma coluna feita por colunas menores que se apoiam umas nas outras, de modo a dar à obra de Caetano uma parte de sua consistência e altitude. A citação a si mesmo, mais ainda que a alheia, precisa ser ressignificação, acrescentamento. Caetano é mestre nisso. Cada lua que ele canta é uma nova lua. Ou cheia.

O homem cordial contra o fascismo

Cordial, do latim *cordiālis*, relativo ao coração. O conceito criado por Sérgio Buarque de Hollanda em seu clássico *Raízes do Brasil* deu margem a algumas deturpações, derivadas da acepção popular da palavra. Sérgio nunca se referiu ao homem brasileiro simplesmente como afável ou simpático. Sua definição era bem mais aprofundada, e tentava ir à raiz de nossa personalidade constituída. O homem cordial de Sérgio é aquele que elegeu Lula, e também o que elegeu Bolsonaro, que fez Canudos e os protestos de 2013, capaz de ser alternada ou simultaneamente reacionário e revolucionário, um enigma a ser decifrado.

No capítulo 5 de seu livro, depois de apontar a contradição inerente entre Estado e família – que não seriam um o desdobramento natural da estrutura do outro como alguns pregam, mas concorrentes de autoridade frente ao indivíduo desde a sua formação –, ele diz:

Já se disse, numa expressão feliz, que a contribuição brasileira para a civilização será de cordialidade – daremos ao mundo o "homem cordial"; A lhaneza do trato, a hospitalidade, a generosidade, virtudes tão gabadas por estrangeiros que nos visitam, representam, com efeito, um traço definido do caráter brasileiro, na medida, ao menos, em que permanece ativa e fecunda a influência ancestral dos padrões de convívio humano, informados no meio rural e patriarcal. Seria engano supor que estas virtudes possam significar "boas maneiras", civilidade. São antes de tudo expressões legítimas de um fundo emotivo extremamente rico e transbordante. [...] Nossa forma de convício social é, no fundo, justamente o contrário da polidez. [...] No "homem cordial", a vida em sociedade é, de certo modo, uma verdadeira libertação do pavor que ele sente em viver consigo mesmo, em apoiar-se sobre si próprio em todas as circunstâncias da existência. [...] O desconhecimento de qualquer forma de convívio que não seja ditada por uma ética de fundo emotivo representa um aspecto da vida brasileira que raros estrangeiros chegam a penetrar com facilidade. [...] A vida íntima do brasileiro nem é bastante coesa, nem bastante disciplinada, para envolver e dominar toda a sua personalidade, integrando-a, como peça consciente, no conjunto social. Ele é livre, pois, para se abandonar a todo o repertório de ideias, gestos e formas que encontre em seu caminho, assimilando-os frequentemente sem maiores dificuldades.

Em 1978, Edu Lobo lançou seu álbum *Camaleão*, cuja faixa de abertura era uma parceria com o poeta Cacaso, *Lero-lero*.

Lero-lero é a descrição acabada do homem cordial. Ou, para ser mais acertado, sua transcrição para o formato da MPB, como o corolário do projeto de Mário de Andrade de uma arte que atingisse a alma do Brasil, promovendo a leitura da produção cultural popular pela lente da estruturação formal europeia, esta enriquecida por aquela (haja vista a faixa seguinte, sua gravação do *Trenzinho do Caipira*, de Villa-Lobos, com letra de Ferreira Gullar). Voltaremos ao homem cordial adiante. Mas por hora, guardemos esse conceito para tratar de como o fenômeno da MPB teve, entre suas características principais, o assumir de forma estilizada e altamente elaborada o discurso do homem comum – não necessariamente o receptor ou consumidor, mas outro, de um Brasil mais profundo. A MPB consolidou-se como a estilização da linguagem popular, num processo que tem seu precedente aberto em outra composição de Edu, esta com Capinan: *Ponteio* – e também em *Disparada*, de Geraldo Vandré e Théo de Barros.

Nessas duas canções, de mais de 10 anos antes, o protagonista e narrador, o eu lírico, é o homem do campo, o autor do folclore, por assim dizer, mas parafraseado pelo poeta. *Ponteio* e *Disparada*, vencedoras de Festivais da Canção e enormes sucessos populares em grandes metrópoles, são a abertura da porteira (para usar uma expressão do mesmo universo) para que a produção musical voltada para a classe média não tenha mais pudores de levar para o eu lírico o processo de haurir-se da cultura da população rural e mais pobre, inclusive romantizando-a, ao estilizar seus ritmos e estilos musicais em sua produção, conseguindo, assim, ao radicalizar o processo de mimetismo interclasses (e num álbum chamado *Camaleão* isso chega a soar divertido), um grau de diversidade e qualidade artística entre os maiores do mundo (sim, há inúmeras implicações de ordem social e mesmo ética envolvidos nesse processo, e que precisam ser enfrentadas e que não cabem neste texto, e que não eram questões à época, mas hoje são, e é bom que sejam).

Lero Lero, escrita muito depois de *Ponteio* e *Disparada*, quando esse processo está consolidado no imaginário de nossa produção musical, é um passo na sequência lógica, num país que, entre essas canções, passou de majoritariamente rural a majoritariamente urbano: é a leitura da alma do homem comum, não mais em suas características regionais, mas mudando seu foco para a cidade, ou ao menos deixando em aberto sua origem. O protagonista de *Lero Lero* é o filho do de *Ponteio*, que foi morar na cidade. Cacaso não é povo, Edu não é povo, mas *Lero-lero* é a busca tanto estética quanto ética de estabelecer o ponto de contato possível entre ambos e uma identidade que se possa chamar brasileira, numa leitura de terceira pessoa trazida poeticamente para a primeira. Mas aqui, ao contrário de suas antecessoras, não se trata de narrar seus feitos, mas de fazer um autorretrato. Edu e Cacaso tentam ir ao coração não do Brasil, mas do brasileiro, e, falando por ele, simultaneamente dar a ele o microfone. Quem é você?

E por ser a resposta a essa pergunta, *Lero-lero* é toda ela uma afirmação. Não há dúvidas aqui, nem na letra nem na melodia que martela a fundamental em assertivas peremptórias. O piano dobrado com o baixo apresentam o motivo que introduz a canção, também martelando a fundamental. Esse motivo não será ouvido por toda a parte cantada, mas parece ecoar em toda ela. E nessa autoenunciação transparece também um orgulho, uma profissão de fé de uma certa ética. Lero-lero é uma declaração de princípios que vai além de sua condição. Ser *brasileiro, de estatura mediana*, gostar de uma mulher que não o quer, não são em si os motivos de orgulho. O orgulho é de ultrapassar essas condições, de reagir a elas e sobreviver. Todo o tempo *Lero-lero* se equilibra entre essas duas posições, a da aceitação de sua condição e da atitude pessoal no limite do autoelogio: *bom de bola, ruim de grana, tabuada sei de cor*.

E voltamos ao homem cordial. O homem regido pela relação pessoal sobrepondo-se à instituição, o espaço privado sobrepondo-se ao público, avesso ao ritual e à formalidade, capaz de uma relação íntima ao nível do desrespeitoso com os santos (como nas tradições de maltratar Santo Antônio para conseguir casamento, por exemplo). Mas também o sujeito de uma ética bastante rígida. Sua palavra não volta atrás, ele se basta, *deve nada pra ninguém, faz como lhe convém*. Uma ética pessoal que desdenha convenções, e mesmo tem certo prazer não confessado em deixá-las de lado. Uma altivez teimosa que pode se manifestar tanto numa sabedoria instintiva quanto num dar com a cabeça na parede em suas decisões. Um quebra, mas não verga. A cordialidade de Sérgio Buarque não exclui uma ferocidade.

Mas que não nega a poesia, e aí está um dos pulos do gato para o entendimento desse personagem que, no fundo, nos inclui. Nossa relação com ela é real e inegável, está aí, do repente ao rap. É, assim como a religiosidade, um ponto de contato do homem que é pão, pão, queijo, queijo, com o transcendente. A poesia não está incluída no lero-lero que ele não tolera, ao contrário, é o complemento necessário para ele, reconhecidamente, que vai *do batente pro batuque*. Mesmo essa poesia é, de algum modo, inscrita num ethos do trabalho, uma ordenação de mundo, pois é para isso que ela está aí. A poesia estrutura a vida como ela é, por isso é necessária, para que esta seja ao mesmo tempo aceita e enfrentada. Com destemor e a partir de sua própria precariedade. O subjetivo é a arma secreta e insuspeita do homem comum. *A gente não quer só comida.*

A melodia/harmonia das estrofes intermediárias de Lero-lero quebra parcialmente a assertiva quase contínua da canção. A letra continua na mesma toada, mas a ida ao quarto grau serve de piso mais suave para os versos referentes à poesia. Em contraste, os momentos de maior tensão, tanto pelo agudo da melodia quanto pela chegada a uma dominante suspensa antes da volta ao tema, são os versos *Tenho a minha solução* e *Desacato Satanás*. O primeiro segue numa autoconfiança voluntariosa e não muito difícil de ser induzida ao erro. E o segundo, clamado quase como um grito ou um desafio temerário em praça pública, merece mais atenção.

Merece porque, ao fim e ao cabo, o homem cordial, mediano desde sua altura, que não é de meandros nem meios-termos, capaz, como afirmou Sérgio Buarque, de *se abandonar a todo o repertório de ideias, gestos e formas que encontre em seu caminho*, é também aquele capaz de se identificar com o discurso fascista, da autoridade patriarcal que se propõe a transpor para o Estado a ordenação familiar, tanto em termos simbólicos quanto organizacionais, levando seus filhos para mando do governo, mas também adotando abertamente o patrimonialismo e o favorecimento por afinidade e familiaridade, e não por competência burocrática (ainda que seu discurso frouxamente afirme coisa diferente). O homem cordial é vítima preferencial da pós-verdade, da afirmação enfática da simplicidade cortante, direta e convicta – e falsa. O homem que não tolera lero-lero é o que propaga memes, por meio dos quais acha que entendeu questões complexas. Ele acredita que a distância entre dois pontos é sempre a linha reta, está disposto a rasgar o caminho para isso. Essa é sua força e também seu ponto fraco.

Ou pode-se dizer o contrário, que esse é seu ponto fraco, mas também sua força. Isso porque a *ética de fundo emocional* a que se refere Sérgio Buarque também pode impedir a instalação do mesmo discurso fascista, pelo reconhecimento do outro, da relação pessoal, acima da noção ideológica ou institucional. A mesma vida íntima pouco disciplinada que assimila sem dificuldades as ideias que lhe são impingidas, logo volta a fazer as contas – pois tabuada sabe *de cor*, ou seja, pelo coração –, e é capaz então de *desarrumar toda a trama e desacatar Satanás*, assim que tem condições de identificar, do alto de sua mesma simplicidade, o distanciamento de tudo aquilo para si e sua vida.

A estrofe final de Lero-lero contém uma referência dupla, à *Canção do Exílio*, de Gonçalves Dias, e ao choro *Tico-Tico no Fubá*, de Zequinha de Abreu. Essa estrofe foi desenvolvida por Cacaso a partir de outra, a inicial de seu poema *Jogos Florais I*:

> *Minha terra tem palmeiras*
> *onde canta o tico-tico.*
> *Enquanto isso o sabiá*
> *vive comendo o meu fubá.*

Ao que ele próprio responde na canção com Edu:

> *Diz um ditado natural da minha terra*
> *Bom cabrito é o que mais berra onde canta o sabiá*
> *Desacredito no azar da minha sina*
> *Tico-tico de rapina, ninguém leva o meu fubá*

A mudança de tom é evidente, com praticamente os mesmos elementos, e o maior responsável por ela é a passagem do tico-tico, de coadjuvante a protagonista do verso, de pobre vítima do predador a ele próprio feroz na defesa de seu direito - e na canção acompanhado de uma reafirmação de tônica e fundamental, numa assertiva cabal. Porém não se trata de uma postura nova do homem cordial. A escolha do ditado popular *Bom cabrito é o que mais berra* reflete valores que não são necessariamente igualitários, por exemplo. O reflexo patriarcal e patrimonialista segue presente, a lei do mais forte continua em vigor. *Sertão é onde manda quem é forte, com as astúcias. Deus, mesmo, se vier, que venha armado*, diz Guimarães Rosa. Entretanto há aqui um aviso e uma tomada de posição, quase um vaticínio: o aviso é que o brasileiro é, antes de tudo, um forte, agora parafraseando Euclides da Cunha, e que não aceita calado e inerte a injustiça; e o vaticínio é que o futuro não está escrito. *Ou a onça me devora ou no fim vou rir melhor.* As mesmas características contra formalismos e avessas a instituições que permitiram a fascinação pelo fascismo no poder têm a capacidade de desmoralizá-lo. O mesmo ceticismo que recusa a política tende a recusar mitos. O homem cordial está fazendo suas contas. O poeta que não nega sua raça está nega-ceando, dando a dica. Logo terá a sua solução.

Filhos da Aquarela: Querelas do Brasil

Elis Regina gravou *Querelas do Brasil*, de Maurício Tapajós e Aldir Blanc, no álbum ao vivo *Transversal do Tempo*, de 1978. Segundo o pesquisador André Luís Pires Leal Câmara, a ideia da canção surgiu de uma conversa de Maurício com o artista gráfico e músico José Maurício Porto, em que teriam falado da importância de os brasileiros conhecerem o Brasil.

Porém, tratar *Querelas do Brasil* como uma simples exaltação de belezas naturais, manifesto xenófobo ou mesmo o lamento de uma suposta decadência seria um enorme empobrecimento. Simultaneamente a esse formato de inventário/manifesto, *Querelas* faz uma desconstrução da *Aquarela do Brasil*, a quem se referencia desde o título, e da própria visão de Brasil como uma cultura estritamente natural ou folclórica como a que é cantada por Ari Barroso, para depois reconstruir essa visão sob um ponto de vista modernista – ou seja, usando como referência muito dos avanços estéticos da geração da Semana da Arte Moderna de 22, retomados pela turma da Tropicália décadas depois.

Mencionar a Tropicália é fundamental aqui, porque é preciso também reconhecer que os modernistas de 22 pouquíssima atenção deram à música popular. Enquanto Villa-Lobos tocava na Semana peças de influência debussyana, os Oito Batutas de Pixinguinha excursionavam pela Europa. Porém tanto o próprio Villa posteriormente abriria os caminhos para que nossa música popular bebesse da fonte erudita via sua obra, como também o Tropicalismo traria para dentro do formato de canção tanto questões como técnicas do modernismo como a narrativa estilhaçada e cinematográfica de que se beneficiaram composições como *Alegria, alegria* e *Domingo no parque*. Portanto, não chega a ser novidade o que *Querelas* faz. O que a torna interessante é sua capacidade de fazer uma reflexão direta sobre esse tema da aculturação unindo forma e conteúdo, tanto na letra de Aldir quanto na música de Maurício.

O título referencial a *Aquarela do Brasil* não é simplesmente um trocadilho. O significado principal de querela, no dicionário Aurélio, é discussão, pendência. A transformação de *aquarela* em *querela* anuncia, no lugar da exaltação, uma problematização do assunto. E corrobora com isso o motivo melódico inicial, que se trata exatamente do mesmo motivo da introdução de *Aquarela do Brasil*, só que invertido! Ao usar em forma descendente o que era ascendente, fica clara também a intenção de mostrar como que o outro lado da moeda – em vez de *cantar o Brasil nos meus versos*, cantar seu lado negligenciado e também as possibilidades de cantá-lo, e o que é feito dessas possibilidades.

Dito isso, vamos à intrincada letra de Aldir:

> *O Brazil não conhece o Brasil*
> *O Brasil nunca foi ao Brazil*
> *Tapir, jabuti, liana, alamandra, ali, alaúde*
> *Piau, ururau, aqui, ataúde*
> *Piá, carioca, porecramecrã*
> *Jobim akarore Jobim-açu*
> *Oh, oh, oh*
> *Pererê, camará, tororó, olerê*
> *Piriri, ratatá, karatê, olará*
> *O Brazil não merece o Brasil*
> *O Brazil tá matando o Brasil*
> *Jereba, saci, caandrades*
> *Cunhãs, ariranha, aranha*
> *Sertões, Guimarães, bachianas, águas*
> *E Marionaíma, ariraribóia,*
> *Na aura das mãos de Jobim-açu*
> *Oh, oh, oh*
> *Jererê, sarará, cururu, olerê*
> *Blablablá, bafafá, sururu, olará*
> *Do Brasil, SOS ao Brasil*
> *Do Brasil, SOS ao Brasil*
> *Do Brasil, SOS ao Brasil*
> *Tinhorão, urutu, sucuri*
> *Ujobim, sabiá, bem-te-vi*
> *Cabuçu, Cordovil, Cachambi, olerê*
> *Madureira, Olaria e Bangu, Olará*

> *Cascadura, Água Santa, Acari, Olerê*
> *Ipanema e Nova Iguaçu, Olará*
> *Do Brasil, SOS ao Brasil*
> *Do Brasil, SOS ao Brasil*

E aí se percebem os vários pulos do gato da letra de Aldir, que amplia o rol de belezas brasileiras a serem celebradas, a começar pela própria língua. Versos enumerativos como *Pererê, camará, tororó, olerê / Piriri, ratatá, karatê, olará* (além de *Blablablá, bafafá, sururu*, todas sinônimos de *querela*) não se referem a nada a não ser a própria sintaxe. Em versos como estes, Aldir celebra a possibilidade que a língua portuguesa (com suas influências múltiplas, indígenas e africanas principalmente) lhe dá de criar versos como estes, com essas sonoridades onomatopeicas e abertas que a vocalização de Elis só faz acentuar e escancarar.

Aldir parte do vocabulário tupi para construir a letra de *Querelas*. Isso poderia levar a pensar numa espécie de purismo. Porém, lado a lado com as belezas naturais descritas pela Aquarela, vem também a releitura artística dessas belezas, via arte: juntamente com *tapir, jabuti, ariranha, aranha, sucuri, sabiá, bem-te-vi*, há também *Caandrades* (Andrades: Mário, Oswald, Drummond); *sertões, guimarães* (*Grande sertão: veredas*, de Guimarães Rosa); *bachianas*, referente às Bachianas Brasileiras, de Villa-Lobos; *Marionaíma*, fusão do nome de Mário de Andrade com sua obra *Macunaíma* (não por acaso, todos os citados são expoentes do movimento modernista); e *tinhorão* (ao mesmo tempo uma planta ornamental e José Ramos Tinhorão, um dos maiores estudiosos e pesquisadores de nossa música popular). Com isso, Aldir põe em pé de igualdade nossa criação artística como um acrescentamento à *Aquarela do Brasil*. Se, para Ari, a aquarela é pintada pela natureza, por *Nosso Senhor*, para Aldir e Maurício, a pintura tem como autores também os Andrade, o Rosa, os artistas que recriaram e recriam essa beleza na sua arte – até eles próprios, por extensão.

E principalmente, mais que todos: *Jobim akarore, Jobim-açu* (akarore = "índios gigantes ou *krenakore, kreen akrone*, variantes do nome *kaiapókran iakarare*, que significa cabeça cortada redonda, segundo a *Enciclopédia dos Povos Indígenas do Brasil*. Açu = grande em tupi). E na última estrofe, o prefixo U em *Ujobim*, significando pai em tupi. Não é por acaso que a nota mais aguda da canção, ao término da primeira e segunda estrofes, aconteça justamente em referência, em deferência a ele. Tom Jobim, discípulo confesso de Villa-Lobos, em três modos diferentes, tem seu nome mesclado à língua tupi, de modo a ser entronizado, mais do que todos, como parte indissolúvel do próprio Brasil. Nele se configura a fusão, agora indistinguível, entre a terra e a visão da terra, entre o Brasil e a construção deste Brasil, e ao mesmo tempo como uma espécie de corolário deste Brasil, ao ter o nome posto como ápice melódico da canção. Jobim, o grande, o pai, sintetiza aquarelas e querelas em sua música, da qual Maurício Tapajós é discípulo e continuador.

Deixei propositalmente para depois aquela que é a marca registrada dessa canção: o uso alternado das palavras *Brasil* e *Brazil* nos refrões, com grafia (e pronúncia) alternadamente brasileira e estrangeira. À luz desses últimos parágrafos, fica claro que ao conceito de *Brasil* estendido se contrapõe um conceito de *Brazil* que também resiste a estereótipos: não se trata de uma ameaça externa, mas de uma visão (ou falta de visão) interna. A crítica pela falta de valoração do nacional não corresponde a uma desvalorização do estrangeiro, e sim pelo não reconhecimento do que se é. *Brazil* e *Brasil* são, na verdade, o mesmo, as duas faces da moeda, *ali, alaúde, aqui, ataúde, aquarela/querela*, tentando se reconhecerem mutuamente. No último verso da canção, explicita-se: só há o Brasil, só o Brasil pode socorrer o Brasil contra si mesmo. Conhecer-se, merecer-se.

No meio da última estrofe de *Querelas do Brasil*, Aldir deixa de lado as belezas naturais e/ou artísticas e muda de tática, terminando a canção com uma lista de bairros do Rio de Janeiro. Bairros, em sua maioria absoluta, da Zona Norte, Oeste, até um município da Baixada Fluminense e um bairro desse município (Cabuçu, em Nova Iguaçu). A enumeração desses lugares, quase todos alheios à *Terra de Nosso Senhor* da Aquarela (Chico Buarque cantaria na canção *Subúrbio: lá tem Jesus – está de costas*), cantada com entusiasmo crescente por Elis, corresponde igualmente a essa visão ampliada do que é o Brasil, e um exemplo palpável do Brasil que o Brazil não conhece. O subúrbio do Rio de Janeiro torna-se um microcosmo do Brasil, reduzindo – ou melhor, exemplificando em termos geográficos uma questão que é também (ou principalmente) cultural.

O nome do célebre bairro de Ipanema, quase no fim da lista, poderia ser visto como uma espécie de concessão à cidade partida, um símbolo mesmo do *Brazil* que não conhece o *Brasil*, do Brasil para turistas, estereotipado em canções. De certo modo, é isso mesmo, mas não uma concessão, e sim uma conciliação. *Querelas do Brasil* não está, em última análise, em oposição à

Aquarela, mas acrescentando-lhe desdobramentos. A letra de *Querelas*, como um espelho quebrado, mostra em cacos diversas facetas do Brasil, de forma próxima à que almejava Mário de Andrade ao fazer versos de poemas que deveriam soar como acordes harpejados, em que uma palavra se somava à seguinte em sonoridade: *Arroubos... Lutas... Setas... Cantigas... povoar!,* ou na visão literária do cubismo aplicado à literatura que Oswald tentou aplicar em alguns de seus escritos. Aldir consegue efeito parecido, com a melodia de Maurício que provoca a emenda das palavras e a coagulação de outras em neologismos. Não me parece que a querela de Aldir e Maurício queira separar. Muito pelo contrário, trata-se de um convite feito pelo Brasil. Que o Brasil trate de aceitar.

Uma canção e seus ramalhetes

Há muitos paralelos entre a vida e carreira de Tavito e a de Zé Rodrix, seu parceiro em *Casa de Campo*, eternizada por Elis. Ambos fizeram parte do Som Imaginário, grupo inclinado ao rock progressivo que acompanhou Milton Nascimento na fase mais prolífica de sua carreira e por onde se revezaram alguns dos nomes mais ilustres do instrumental brasileiro; ambos passaram em seguida ao gênero rock rural, praticamente fundado por eles; ambos trataram suas carreiras musicais de forma algo descontinuada, inclusive atuando profissionalmente por anos em publicidade (e compondo *jingles* excepcionais, claro); e ambos tinham um bom humor a toda prova e eram queridíssimos por seus pares e entre si. Zé Rodrix se foi em 2009, e 10 anos depois foi a vez de Tavito.

Mas faltou uma coisa em comum, que é o fato de ambos serem menos lembrados do que deveriam – até por terem desinvestido de carreiras de sucesso para fazer só o que queriam e quando queriam. Se Zé Rodrix tem sua participação com Sá e Guarabira festejada até hoje em canções como *Mestre Jonas*, Tavito é lembrado praticamente por apenas uma composição, de seu álbum de 1979, que ainda hoje toca ocasionalmente nas rádios: *Rua Ramalhete*. É pouco, menos do que ele merecia. Mas *Rua Ramalhete* é um exemplo acabado da sua capacidade de artesão e merece uma escuta cuidadosa.

Rua Ramalhete, composta com Ney Azambuja, tem uma estrutura pouco linear: AABbC, ou seja, duas vezes a mesma melodia nas primeiras estrofes, uma segunda melodia que é abortada no início da repetição, que serve de ponte para uma terceira parte curta, o ápice da música, mas não um refrão, que nesse caso não existe. Mas seria mais justo incluir, antes mesmo do A, algum outro símbolo para representar a introdução, levada pelo trompete de Marcio Montarroyos na gravação, e que tem a mesmíssima importância do restante das melodias da canção, se não mais, como veremos.

Isso porque um dos jogos mais interessantes de *Rua Ramalhete* é justamente o uso do tema da introdução, um compasso ternário encaixado quase à força dentro do binário da canção, e que surge duas vezes: em tom menor na introdução e em tom maior na parte B de forma surpreendente. Após uma parte A rememorativa na letra (Iniciada com *Sem quer fui me lembrar* e encerrada com *Quanta saudade*), a divisão da parte B, com a quadratura do triângulo, convida para dançar e põe tudo para rodar, ao mesmo tempo em que a letra o faz – o deslocamento dos tempos fortes tem um efeito infalível. A mudança para tom maior da melodia já apresentada dá também um ânimo novo à canção, e o ouvinte vai sendo conduzido de estrofe a estrofe, por entre modulações que vão do menor para o maior e daí para a versão maior do que seria o relativo do tom.

Assim, passa-se de Em para E e daí para C#, para voltar a C#m no retorno da introdução, num crescendo gradual e empolgante, e enquanto isso a letra, que se iniciou falando do passado, assume em seguida um tempo presente em termos estritos – mas na verdade o ponto de vista do discurso muda. Ou seja, se antes se fala do passado *no presente*, a partir da segunda parte, fala-se do presente *no passado*, como que voltando ao passado na canção, e para, na frase final, lançar uma pergunta para o futuro. E essa pergunta é acompanhada pelo salto imediato de oitava acima na melodia, certamente um dos intervalos mais expressivos da música nacional, porque milimetricamente preparado desde o início da canção – justamente nele se consolida a última modulação. A abertura do acorde maior juntamente com o salto melódico é o momento máximo da canção, em que as lembranças se juntam a uma esperança de futuro.

A pergunta – *Será que algum dia eles* (os Beatles, citados logo antes) *vêm aí / cantar as canções que a gente quer ouvir?* – tem uma significação direta, imediata, e outra simbólica, naturalmente. É bom lembrar que, sendo a canção de 1979, é anterior ao assassinato de John Lennon. Isso dá à terceira parte um caráter duplo: ela tanto se insere no discurso do passado, da lembrança dos anseios de juventude, quanto no discurso do presente – o que significa que o desejo de ouvir aquelas canções permanece. Desse modo, os versos finais de *Rua Ramalhete* unem passado e presente numa esperança de futuro. A morte de John no ano seguinte tirou o caráter literal dos versos, permanecendo o simbólico: o desejo de ouvir as canções. Aquelas canções. E aí, embora tanto já se tenha falado deles, é preciso falar dos Beatles.

Tavito foi um integrante um tanto lateral e independente do Clube da Esquina, mas o foi. E sendo do Clube que tem entre suas canções-marco *Para Lennon e McCartney*, foi um dos que digeriu sua influência e a devolveu na forma tão particular de tratar harmonias e melodias dos mineiros, e da qual *Rua Ramalhete* é tributária. Mas Tavito – chamado por troça às vezes de *Tavitles* pelos amigos – não se limita aqui a prestar um tributo musical, e sim aponta na música do quarteto de Liverpool a transcendência que ela alcançou junto a uma geração – ou mais de uma. A música dos Beatles ganha gosto de passado com o correr dos anos, mas não deixa de apontar para diante e de simbolizar os sonhos da juventude e as esperanças de futuro (com a ajuda de uma discreta menção ao tema de *Here Comes the sun*). *Rua Ramalhete* toma emprestado dos Beatles não apenas certo jeito de sequências harmônicas (com as cordas soltas da viola caipira que Tavito levou para seu violão 12 cordas), mas também, e principalmente, um desejo de dias melhores que ecoa na pergunta final e insiste: mesmo que eles não venham mais, ainda queremos ouvir as canções. Não à toa, esses versos não são cantados pelo próprio Tavito, mas pelo coro, reforçando a passagem ao ponto mais agudo da melodia, mas também dando a eles – os versos – esse caráter mais amplo que a letra também tem ao passar repentinamente para um plural que pode incluir o ouvinte. Não é Tavito mais que canta, somos nós.

Mas após o final, volta a introdução, e não volta apenas por uma questão de simetria, mas carregada de tudo o que foi dito e ouvido, e rememorando o passado nos elementos do arranjo que retornam. *Rua Ramalhete* tem uma base com violão de 12, baixo e bateria, sobrevoada por metais (que assumem a frente nessa introdução, enquanto tecem comentários ao longo da letra), um coro e a guitarra do mutante Sergio Dias. Esses três elementos se revezam na canção, eventualmente sobrepondo-se e somando-se. A guitarra, em especial, trata de atuar mais climática do que solista todo o tempo, até o instrumental final, quando tem seu grande momento.

E o que ocorre nesse final é a volta do moto-contínuo binário-ternário, a volta da dança, no tom menor memorialista. A guitarra de Sérgio começa ainda suave, mas vai costurando por sobre o tema dos metais até soltar um intervalo dissonante e lancinante, que prepara dramaticamente a reentrada do coro – e aí o sentimento represado deságua com todos os elementos do arranjo de volta, reforçados uns pelos outros e por tudo o que já foi dito. O solo de Sérgio é espetacular, com uma leitura muito precisa da circularidade da melodia, o passado retornando e retornando, recusando-se a se apagar, e aproveita cada passagem harmônica e cada pausa, comenta o tema dos metais como quem conta histórias antigas, conversa com amigos de tempos. Porque, afinal, debaixo de toda essa estruturação de composição e arranjo, *Rua Ramalhete* é exatamente isso, uma despretensiosa conversa de velhos amigos lembrando os velhos tempos e torcendo por um futuro bom, e sua capacidade de ser o que é nas mudanças de tom, solos de guitarra e saltos de oitava é que a faz grande, como foi Tavito.

Canções de guerra, canções de amor

Não é suficientemente difundida, mas deveria, a história de como a canção *Novo Tempo*, de Ivan Lins e Vitor Martins, por muito pouco não foi gravada por Michael Jackson no álbum *Thriller*. Eles foram contatados pela produção, negociaram os termos do contrato, mas quando este foi enviado, não respeitava nada do acertado, tinha termos draconianos. Ele mesmo conta, em entrevistas à revista *Época* e ao jornal *O Globo*:

– E a história de que o Quincy (Jones, produtor de Thriller) tinha selecionado uma música sua para o disco Thriller, do Michael Jackson? É verdade?

Ivan – Sim, é verdade mesmo! Assim como Quincy me deu uma ajuda inestimável (Quincy deu um grande impulso na carreira internacional de Ivan), o advogado dele conseguiu tirar minha música do Thriller (risos). Eles haviam escolhido Novo Tempo, minha e do Vitor Martins. Mas, quando chegou o contrato, não teve acordo. O advogado queria que a gente cedesse todos os direitos. Eu não podia assinar aquilo. A gente sonhava em fazer um grande sucesso internacional, mas não a esse preço. Na verdade, eu e o Vitor, quando recusamos o contrato, não sabíamos que a música já estava incluída no Thriller.

– Você sabe se ela chegou a ser gravada?

Ivan – Há alguns meses, me disseram que existe uma gravação do ensaio do disco. Mas, até agora, essa gravação não apareceu. Não sei se é verdade. Mas também não posso querer tudo, né? Hoje, eu faço piada disso. Se o Michael tivesse gravado Novo tempo, eu estaria morando nas Ilhas Fiji e vocês não teriam o prazer de ouvir minhas músicas (risos).

Enquanto os advogados se digladiavam, o Quincy chegou a me mostrar, por telefone, umas ideias que estavam tendo para nossa música. E o letrista ia ser Rod Temperton, que me ligou um dia para saber o que dizia a letra em português. Falei que era sobre esperança de um mundo melhor, e me lembro muito bem da frase que ele disse: "Oh, Michael is gonna love that!" (O Michael vai adorar!")

O que é que tornou a obra de Ivan Lins o sucesso internacional que é hoje, querida e gravada por cantoras como Ella Fitzgerald, Sarah Vaughan e Carmen MacRae, entre outras? Para além da inegável qualidade, da relação harmonia/melodia e da estruturação sólida de suas canções, há algo mais, que talvez possa ser definido como um sotaque específico que, sem perder a referência brasileira, torna-se palatável e mesmo traduzível facilmente. Isso se dá sem dúvida pela influência jazzística que Ivan carrega desde o começo de sua carreira. Mas há algo mais, que envolve mesmo as letras de Vitor Martins. Não se trata tanto das referências à cultura brasileira. Estas são tão encontráveis na obra de Ivan quanto nas de Caetano Veloso ou Chico Buarque. O que as faz diferentes e permite uma abordagem mais fácil por parte do estrangeiro é a forma dessas referências. Boa parte das canções de Caetano, por exemplo, exige do ouvinte um mergulho aprofundado no universo que as alimenta, sem o qual perdem bastante em termos de leitura.

Tomemos uma canção como *O Estrangeiro*, de Caetano Veloso. Mesmo que a canção possa ser ouvida sem se ter em mente questões específicas do Brasil, sem dúvida perde-se muito ao não levá-las em consideração. Nas canções de Ivan, obviamente isso também ocorre, mas de modo diferente, e mesmo em menor grau. Numa palavra, e correndo o risco de fazer uma generalização, elas sobrevivem melhor à desreferencialização. Permanecem muito mais íntegras que as de outros compositores, mesmo quando recebem versões. Sua ênfase composicional está na construção da canção, mais do que na construção de diversas camadas de leituras. Ou essas leituras atuam de forma muito mais independente umas das outras.

Isso também não significa que Ivan tenha se descolado da realidade brasileira, muito ao contrário, já que ele é um militante político desde o início de sua carreira, e nunca se furtou de tratar do assunto em suas canções. A própria *Novo tempo* é fundamentalmente um balanço da abertura política em curso no ano de seu lançamento, 1980, logo após a aprovação da Lei da Anistia. No entanto isso não teria impedido que Michael Jackson a tivesse gravado com a intenção determinada por Ivan no telefonema de Rod Temperton: uma canção *sobre a esperança de um mundo melhor*. A significação política brasileira não a diminui, mas o caráter universal se superpõe e, dependendo da circunstância, se impõe. Uma canção do mesmo período de Chico Buarque dificilmente teria a possibilidade de ser lida dessa forma, o que não a torna nem mais nem menos datada. É de diferenças no ponto de partida da criação artística que estamos tratando.

Os álbuns e as canções de Ivan na segunda metade dos anos 1970, primeiros anos de sua parceria com Vitor, são ao mesmo tempo os momentos de amadurecimento da forma composicional de Ivan, que o levaram a ser descoberto pelo produtor Quincy Jones (por meio do percussionista brasileiro radicado nos EUA Paulinho da Costa), que apresentou sua música a inúmeros músicos norte-americanos, e uma etapa de participação política muito intensa. Nesse período, enquanto seu som se tornava mais internacional, ele fazia ano a ano inventários e balanços particulares do Brasil, revendo o passado e apontando o futuro. *Novo tempo* é como que a conclusão desse processo, que se inicia muito antes.

O antiacalanto *Aos Nossos filhos,* que encerra o álbum *Nos dias de hoje*, de 1978, é um acerto de contas com o passado, na forma de uma carta para o futuro. Ivan e Vitor rememoram os anos de chumbo, que então se aproximavam vagarosamente do fim, e expressam a tênue esperança de dias melhores, ainda que não para eles próprios. Nas canções de Ivan, um elemento interessante de ser analisado é a terminação das frases musicais. Assim como os saltos melódicos amplos, um dos elementos que o torna preferido dos intérpretes, a terminação ascendente é quase uma marca registrada dele, expressando de certa forma um otimismo implícito, quase sempre traduzido em versos correspondentes por Vitor Martins. Em *Aos nossos filhos*, no entanto, os versos finais da primeira e da segunda estrofes (o ciclo de três estrofes se repete na segunda parte) terminam descendentes, como a expressão de um cansaço, um desânimo após uma luta intensa, ao passo que a terceira estrofe, de melodia repetida na última, termina ascendente, mas por sua vez carregada de tensão, como que num esforço sobre-humano de otimismo, num rasgo de esperança quase forçado.

Aos nossos filhos é o retrato de um tempo sombrio e de sua herança. Mas no álbum seguinte, Ivan e Vitor trariam uma canção que seria como que a demonstração do caminho da mudança a ser trilhado.

Começar de novo, do álbum de 1979, é a demonstração cabal da dicotomia política/amorosa de Ivan Lins. Em seu sítio eletrônico, o próprio Ivan conta que ela foi composta com a intenção de ter uma dupla leitura:

A letra, que não traz definição de gênero (não fala nem no feminino nem no masculino), na verdade era uma profunda e muito criativa crítica à ditadura militar, com menções inclusive ao presidente Figueiredo, mas elaborada de maneira que a ambiguidade não prejudica nem a crítica política e nem o sentido amoroso da canção, além de ter conseguido driblar a terrível censura que sofriam os artistas da época.

(A menção a Figueiredo está nas esporas, já que ele era um entusiasta de esportes hípicos, e chegou a declarar que preferia cheiro de cavalo ao de povo.)

O uso desse duplo vínculo político/amoroso não era novidade na MPB que driblava a censura pra se manifestar contra o totalitarismo. Entre muitas outras, *Apesar de você*, de Chico Buarque, usava esse mesmo expediente. A diferença é que a canção de Chico mal disfarçava sua índole, mantendo as duas leituras geminadas, interdependentes – o que não a impede de se perenizar para além do contexto específico para o qual foi feita. Prova disso é justamente a reação da censura, ao finalmente se dar conta do caráter subversivo da canção – os compactos à venda foram recolhidos e *Apesar de você* foi peremptoriamente proibida. *Começar de novo*, por sua vez, tornou-se abertura de uma série de sucesso da Rede Globo, *Malu Mulher*. Embora essa série tenha sido considerada avançada para a época pelo viés feminista, por retratar uma mulher *descasada* e com vida profissional, ainda assim, nela a leitura da canção de Ivan Lins é predominantemente da relação a dois, e isso se dá porque as duas leituras possíveis permanecem independentes. Isso permitiu, por exemplo, a versão em inglês de Alan & Marilyn Bergman cantada por Barbra Streisand, com o estranho título de *The island* (!).

De qualquer forma, *Começar de novo* representa um passo adiante em relação a *Aos nossos filhos*. Diferentemente desta, tem todos os versos terminados em curva ascendente. Permanece a tônica da avaliação do passado *versus* apontamento de possibilidades de futuro, mas dessa vez a visão é eminentemente otimista, e as benesses que virão serão aproveitadas não pela geração seguinte, mas pelo próprio eu lírico. Retomada pessoal/coletiva que abre caminho para *Novo tempo*, esta de 1980, e uma das canções mais otimistas que se pode imaginar, uma trilha sonora da abertura política, com a anistia no ano anterior, e que desembocaria na redemocratização poucos anos depois. O furacão parecia ter passado. Ao contrário das baladas precedentes, *Novo tempo* tem um andamento apropriado para uma caminhada, o que pode trazer a associação com uma manifestação popular, reforçada pelos versos *a gente se encontra / cantando na praça* (particularmente, lembra-me de *Penny Lane*, com o piano bem ritmado dando o tom da atmosfera otimista de ambas – impressão reforçada especialmente quando um trompete faz frases de ligação entre as estrofes, assim como na canção dos Beatles).

Ivan usa aqui um recurso recorrente em suas melodias: a frase que vai sendo repetida cada vez mais aguda, como em *Estamos crescidos / estamos atentos / estamos mais vivos* e no refrão (agora frases descendentes, mas sempre com um salto para o agudo na última sílaba, como que não admitindo o menor traço de desânimo) *Pra que nossa esperança / seja mais que a vingança / seja sempre um caminho / que se deixa de herança*. Porém, dessa vez, o agudo final não soa como um esforço, mas como uma consequência natural, uma conclusão, uma reafirmação: dias melhores já estão vindo.

Dois termos usados por Vitor Martins em *Novo tempo* traçam a continuidade com as canções anteriores: *Pra nos socorrer*, verso repetido várias vezes ao longo da canção, com o verbo aplicado de forma pouco usual, assim como em *Começar de novo* (no verso *Ter me socorrido*); e, de forma mais sutil, os versos finais, citados logo acima, todos eles uma resposta a *Aos nossos filhos*. Apenas dois anos antes Ivan e Vitor pareciam mal enxergar um legado a ser deixado, a ponto de pedirem uma espécie de herança às avessas: *Quando colherem os frutos / digam o gosto pra mim*. Apesar de tudo, havia sementes plantadas, mas a realidade só justificava o canto acabrunhado de um pedido de perdão. *Novo tempo* é o panorama oposto: as sementes estão frutificando, não há porque pedir perdão. De certa forma, é a canção dos filhos: *apesar dos castigos / estamos crescidos*.

E, no entanto, Michael Jackson (ou melhor, Rod Temperton, ou a síntese de Ivan para ele) não estava errado. *Novo tempo* é, sim, uma canção sobre a esperança de um mundo melhor, nada menos. Assim como *Aos nossos filhos* pode ser a carta de toda geração à seguinte, desde o início dos tempos. As canções de Ivan Lins e Vitor Martins têm essa capacidade de permitirem leituras sobrepostas, porém estanques, e o fazem sem perder um pingo de sua densidade. Se o sucesso no exterior se dá em detrimento de uma das possibilidades de entendimento, pior para os gringos, e se *Novo tempo* não entrou em *Thriller* unicamente por desentendimentos jurídicos – e falo muito sério agora –, pior para o Michael, que perdeu a oportunidade de trazer para seu universo (vide canções posteriores dele como *Heal the world*) e universalizar uma tremenda canção.

Sina: uma reescuta

Quantas vezes é preciso escutar uma canção até que não sejamos mais capazes de ouvi-la? Ou por outra, quantas canções já ouvimos tantas vezes que, ao soarem seus primeiros acordes, automaticamente desligamos a audição, e em vez de ouvirmos a música que toca, só percebemos aquilo que já conhecemos dela?

O exercício de tomar uma canção extremamente conhecida, já ouvida centenas de vezes, e tratar de escutá-la uma vez mais, como se fosse a primeira, pode ser revelador, especialmente se se tratar de uma grande canção. Por debaixo das camadas de automatismo auditivo podem se esconder inúmeros detalhes e significados que passaram despercebidos da escuta cristalizada.

Sina, de Djavan, é a rainha dos bares. Sua batida inconfundível ao violão foi tocada por todos. Recebeu inúmeras gravações até tornar-se quase um clichê de si mesma. No entanto aquilo que a tornou a canção querida que é está ali, à disposição de nossos ouvidos. Então, escutemos. A primeira gravação de *Sina* é feita por Caetano Veloso no álbum *Cores, Nomes*. *Sina* foi composta por Djavan para Caetano e gravada antes por ele. Mas no mesmo ano, 1982, Djavan a gravou eu seu álbum *Luz*.

É interessante notar, antes de tudo, que o núcleo rítmico de Sina é um ijexá, presente de um alagoano para um baiano gravar. Porém Caetano, ao invés de gravar a canção como um afoxé típico, aproveita somente a célula rítmica do acompanhamento que se tornou sua marca registrada, introduzindo um instrumental com a guitarra de Perinho Santana, uma sonoridade mais próxima dos caminhos que a música baiana ia tomando à época. (Parêntesis: numa reportagem do jornal Valor, Antônio Risério traduz o verbo *caetanear*, cunhado por Djavan nessa música, como *defender o que para muitos críticos parece indefensável: o valor da música popular feita na Bahia desde a década de 1980, que costuma ser rotulada genericamente de axé music*). Além de *Sina*, ele utiliza o mesmo padrão rítmico em outros arranjos do mesmo álbum, como Ele me deu um beijo na boca (em que Caetano afirma: *Eu sou do clã do Djavan*). Já Djavan, em seu arranjo, mostra-se de certa forma mais realista que o rei, ao gravar a canção com a percussão típica do afoxé, que se apresenta logo na introdução, antes de todo o restante da instrumentação. E por outro lado, *Queixa*, que abre o álbum de Caetano, inicia-se igualmente com a percussão de ijexá...

No entanto o álbum *Luz*, gravado em Los Angeles com diversos músicos estadunidenses, foi tido como o primeiro passo para uma internacionalização da carreira de Djavan, e por isso mesmo tem uma sonoridade mais pop do que álbuns anteriores. O disco foi bastante criticado quando lançado, embora apenas no álbum seguinte, *Lilás*, Djavan fosse radicalizar a linguagem na direção do eletrônico – com resultados hoje datados em termos de sonoridade. Olhando-se retrospectivamente, *Luz* consegue uma fusão excepcional entre o pop e a música brasileira, que serviu de base para muito da produção posterior de Djavan, aliada a um perfeccionismo de gravação que, em contraste com os poucos elementos instrumentais (além de bateria e percussão, as linhas de baixo, violão e piano são absurdamente econômicas), levou Djavan a gravar 15 camadas de vozes nos vários *scat singing* da gravação.

Voltando, portanto, a *Sina*, a canção, duas características podem ser nosso ponto de partida, pontos em comum na escuta cristalizada: além da batida sincopada já mencionada, sua letra de contornos inesperados e classificada de *nonsense* pelos desavisados – como, aliás, diversas outras de Djavan. Porém a noção de que suas letras não façam sentido causa repulsa no próprio autor. Ao menos uma vez ele já se pôs a explicar verso a verso o refrão de *Açaí* no meio de uma entrevista, com uma indignação algo cômica. Mas efetivamente os versos isolados de diversas canções de Djavan (e de *Sina* em particular) não fazem sentido por si, ou o fazem em pequenos blocos que precisam ser articulados entre si, mais que pela melodia, pelo ritmo.

E nesse ponto a escuta desatenta talvez tenha seu quinhão de sábia, por permitir a decantação dos dois elementos efetivamente fundamentais na composição. Em *Sina*, a síncopa, tanto do arranjo quanto da própria canção, é um elemento afinado com a fragmentação da letra. Andam ambas *pari passu*. Ou melhor dizendo: a divisão rítmica é a costura entre os significados da letra. Como se as frases cantadas fossem a parte do fio visível, e as interrupções entre os versos, o fio invisível no avesso do tecido.

Isso é perceptível desde os versos iniciais. *Sina* é aberta por um esquema de pergunta e resposta, um bate-bola de definições entre dois motivos musicais:

> *Pai e mãe: ouro de mina*
> *Coração: desejo e sina*
> *Tudo o mais: pura rotina*

Essa delimitação introdutória usa um formato econômico usado por Djavan em outras composições, inclusive na *indecifrada Açaí: Açai: guardião / Zum de besouro: um imã*, tão somente uma elipse do verbo ser, deixando uma interrupção entre sujeito e complemento nominal, que por sua vez é espelhada no desenho rítmico. Porém, mal é desenhado esse esquema, ele será interrompido por uma palavra: *jazz*. Luiz Tatit, criador de um método de análise da canção popular e que dedicou um capítulo a *Sina* em seu livro *Semiótica da canção: melodia e letra*, dá especial atenção a esse verso de apenas uma palavra, central na canção.

Tatit aponta que, após três reiterações da terminação na nota da tonalidade, como que compensando melódica/harmonicamente a falta de chão da síncopa rítmica, a palavra *jazz* se estende na terça da tonalidade, o que Tatit engenhosamente chama de síncopa vertical. Apenas dois tons de diferença entre as terminações são suficientes para dar ao ouvinte a sensação de que a melodia plana a dois passos do chão. Além disso, ao estender-se num tempo longo, *jazz* quebra a convenção rítmica recém-estabelecida e instaura instantaneamente a melodia passional, reforçada pelo fato de surgir numa nota mais aguda, de maior tensão.

Por sinal que a palavra *jazz* terá efeitos opostos encerrando a parte A e a parte B. Depois dos versos *tudo o mais: pura rotina*, o *jazz*, com sua característica do improviso, do inesperado, apresenta-se como o antídoto, o recurso de cura, em contraste absoluto. O verso seguinte, *tocarei teu nome pra poder falar de amor*, associa a este o nome da amada e, por consequência, coloca-a também em contraste com a *pura rotina*. Já em sua segunda aparição, *jazz* segue-se aos versos *tudo o mais: pura beleza*, que por sua vez termina uma sequência que fala da mulher amada (*art nouveau da natureza*). E nesse caso, *jazz* vem complementar essa noção, tornando-se, inversamente à primeira vez que é dito, um exemplo de beleza, reforçando a frase anterior. Assim, retirando as palavras de ligação e apenas pela escolha da sequência e alternância melódica/rítmica dos versos, Djavan dá à mesma palavra, enunciada no mesmo lugar melódico, funções opostas em sua relação com o todo.

O verso *Tocarei teu nome pra poder falar de amor* ao mesmo tempo prenuncia o *intermezzo* que virá à frente apresentando seu tema melódico e serve de ponte para a retomada da forma inicial, mas agora não como pergunta e resposta, e sim falando diretamente na segunda pessoa – e só então *Sina* revela-se uma canção de amor. Após a segunda aparição da palavra *jazz*, virá o *intermezzo*, único momento da canção em que o padrão de duas notas marcadas do acompanhamento é quebrado, em dois versos:

> *A luz de um grande prazer é irremediável néon*
> *quando o grito do prazer açoitar o ar: réveillon!*

Esses versos tomam o tema introduzido em *Tocarei teu nome...* e o estendem na preparação do refrão. Merece atenção aqui a repetição algo corajosa da palavra *prazer* no mesmo lugar dos dois versos, explicitando: é disso que se trata aqui. No primeiro verso, comparada à luz néon, e no segundo implicitamente aos fogos de artifício do ano novo, num crescendo. Esses dois versos são talvez a mais bela descrição do orgasmo na língua portuguesa, e igualmente anunciam o refrão-orgasmo que virá. E ao mesmo tempo, o segundo verso remete de alguma forma aos primeiros da canção ao adotar o mesmo procedimento deles, mas invertido: a definição poética do termo vem antes, para só depois ele anunciar-se gloriosamente, com sua segunda sílaba na nota mais alta da canção – o próprio grito do prazer – e que será dada depois mais duas vezes durante o refrão.

E o refrão que vem tem a missão de unir em si duas características opostas: a divisão rítmica dos versos enunciativos com a extensão emocional remissiva. Djavan enfrenta esse desafio com uma estrutura de versos que não remete diretamente a nenhum tema melódico anterior, seguro de que apenas a retomada do acompanhamento característico será suficiente para fazer o amálgama das partes. E funciona. Porém, para conseguir combinar a fragmentação das frases da parte A com a enunciação completa do intermezzo, ele consegue um verdadeiro ovo de Colombo, apresentando uma frase extensa de forma fragmentada.

> *Quiçá*
> *um dia*
> *a fúria*
> *desse front*
> *virá*

lapidar
o sonho
até gerar o som,
como querer
caetanear
o que há de bom.

Tatit diz: *Não há temas em seu interior, pois que ele próprio se configura como um grande tema resultante de toda a extensão melódica.* Porém, longe de qualquer *nonsense*, essa sentença, em que pese o neologismo, faz todo o sentido em termos poéticos – ou melhor, a presença do neologismo ainda reforça esse efeito. A extensão da frase, aliada ao desenvolvimento harmônico, pratica uma série de adiamentos da conclusão reconhecidos por Tatit em sua análise, concomitantes às síncopas que vão interrompendo a sentença em estacatos, até a volta à nota fundamental em terça descendente. Tatit nota também que o refrão se inicia acompanhando o pulso: *O luar / estrela*, enquanto em seu desenvolvimento se desloca livremente, para ao final retornar a ele afirmativo, definitivo: *O que há de bom*.

Entretanto, entre a segunda estrofe, em que *Sina* trata de uma relação a dois, e o refrão, há uma mudança, e a tematização passa a um amor mais geral, como um sentimento de plenitude (intermediado pelo orgasmo do intermezzo). *Sina* amplia seu escopo no refrão e confirma-se uma canção de amor, mas não necessariamente do amor romântico. O eu lírico conversa com seu par sobre algo maior. É revelador dessa abertura de foco o paralelismo entre os versos *Tocarei teu nome pra poder falar de amor* e *Lapidar o sonho até gerar o som*, o primeiro no início da canção, o outro no refrão. Ambos descrevem a passagem do sentimento à palavra/música, ou seja, a canção. Um particular, dirigido a uma pessoa específica, outro geral, aberto, humanista; quando a alusão/homenagem a Caetano também se mostra mais abrangente, definindo difusamente um modo de olhar, ou uma ampliação do olhar que Antônio Risério descreve acima, da Bahia para o mundo.

Mas, afinal, tudo o que é dito nessa análise fria está em estado bruto na escuta, e pode ser um tanto arrogante classificar como desatenta ou redundante a relação de qualquer ouvinte com uma canção, pois o que faz a comunicação entre ela e o ouvinte é exatamente o fato de todos esses detalhes mencionados aqui moverem o ouvinte num outro âmbito, interno e maior. O refrão de *Sina*, tanto por sua característica de ineditismo dentro da canção ao não retomar nenhum tema já apresentado quanto pela ampliação de escopo que realiza, pede reiteração. Mas mais que essas características técnicas, possivelmente há algo de autocongratulatório nele que nos leva a querer ouvi-lo e cantá-lo novamente. É a continuação de um festejo, a extensão do momento de prazer indefinidamente e estendido também a todos, como um réveillon utópico que não fosse apenas um instante. Uma trégua duradoura entre desejo e sina, se não alcançável, ao menos passível de ser vislumbrado numa canção. Esse é o desejo de *Sina*.

Filhos da Aquarela: Nação

Nação, a canção de abertura do álbum de João Bosco *Comissão de Frente*, de 1982, e também do último álbum de Clara Nunes, no mesmo ano, a quem deu o nome, é uma transubstanciação da *Aquarela do Brasil*.

transubstanciação: [Do lat. med. transubstantiatione.]
Substantivo feminino.
1. Mudança duma substância em outra.
2. Rel. Palavra adotada na Igreja Católica, sobretudo a partir da filosofia escolástica, para explicar a presença real de Jesus Cristo no sacramento da Eucaristia pela mudança da substância do pão e do vinho na de seu corpo e de seu sangue.

Quase tudo já foi dito sobre *Aquarela do Brasil*, com críticas a desde a tautologia do coqueiro que dá coco até a estetização de um Brasil para consumo estrangeiro, na onda de política estadunidense de boa vizinhança, que de resto vinha a calhar com a propaganda interna do governo de Getúlio Vargas. De fato, assistir ao trecho do desenho *Alô, Amigos*, de Walt Disney, com a canção sendo ilustrada por todas as maravilhas tropicais possíveis (pintadas em uma vertiginosa aquarela, claro), é algo irreal. O tom da interpretação de Aloysio de Oliveira, ao lado da orquestração que se tornou a marca registrada da música, é grandiloquente, laudatório, um Brasil para consumo externo, pra inglês ver, na inauguração do modelo que se convencionou chamar de samba-exaltação.

Pois João Gilberto, quase 40 anos depois, escolheu o caminho oposto. Como, aliás, fez por toda a sua vida, a partir do momento em que forjou seu canto intimista. Sua interpretação da *Aquarela*, e a de Caetano e Gil seguindo-o, ao invés de exaltar sua terra, canta-a com quase o carinho de uma canção de ninar, no espírito do poema *Pátria Minha*, de Vinícius de Morais:

> *A minha pátria é como se não fosse, é íntima*
> *Doçura e vontade de chorar; uma criança dormindo*

> *É minha pátria. Por isso, no exílio*
> *Assistindo dormir meu filho*
> *Choro de saudades de minha pátria.*

Porém a *Aquarela* de João não é uma canção do exílio, como também não é a celebração de um país de ficção, e sim a canção de um Brasil que, se não existente na realidade objetiva dos noticiários, é real como uma possibilidade de projeto de existência, como uma busca. Nas palavras do economista Eduardo Giannetti, *A utopia do canto joão-gilbertiano descortina a trilha de um Brasil redimido não perante o mundo (isto é decorrência), mas perante si mesmo*. Ele não se referia a essa gravação especificamente, mas sua frase se aplica esplendidamente a ela.

João aplica no álbum *Brasil, de 1981,* uma técnica pedagógica: depois da apresentação do tema, geralmente a primeira parte, dos três em uníssono, cada um canta a parte intermediária sozinho, João primeiro. É quando se configura uma aula em sentido literal, e é evidente ao ouvido o esforço que Caetano Veloso e Gilberto Gil – este com melhores resultados – fazem para controlar a emissão e a divisão das frases da maneira limpa como João acabara de fazer, eliminando toda e qualquer *interpretação*, toda pompa, conseguindo com isso maior eloquência pela eliminação do que é acessório e manutenção do essencial da melodia, da letra, do ritmo – da canção, em suma. O álbum *Brasil* é ao mesmo tempo uma passagem de bastão tardia entre duas gerações de baianos, e uma expressão de nacionalidade que é central na obra de João Gilberto e que se irradiou para as dos outros dois, joãogilbertianos assumidos.

Outra vez em contraste com as cordas e sopros expressivos e com forte ênfase rítmica do arranjo tradicional da Aquarela, este, do americano Johnny Mandel, prima pela sutileza. As cordas, o piano, as flautas e os dedilhados de harpa vão surgindo aos poucos, assim como a percussão vem num crescendo ao longo de toda a faixa, até no final tomarem a frente enquanto as cordas se perdem na distância.

De *Nação*, o historiador José Maurício de Carvalho afirma ser *totalmente hermética*. José Maurício pesquisou e comparou canções de diversas épocas que focavam o Brasil como tema em seu artigo *O Brasil, de Noel a Gabriel*. Já a pesquisadora Astréia Soares afirma que *Nação* se reapropria dos elementos enfileirados na *Aquarela* – e que de resto são elementos anteriormente constituintes de uma imagem de país. Só que – e aí sou eu que afirmo – *Nação* coloca esses elementos no liquidificador e os regurgita transfigurados. Assim, o arco-íris de *Nação* faz paralelo à imagem de uma aquarela; as *fontes murmurantes* de Ari Barroso agora são *labarágua, Sete Quedas em chamas*; além da óbvia citação do Hino Nacional com a expressão *berço esplêndido*.

Mas há outros paralelos a serem feitos, e não só com a *Aquarela*. *Nação* é construída sobre uma base imagética de mitologia do Candomblé. A nação Jeje, uma das três correntes preponderantes no candomblé, provinda principalmente dos escravos trazidos da região do Daomé (hoje Benin), é identificada com todo o povo brasileiro. Interessante notar que a palavra Jeje vem do yorubá *adjeje*, que significa estrangeiro, forasteiro. O próprio título da música então já é uma referência múltipla e mesmo contraditória a princípio, ao colocar um povo estrangeiro como protagonista de uma canção que faz referência a inúmeros símbolos nacionais.

A pesquisadora Silvia Maria Jardim Brügger, em um excelente estudo sobre Clara Nunes, encontra na referência a Oxumaré, o orixá do arco-íris, a chave para desvendar a canção. Ela afirma:

O Brasil-Oxumaré é uma nação da diversidade de cores, mas também da mestiçagem – o que não é uma novidade, pois o tema já se fazia presente em músicas desde a década de 1940, – do movimento, da superação, da dualidade, da fertilidade, da riqueza. O verde e amarelo da bandeira brasileira são as cores de Oxumaré, que é homem, durante metade do ano, e mulher na outra metade. Mas ele não sintetiza os dois sexos. Pelo contrário, os une em sua diferença; assim como ocorre ao arco-íris, que apresenta misturas ou zonas de intercessão entre suas cores, mas não as anula em suas especificidades: as sete cores estão nele presentes.

Fiel a esse espírito de mestiçagem, a letra traça também paralelos entre mitologias: assim, Jeje e suas *asas de pomba, presas nas costas com mel e dendê*, remetem a Ícaro, e o uirapuru que *das cinzas chama* remete à Fênix. Outra referência dupla é a Caramuru – que, por matar um pássaro com uma arma de fogo, passou a ser respeitado pelos índios que o capturaram e escapou da morte – e Anhanguera – que pôs fogo numa tigela com aguardente para mostrar aos índios que tinha o poder de incendiar a água. Caramuru e Anhanguera, ambos estrangeiros que foram aceitos pelos indígenas conquistando seu respeito ou seu temor, numa relação que é de aceitação e também enfrentamento. Todos esses mitos, sucedendo-se misturados na letra, vão criando menos um significado explícito e sim algo mais próximo de uma sensação; as inúmeras referências religiosas são acompanhadas de um modo de tratar o tema que, não linear, vai criando uma atmosfera sem se preocupar em contar uma história – e, no entanto, conta-a, mas sem que esta seja traduzível em enredo.

A criação dessa atmosfera se dá também pela construção da harmonia e dos arranjos, usando clichês harmônicos idênticos aos que servem de base à Aquarela, em especial acordes de quinta aumentada, mas também acordes menores com sétima maior, conseguindo com isso passagens suaves, de semitom a semitom, de um acorde para outro. A razão de ser disso é que Nação é ao mesmo tempo um sambão e uma cantiga suave – como João fez com a Aquarela, mas agora o processo vem desde a composição. Os acordes de *Ouro cobre o espelho esmeralda* seguem os de *Ô, abre a cortina do passado*. A orquestração suave sobre uma batucada típica de escola de samba também dialoga com a da gravação da Aquarela, seguindo os mesmos padrões, como que reforçando a identidade entre elas.

Em seu estudo, Silvia Maria lembra também que Nanã, mãe de Oxumaré, é simbolizada pela lama, que teria dado a Oxalá para que este criasse o homem. Novamente, a simbologia do (re)nascimento surge, agora para fechar o caleidoscópio de personificações: Jeje é a bananeira, é o arco-íris, é Ícaro, é o uirapuru. As imagens não se sucedem, na verdade se amalgamam. Jeje, o estrangeiro, naturaliza-se, transubstancializa-se de nação religiosa a nação no sentido mais amplo, de povo e país.

Nação se inicia e se encerra com a invocação de Silas de Oliveira, autor de outra Aquarela, a Brasileira, e de Dorival. Com o Rio desaguando na Bahia, traça um roteiro sintético que a canção percorre nos dois sentidos: da brasilidade algo estereotipada (mas já revista por João Gilberto) da Aquarela para a simbologia do candomblé, e desta (e da Bahia de Caymmi) novamente para uma visão de brasilidade, agora muito mais complexa – desaguando no mar, mas também remontando às origens. *Nação* conta, à sua maneira elíptica, hermética, o processo mesmo de formação de uma nação. Algo que é dissecado por historiadores ao longo de volumes e mais volumes, e que só pode ser sintetizado a contento num formato não racional, antieuclidiano, mítico, místico (adjetivo: misterioso; que encerra razão oculta ou significado alegórico): numa canção.

A saga do menino do corpo fechado

Em 1983, no álbum *100ª Apresentação*, apenas com voz e violão, João Bosco lançou mão de quatro de suas parcerias com Aldir Blanc e cantou-as como uma só, formando um pout-pourri, e transformando-as em algo bem maior que a soma das partes, que por sinal já eram grandes canções. A sequência de *Genesis, Ronco da cuíca, Tiro de misericórdia e Escadas da Penha* passa de quatro retratos isolados de uma realidade à saga particular de uma pessoa, retratada do nascimento à morte, e que se torna emblemática dessa realidade ao narrá-la em detalhes com uma incrível expressividade, alçando-a a níveis épicos.

Este artigo tem duas partes. Na primeira, tratando canção a canção, singularmente, em suas versões primeiras feitas em estúdio, cada uma das partes desse conjunto, e na segunda abordando o conjunto em si, ainda maior que a soma delas.

Genesis (parto) – do álbum *Tiro de misericórdia*, de 1977

A gravação de *Genesis* em estúdio tem caráter festivo, bem diferente da que terá no álbum *100ª Apresentação*. A harmonia em tom maior e a melodia correspondente seguem clichês tradicionais de samba, indo ao quarto e depois ao quinto grau. Há pelo menos duas referências bíblicas, além do próprio título: à formação do presépio, aqui formado por uma vaca e um burro, e acrescido de um louco que incorpora Seu Sete, referência possível ao Caboclo das Sete Encruzilhadas, espírito fundador da Umbanda, ou mais provavelmente ao Exu do mesmo nome.

A outra citação bíblica também diz respeito ao nascimento de Jesus, com a substituição: *barro ao invés de incenso e mirra*. O nascimento de um menino é narrado com elementos que evidenciam de formas diversas sua importância: chovia torrencialmente, como se a natureza assinalasse com sua fúria o nascimento de um filho seu, vindo do barro. Além do *Seu Sete*, dois personagens interferem diretamente na ação: Exu toma para si os acontecimentos e adota a criança ao falar: *Ninguém se mete!* E Oxum assume ares proféticos ao vaticinar: *Este promete*. A profecia nesse momento se mostra otimista. Assiste-se ao nascer de uma força da natureza apadrinhada por ela própria e seus representantes míticos.

O cruzamento entre o catolicismo tradicional e religiões afro-brasileiras é uma das bases da construção não apenas dessa canção, mas praticamente de todo o pout-pourri. Nesta, o instrumental da introdução (que se repetirá entre as estrofes e ao final) em ritmo ternário com atabaques e um canto silábico típico da sintaxe de João Bosco, entre um ponto em Yorubá e a simples vocalização rítmica (algo a ser desenvolvido adiante), faz o contraponto com o samba rasgado que o sucede. Ao fim, os dois se sobrepõem, numa espécie de confraternização pelo nascimento.

Ronco da cuíca – do álbum *Galos de briga*, de 1974

A primeira gravação dessa música deveria ter saído no álbum de 1975 da cantora Simone, *Gotas d'água*, mas foi censurada pelo regime militar. Quando *O ronco da cuíca* foi liberada, o próprio João Bosco fez esse seu registro, ao mesmo tempo em que a gravação de Simone saiu em compacto.

O ronco da cuíca, na gravação de estúdio de João Bosco, inicia-se de forma análoga a *Genesis*: com uma batucada de fundo que cresce em *fade in* (efeito algo raro, sendo muito mais comum o *fade out* no final), que será substituída pelo arranjo que acompanhará a canção propriamente dita. Nos dois casos, trata-se como que de uma batucada primordial, antecedente no tempo. No caso de *Genesis*, como um som que viesse de tempos imemoriais, o que sugeriria que a história do menino que nasce abençoado pelos orixás se perderia no tempo, ou que repetiria uma história muito antiga (impressão reforçada pelas citações bíblicas). Nesse caso, não se trata de um batuque de candomblé, mas de samba já numa formação, digamos, urbana. Aqui a impressão desloca-se um pouco, mas mantém a noção de se perder no tempo. A fome é imemorial, uma história que se repete desde sempre. A cuíca sempre roncou.

O tom dO *ronco da cuíca* é menor, o que ajuda a tirar do sambão que ela é o caráter comemorativo que não lhe cabe. Construída sobre quatro notas apenas e um único acorde, tem uma letra também com pouquíssimos elementos, de modo a explicitar seu caráter primal. As diferentes combinações entre poucas palavras – fome, raiva, interromper, os *home* – provoca o desenvolvimento de uma ideia que vai na direção da revolta – *a raiva é a fome de interromper*, de forma quase construtivista, que chega a lembrar o método de alfabetização revolucionário de Paulo Freire. A cuíca vai assumindo diferentes significações da primeira estrofe, em que a celebração simbolizada por ela é proibida, o que ocasiona o espocar da revolta, passando pela identificação semântica com o ronco do estômago faminto, até tornar-se um sucedâneo do grito de uma multidão na última estrofe, em que a mesma frase ascendente do verso *é coisa dos home* vai sendo repetida subindo de tom em tom, como numa exaltação gradativa até o grito de guerra: *vai ter que roncar!*

Tiro de Misericórdia – do álbum do mesmo nome, de 1977

Tiro de misericórdia se inicia com um acorde menor dedilhado que implica certa tensão desde o início, dando suporte a uma melodia construída a partir das mesmas quatro notas d*O ronco da cuíca*. As primeiras estrofes da longa letra narram a infância do menino, pintando em cores fortes o cenário de sua vida. Quase sem transição, ele é retratado como um pequeno deus, um imperador, e é dada e informação de seu corpo fechado. O contraste entre as ideias de um menino invulnerável com enorme poder, um deus criança, abençoado pelos sacerdotes que fazem a mediação com o sagrado, mas ainda assim apenas uma criança, é o mote que vai conduzir a canção.

A segunda parte irrompe bruscamente por sobre a primeira, com uma invocação recitada (outro ponto a ser explorado adiante) de todo o panteão dos Orixás, uma conclamação de guerra que tem um poder mágico, como a feita por um babalorixá (o Babalaô é especificamente o responsável pelo Ifá, o oráculo dos búzios), ao fazer a descrição de cada um deles desfilando suas particularidades, seu poder, um pedido de proteção que dialoga com tradições profundas da África Negra, mas que traz também para dentro da narrativa a intervenção dos Orixás da mesma forma que Homero os faz interferir na Guerra de Tróia, na *Ilíada*.

A seguir, o confronto. É quando a realidade avassaladora se mostra infinitamente mais forte que todas as tradições e forças naturais e sobrenaturais. O sacrifício é sublinhado por uma sequência de citações bíblicas que fazem paralelo com o Calvário, a partir da nomeação do local do assassinato como o *Horto maldito*, até a identificação entre ambos, menino e Jesus, passando por ao menos outros três personagens históricos assassinados, em épocas diversas, em suas lutas libertárias bem diferentes, e, no entanto, identificáveis entre si: Ganga Zumba, primeiro líder do Quilombo dos Palmares; Patrice Lumumba, líder anticolonial e político congolês; e Federico García Lorca, poeta e dramaturgo executado pelas forças nazistas na Guerra Civil Espanhola:

> *– Irmãos, irmãs, irmãozinhos,*
> *por que me abandonaram? (Jesus diz na cruz: Pai, porque me*
> *abandonaste?)*
> *Por que nos abandonamos*
> *em cada cruz?*
> *– Irmãos, irmãs, irmãozinhos,*
> *nem tudo está consumado. (as últimas palavras de*
> *Jesus: Está consumado)*
> *A minha morte é só uma:*
> *Ganga, Lumumba, Lorca, Jesus...*

Os versos finais tratam apenas da realidade nua e crua. Não há mais nada de mítico, o menino morreu, e com ele tudo morre, ainda que para ressuscitar mais adiante. A frase melódica inicial retorna repetida obsessivamente até o fim, brutal, em andamento acelerado: vida que segue. O eu lírico da canção se desloca para um personagem neutro, que vai usar a história do menino para jogar no bicho, tirando da tragédia algum tipo de proveito pessoal. A violência dá lugar à impessoalidade e à anestesia que permitem que ela se perpetue. João / Aldir realizam a proeza paradoxal da grande criação artística, ao criarem uma nova tradição oral, ao seguirem seus cânones na composição de uma narrativa inédita.

Escadas da Penha (por dentro do crime), do álbum *Caça à raposa*, de 1975

Finalmente, *Escadas da Penha*. Uma narrativa cinematográfica, novamente em tom menor, de plano e contraplano: uma história simples, a tragédia passional do homem que descobre sua nega amante do amigo, é desdobrada em pontos de vista alternados. A primeira estrofe é centrada na figura do traído: ao descobrir a traição, desespera-se, vai em busca da mulher, mata-a e vai em busca do ex-amigo. Depois, a visão é invertida, a narrativa vaga permite mais de uma interpretação: o amigo de ala citado aqui é o traidor ou o traído, do ponto de vista inverso? O amigo de ala mata, por sua vez, o amigo que foi tentar matá-lo? Assim como no início, restam o desespero e o remorso.

Porém ainda mais importante que o desvendar do enredo é a construção sintática da narrativa, com elementos construtivistas, assim como *O ronco da cuíca*. O simples deslocamento dos verbos de cada verso para o verso seguinte, ao cantar a estrofe de trás para a frente, faz com que o significado dos versos mude radicalmente. O enredo sobe e em seguida desce as escadas da Igreja da Penha, retornando ao ponto inicial. E há o interlúdio da estrofe intermediária, que muda repentinamente o andamento. Surge um batuque ternário análogo ao jongo da introdução de *Genesis*, e sobre ele são despejados em sucessão hipnótica elementos que são o cenário cotidiano dos personagens da história, que giram na cabeça do(s) assassino(s), que são as evidências de um inquérito, que induzem ao transe e à, na linguagem policial, *privação de sentidos*... Uma melodia quase reta, quase sem pausas que escorrega sobre uma sucessão de acordes de dominante descendentes, sem chão.

O subtítulo de *Escadas da Penha* cita outra canção de João / Aldir, *De frente pro crime*, como uma espécie de desenvolvimento investigativo... de quê? Não simplesmente de um crime ou do crime em geral, mas de uma estrutura que é psicológica, cultural, civilizatória, um universo que é descrito primorosamente no interlúdio de *Escadas da Penha* e em inúmeras outras canções da dupla. Cada uma dessas quatro explora também esse universo sob aspectos ligeiramente ou muito diversos. A junção delas para contar uma história determinada, que sintetiza e ultrapassa as explorações particulares, é o tema de que trataremos a seguir.

João Bosco explica, em depoimento ao projeto Violão Ibérico, do jornalista espanhol Carlos Galilea, e que se dispôs a mapear a trajetória do violão da Península ao Brasil, o acorde em que se baseou para a composição de *O ronco da Cuíca*: *é um acorde aberto, um acorde que não se resolve, não se define, e que tem um abertura que possibilita uma baixaria que vai... modificando.*

Um acorde aberto consiste num acorde em que, afora o baixo, as outras notas se distribuem em intervalos grandes, maiores que uma oitava. Habitualmente, um acorde de acompanhamento como os usados na Bossa Nova e na harmonia funcional tradicional tem todas as suas notas em intervalos de terça, quarta ou quinta, no máximo. Porém, se o acorde é aberto, a nota que estaria a uma pequena distância é tocada uma oitava acima, e o resultado de sonoridade é muito diferente. Um acorde fechado com dissonâncias tende a ser muito tenso, enquanto que se uma ou mais notas constituintes forem abertas, os intervalos diluem essa tensão. A importância de esse acorde de ré menor que João descreve ser aberto é que ele vai servir de base para toda a canção *O ronco da cuíca*, e é isso também que permite que ele seja usado como base para praticamente todo o pout-pourri *Genesis – O ronco da cuíca – Tiro de misericórdia – Escadas da Penha*, do álbum *100ª apresentação*.

O acorde em questão tem um baixo em ré, que vai se deslocar depois pela sétima, dó, e pela quinta, lá. Uma oitava acima, a nota lá, quinta do acorde, e um sol, que pelas regras normais de harmonia funcional deveria ter a função de 11ª, mas que aqui, ainda na região grave, desestabiliza o acorde. Em seguida, sobe-se uma oitava para a terça do acorde, fá, e logo em seguida tem-se um mi, a nona do acorde, que está em seu lugar tradicional, porém *batendo* com a terça, que deveria estar oitava abaixo... Em suma, a reorganização das notas internas de um acorde menor com nona e décima primeira (mas sem a sétima) acaba formando um acorde disfuncional (no sentido de fora da harmonia funcional, mas também no estrito), em que quatro notas seguidas descendentes, lá, sol, fá, mi, se fazem ouvir, mas com uma espécie de *buraco* entre as duas primeiras e as duas últimas, o que, digamos, *abre espaço* para o desenho melódico se alojar, como João aponta. Esse acorde, apontando para múltiplas direções ao mesmo tempo, é dedilhado e explorado ritmicamente de forma quase didática por João na abertura da música, e será o basso contínuo sobre o qual a saga do menino do corpo fechado será contada.

Que se inicia com uma *Genesis* inteiramente transformada em relação à gravação em estúdio de João. A harmonia original é deixada de lado, e João conta a história do nascimento do menino como um preto velho a contaria. A interpretação contida investe a narrativa de um bocado de mistério, *pari passu* com a participação dos orixás e a predição de Oxum. A exaltação na repetição do verso *Promete, Oxum falou* cada vez mais aguda abre caminho para *O ronco da cuíca*, que será cantada com o mesmo acompanhamento, além de adicionar um suspense que só será desvendado mais tarde.

O ronco da cuíca interrompe a narrativa, para situá-la de forma objetiva: a sequência de associações de ideias da letra funciona como uma ambientação da vida do menino, uma descrição precisa de seu mundo, passando do aspecto externo para o interno, da interferência externa para a fome e a raiva, gerando uma empatia direta com o ouvinte. O que era um menino algo distanciado pela narração mítica de Genesis agora está plenamente identificado. Em determinado momento, João literalmente interrompe bruscamente o violão para cantar uma estrofe à capela, salientando a divisão rítmica da canção. Então, fica clara outra função do acorde aberto: ao tocá-lo ora sem a primeira corda, na nota mi aguda, ora com ela, o violão de João Bosco faz às vezes de cuíca, seguindo seus padrões melódico e rítmico. Isso dá à interrupção um elemento a mais de dramaticidade.

Em seguida, João reforça ainda mais essa identificação da plateia ao chamá-la para cantar junto o refrão, trazendo-a para dentro da interpretação. Se João será daqui a pouco um bardo contando o capítulo seguinte de um poema épico, a plateia assume o papel do coro da tragédia grega, mas ainda de forma inconsciente. Sobre o coro, João faz uma vocalização a partir da primeira estrofe da canção seguinte, *Tiro de misericórdia*. O vocalise, puramente rítmico, tem a aparência de uma língua africana, o que acrescenta a ele um mistério, como um babalorixá deitando um feitiço que não se compreende. Estamos novamente nos preparando para penetrar no lugar do sagrado, em que se desenrolará boa parte da terceira parte da história.

O dedilhado retomado para *Tiro de misericórdia* nos leva de volta a *Genesis*, de onde a narrativa será retomada. A infância do menino é contada em tons realistas em seu início, para em seguida fazer uma transição perfeita para o que nos espera, traçando seu retrato de forma impressionista:

> *Ídolo de poeira, marafo e farelo,*
> *Um Deus de bermuda e pé-de-chinelo,*
> *Imperador dos morros, reizinho nagô,*
> *O corpo fechado por babalaôs.*

Então, a partir dessa menção ao sobrenatural, novamente a ação para, mas agora para a introdução dos combatentes de uma batalha em dois mundos. Se o menino é extremamente poderoso em algo que parece ser um mundo paralelo, aqueles que num outro plano parecem lhe dar seu poder são apresentados, um a um, novamente da forma mais didática possível. João, que na gravação em estúdio praticamente grita os chamamentos aos orixás, aqui fala pausadamente. Não se trata tanto de uma invocação como antes, mas da narrativa de uma tradição oral típica africana, em que o narrador fala com tanta propriedade como se ele próprio tivesse estado presente e testemunhado tudo. E esteve, na forma de seus antepassados, que foram os que lhe passaram a história, palavra por palavra, cada palavra dotada de um encantamento e de propriedades particulares, como cada símbolo de cada orixá traz consigo uma força particular. O desfile de deuses, suas respectivas armas e poderes tem um efeito impressionante, dito na voz mansa de João. Cria-se a expectativa de um embate tremendo entre o menino de corpo fechado por todos esses protetores e uma força ainda desconhecida.

O padrão do violão a seguir é ainda uma variante do acorde inicial, porém carregado nos graves e com um indisfarçável tempero funk. Nele, o fio narrativo é retomado anunciando a batalha iminente. A partir daí, o menino é tratado pelo nome de mártires da liberdade, como destaquei na primeira parte. Seus assassinos não chegam sequer a ser nomeados. São as *falanges do mal / arcanjos velhos, coveiros do carnaval*. A escolha de uma categoria angélica para os designar, enquanto os exus, vistos pelas religiões europeias como demoníacos, são defensores do menino, é sintomática de uma hipocrisia secular, um massacre antigo que é cultural e também literal.

A narração da morte do menino é feita em alta velocidade. O menino morreu, ninguém chora por ele. O verso seguinte, último da canção, já trata da aposta do jogo do bicho no dia seguinte, e serve de gancho para a última canção seguinte. Mas antes, João faz, com diversas adaptações rítmicas e melódicas, um vocalise muito semelhante ao da introdução da gravação de estúdio de *Genesis*. E faz um breque no violão, como já fizera n*O ronco da cuíca*, para preparar a entrada das *Escadas da Penha*, agora, finalmente, no samba rasgado.

Essa é uma história diferente. À primeira vista, não faz sentido colocá-la no epílogo dessa canção quatro-feita-uma. Uma canção como *De frente pro crime*, outra parceria Bosco / Blanc, seria muito mais direta, ao tratar objetivamente dos acontecimentos – *tá lá o corpo estendido no chão*. Mas é justamente por falar de outro crime, outra história, que esta se torna mais cruel. Pois o menino já foi esquecido. *Escadas da Penha* poderia ser a notícia do jornal do dia seguinte, sobre um crime passional, em vez do assassinato do menino pela polícia. Ela encerra a epopeia com como que um expurgar de tensão no samba desabalado na mão rapidíssima de João Bosco. E, assim como o *Ronco da cuíca* descrevia o universo simbólico em que o menino cresce, *Escadas da Penha* descreve aquele em que ele morre. Como uma câmera que vai se distanciando aos poucos enquanto o entorno vai sendo enquadrado e lentamente perdendo o foco.

João se converte nessa tetralogia em bardo da Idade Média, em que cantar e declamar uma história não eram coisas muito diferentes. Mas a tradição que segue também – ou principalmente – é africana, dos narradores das tradições orais. A narrativa tem em si um poder mágico – dizer é fazer. João é o narrador de uma história que sempre se repete desde tempos imemoriais, com a intervenção de seres sem tempo. Como se a história tivesse acontecido antes dos tempos, e se repetisse hoje um simulacro encantado – o menino morreu e continua interminavelmente, perpetuamente a morrer, como Prometeu acorrentado, como Ganga Zumba, Patrice Lumumba, Federico Garcia Lorca, Jesus, e sempre renasce novamente.

A Tropicália vai passar?

Nunca fomos catequizados. Fizemos foi Carnaval. – Oswald de Andrade,
Manifesto Antropófago

I. Tropicália

Nunca houve consenso, nem mesmo entre os protagonistas da Tropicália, sobre todos os detalhes e posicionamentos do movimento, e sequer se se trata de um movimento. Mesmo assim, poucos – seja – movimentos tiveram tamanha influência sobre o imaginário nacional e sobre a constituição de nossa imagem de país. Talvez apenas outros dois, com os quais ela tem relações bem diversas: a Bossa Nova, no terreno musical; e o modernismo, ou, melhor dizendo, uma das premissas basilares do pensamento modernista brasileiro, a antropofagia. Com a Bossa-Nova, uma contraposição algo dúbia, com muito de filial, enunciada no grito ao fim da canção *Saudosismo*: *Chega de saudade!* E com a Antropofagia, mais ainda, a Tropicália realiza uma espécie de retomada do bastão.

E, no entanto, desde seu espocar, mas ainda hoje, atualizada, há também uma crítica à Tropicália, de quem enxerga em sua dialética, em maior ou menor medida, também indecisão, aceitação indiscriminada e/ou recusa em tomar uma posição. Porém a diferença no diagnóstico talvez esteja menos na própria Tropicália e mais na análise da situação atual, como do fim dos anos 1960. Ou seja, a diferença entre a Tropicália e a esquerda que a critica está em enxergar ou não a necessidade absoluta de tomar uma posição.

Tomemos como ponto de partida a canção que lhe deu o título, e cujo próprio nome foi tirado de uma instalação de Hélio Oiticica – que Caetano Veloso sequer conhecia – por sugestão de Luiz Carlos Barreto. Aliás, partamos de quatro versos:

Eu organizo o movimento
Eu oriento o Carnaval

Eu inauguro um monumento
No Planalto Central do país

Os dois primeiros versos dessa estrofe são uma espécie de síntese do pensamento da esquerda da década de 1960. Porém engana-se quem pense que correspondem a uma tomada de posição de Caetano nesse sentido. A citação desavisada desses versos com a intenção de defender essa posição acaba soando um bocado irônica ao se perceber que a Tropicália como movimento não a endossou. E na própria música essa síntese, imediatamente após ser feita, recebe uma crítica típica do movimento, ao ser relativizada num contexto mais amplo, cujo viés é descritivo e não imediatamente ideológico.

Os dois versos seguintes têm a construção de Brasília como referência óbvia. Mas o monumento, cuja descrição simbólica será explorada por todo o restante da letra de Tropicália remete a todo um projeto de Brasil que acabou incorporado pela ditadura militar, a busca de uma modernidade que já nascia velha e escondia em suas ruas estreitas e jardins interiores urubus e crianças mortas. A crítica era feroz, mas se dava num registro muito diverso, por exemplo, do imaginado pelo Centro Popular de Cultura (CPC), paradigma de um alinhamento entre arte e política que chegava ao dogmatismo. Enquanto este "pretendia tirá-las da alienação e da submissão", segundo seu manifesto, seguindo à risca os versos iniciais da canção *Tropicália*, a Tropicália "movimento" trazia um posicionamento político embutido nas posições estéticas, e fazia pela via estética a crítica tanto da ditadura quanto de sua oposição, passando a ser detestada por ambas. Ficou famosa a charge de Henfil em que guerrilheiros de esquerda imediatamente se entrincheiravam ao ouvir mencionar o nome de Caetano.

O incômodo, nesse caso, se dá ao lembrarmo-nos da exigência do regulamento do desfile das escolas de samba cariocas de apresentarem temas de cunho nacionalista – exigência que se materializa no governo Dutra, em 1947, e que incentivava enredos que não desafiassem ou apresentassem críticas ao governo, sendo reforçada no período da Ditadura Militar, mas que foi sendo driblada pelas escolas ao longo dos anos, em desfiles memoráveis como *História da Liberdade no Brasil* (Acadêmicos do Salgueiro, 1967), *Heróis da Liberdade* (Império Serrano, 1969), *Onde o Brasil Aprendeu a Liberdade* (Vila Isabel, 1972) e tantos outros. Fica claro que o desejo de organizar o movimento não vem de apenas um dos lados. A visão de um povo a ser conduzido e esclarecido, não tendo condições de fazê-lo por si próprio, estava no fundo do pensamento tanto de direita quanto de esquerda, e viria a ser contestada explicitamente pela Tropicália.

E aí voltamos à Antropofagia, como pensada por Oswald de Andrade. Não como algo realizado pelos artistas primordialmente, mas pelo país, com os artistas aprendendo com o país a serem também antropófagos. Uma ideia oposta a qualquer tipo de organização externa do movimento. Ao contrário, ela implicava uma atitude de aprendizado, não de liderança, o que, se artisticamente era interessante, politicamente soava absurda. Porém era exatamente disso que a Tropicália tratava; ao fazê-lo, tornava-se crítica aos dois lados do embate que ocorria no Brasil, não por ser a favor da ditadura, mas por identificar nos que a combatiam elementos comuns a ela. Sua tomada de uma posição dialética foi e ainda é confundida com uma não tomada de posição, um "murismo" inaceitável para a época. Sua crítica é feita pelo ato de, citando determinada ideia, demonstrar a incapacidade dessa ideia de abarcar um círculo mais amplo, indicando assim a existência de algo mais a ser olhado e pensado.

Ou essa crítica pode se dar pelo avesso, pela posição simultânea de elementos opostos, ou elementos que foram colocados ou categorizados como opostos em algum momento – o que pode significar também um questionamento dessa oposição. *Viva Iracema, Viva Ipanema!* É bom notar que, sob as camadas instrumentais e arranjos arrojados de Júlio Medaglia, a melodia básica de Tropicália não difere da de Baião, de Luiz Gonzaga, escalando um acorde de sétima menor. A exaltação simultânea da moderna Bossa e da arcaica palhoça, a indicação de que a realidade não é una, e por tabela a crítica de visões unilaterais. Uma crítica que é política, mas que se dá fundamentalmente por meio da estética, e de uma estética afirmativa, que, no lugar de resistência, apresenta... digestão. Que ao invés de orientar o carnaval, propõe-se a deixar-se orientar por ele. Algo que uma parte da esquerda tradicional nunca soube perdoar.

II. Vai Passar

Humberto Werneck conta sobre o acidentado processo de composição de Chico Buarque em *Vai Passar*:

Chico trabalhava no samba-enredo Dr. Getúlio, feito em parceria com Edu Lobo para o musical de mesmo nome. Letra e música estavam prontas, faltando apenas acertar o refrão. De repente, em meio aos compassos de Dr. Getúlio, come-

çou a insinuar-se um outro samba; Chico se pôs a persegui-lo, ora com o violão, ora apenas com a voz, resvalando aqui e ali de volta ao refrão do musical – até finalmente encontrar:

> Ai que vida boa, olerê
> Ai que vida boa, olará

Não foi além disso naquele dia. Uma segunda fita, gravada algum tempo depois, documenta o que Chico considera o auge de sua "ilusão coletivista": a tentativa de fazer daquele esboço um samba de vários parceiros. Para isso reuniu em casa um grupo de compositores – Edu Lobo, Fagner, Francis Hime, João Bosco, Carlinhos Vergueiro, João Nogueira -, depois de um jogo do Politheama. Bem que tentaram, mas não deu certo: daquele berreiro não saiu um verso que prestasse. Nem tudo, porém, foi esforço perdido: Francis, ao piano, conseguiu dar um jeito na melodia, cujo tom subia, subia e não voltava mais. Mas ainda não foi dessa vez que Vai passar ficou pronta. Posta de lado, Chico só a resgatou no ano seguinte, ao reunir material para um novo LP. Mostrou então aquele samba ao produtor Homero Ferreira, seu ex-cunhado, e ao arranjador Cristóvão Bastos, que ficaram entusiasmados. Ali mesmo, no estúdio, a letra foi terminada.

Vai Passar, assim como *Dr. Getúlio*, é um samba-enredo, modalidade específica de samba que segue regras estritas, embora mutantes, ao longo dos anos (quantidade e localização dos refrões, por exemplo, sem falar no andamento), mas tem a característica principal, explícita no nome, de contar uma história ou desenvolver uma ideia, servindo de suporte musical para a versão tropical da obra de arte total sonhada por Richard Wagner: o desfile de uma escola de samba. Chico não se preocupa em seguir as regras estritas de composição de um samba enredo, pois não está concorrendo na escolha de uma escola (ao contrário de Martinho da Vila, por exemplo, que já emplacou vários na sua Vila Isabel); não se arvora em compositor de escola, tendo consciência de que sua obra, na tradição da MPB, consiste numa estilização dos formatos tradicionais, e por isso recorre a harmonizações expandidas, oriundas da Bossa Nova, que dificilmente seriam ouvidas na avenida. Mas o formato do samba-enredo se mostra adequado por outro motivo: o fato de ambas as canções tratarem diretamente do Brasil. A tradição imposta (a pressão para a escolha dos temas começa ainda no Estado Novo, antes de sua incorporação ao regulamento), depois naturalizada, adéqua-se à maravilha para tratar de Getulio Vargas, e mais ainda para falar indiretamente sobre o processo de redemocratização ora em curso (*Vai Passar* é de 1984, entre a campanha das Diretas Já e a eleição indireta de Tancredo Neves).

Há ainda outra característica fundamental de *Vai Passar*, uma característica frustrada: a tentativa de Chico de realizá-la coletivamente – conforme relatado. Ora, a composição coletiva é uma marca dos sambas-enredos, chamados até mesmo, ironicamente, de sambas-condomínio. A incapacidade de tantos talentos reunidos em conseguir realizar algo juntos pode ter muitas razões – excesso de cerveja, ou a diferença entre o samba enredo estilizado, e, portanto, de estrutura mais complexa que a de um samba tradicional. Dito de outro modo, *Vai Passar* nasceu de um fracasso – da tentativa frustrada de reproduzir em um nível intelectualizado o processo criativo da tradição. O intuito era levar a ideia da obra coletiva e anônima, oriunda de uma força popular quase mítica, a um altíssimo nível de elaboração, para depois devolvê-la ao povo, que, a partir da escuta de uma obra intelectualmente mais densa, seria elevado a outro patamar de entendimento. A música originada do próprio "povo" a ele retornaria sublimada, com um segundo nível de elaboração. Em suma: organizar o movimento, orientar o carnaval. E lembremos de novo: não deu certo.

E não deu certo porque a pretensão de orientar o carnaval se mostrou ineficaz, e também porque a chave do entendimento da formação da MPB via Bossa, que é a estilização de um fazer musical de grande complexidade formal com base firme nas formas populares (que tem por si sós grande complexidade), não se confunde com a emulação do modo de fazer. O fazer socialista do samba-condomínio não se confunde com o fazer socialista, com a noção da obra como ação coletiva (ou sua pretensão) de Chico e outros grandes compositores, alguns mesmo com um pé no fazer mais popular, como João Nogueira. *Vai Passar* é um samba-enredo e não é um samba-enredo, no sentido de que nunca poderia ir para a avenida acompanhando um desfile. De certa forma, por sua própria natureza e estrutura, a canção inviabilizava a realização de um ato criativo de natureza coletiva. De algum modo, estava fadada a ser a obra de um único autor (ou dois, com a participação discreta de Francis).

Ainda assim, *Vai Passar* exibe a natureza dupla que é a grande força do que se chamou a MPB – uma espetacular elaboração em nível erudito, musical e filosófico, aliada a uma ligação umbilical com as tradições brasileiras mais fundas. E essa segunda característica empresta à canção a característica do enredo de carnaval, que é justamente carnavalizar. Em *Vai*

Passar, ninguém organiza o movimento nem orienta o carnaval. O carnaval é o próprio movimento – e a tentativa de orientação, a obrigatoriedade de um tema brasileiro, é virada do avesso ao se converter em crítica. Esquerda festiva. Antropofagia em estado bruto. *O índio vestido de senador do Império. Fingindo de Pitt. Ou figurando nas óperas de Alencar cheio de bons sentimentos portugueses* (de novo Oswald de Andrade). Ou, postos lado a lado, os versos:

> *Palmas pra ala dos barões famintos*
> *O bloco dos napoleões retintos*
> *E os pigmeus do bulevar*

e

> *No pulso esquerdo o bang-bang*
> *Em suas veias corre*
> *Muito pouco sangue*
> *Mas seu coração*
> *Balança um samba de tamborim*

Os versos servem também de senha – a organização do movimento não passa pela racionalidade política. Ante a guerrilha armada e as veias abertas da América Latina, a torcida pela seleção em 1970 e o samba falam igualmente alto e se impõem como construção simbólica capaz de salvar o país dele mesmo, contra todas as evidências objetivas ou ideológicas. O Sanatório Geral impõe sua própria lógica indecifrável e imprevisível, que se constrói historicamente a cada passo, como ninguém poderia prever as jornadas de junho de 2013 e suas manifestações, que igualmente só chegaram a ter o vulto que tomaram por terem se carnavalizado, e hoje são acusadas por parte da esquerda de se terem tornado inócuas, e assim por diante...

Os "vivas" de Caetano na *Tropicália* encontram eco em *Vai Passar*; ou, mais propriamente, *Vai Passar* é a estilização dos "vivas" da *Tropicália* – eles próprios já uma estilização. Em comum, o reconhecimento de que num desfile de escola de samba tudo cabe, a começar pela nossa própria história deglutida e regurgitada, como foi desde a página infeliz dessa mesma história em que os enredos obrigatoriamente deveriam tratar dela. Os "vivas", tomados por alguns como aceitação indistinta e acrítica da realidade, ou como arautos do pós-modernismo – em que Deus não existe e tudo é permitido –, tornam-se tanto a crítica do moderno quanto eventualmente a crítica da crítica. Eles abrem e apontam, desse modo, caminhos não apenas estéticos, mas políticos pela via da estética – como a obra posterior de alguns de seus líderes deixa entrever em canções como O *Estrangeiro, Refavela, Esteticar (Estética do Plágio)* de Caetano, Gil, Tom Zé, em que propostas ou visões implícitas de país se viabilizam primordialmente pelo reconhecimento de um Brasil diferente daquele que encontramos na estilização proposta pela corrente fundadora da MPB, a que Chico se filiou, mas que a completa como a outra face da moeda. Moeda de que *Tropicália* e *Vai Passar* são duas faces, tirando sua força, em última instância, do mesmo metal que a cunhou e que lhe empresta valor – a percepção de que não é a MPB ou a Tropicália que fazem antropofagia, mas o samba-enredo. E o frevo, o bumba-meu boi, o baile funk, que devolvem generosamente a inspiração para os novos caminhos da MPB, Tropicália, ou seja lá que nome vá ter.

Caetano Veloso, na contracapa do álbum *Tropicália* (que não inclui a canção homônima) psicografa Rogério Duprat para perguntar: *Terão mesmo coragem de saber que só desvencilhando-se do conhecimento atual que têm das formas puras do passado é que poderão reencontrá-las em sua verdade mais profunda? Por acaso entendem alguma coisa do que estou dizendo? Baianos, respondam.* Enquanto a dialética tropicalista segue frequentemente sendo confundida com uma rendição, uma abdicação, uma desistência, a Tropicália escolheu, entre a resistência e a desistência, a resiliência. Na mesma contracapa, Torquato Neto, igualmente psicografado por Caetano, pergunta: *Será que o Câmara Cascudo vai pensar que nós estamos querendo dizer que bumba-meu- boi e iêiêiê são a mesma dança?* Há quem pense. Mas o que eles não disseram foi o que o bumba-meu boi, o iêiêiê, o rap, o afrobeat e muito mais ainda podem se tornar – ou seja, em que direção irá *a evolução da liberdade até o dia clarear*. Há certo método na loucura do Sanatório Geral. Mas nunca é o que você está pensando.

Negão, neguinha, neguinho

Eu sou negão nem se chamava assim. O título era *Macuxi, muita onda*, e foi assim, com o título que a consagraria apenas entre parêntesis, que saiu no álbum gravado às pressas para dar vazão ao tremendo sucesso radiofônico em 1987. O Produtor musical Paquito conta a incrível história:

Eu sou negão não é bem uma canção, é também uma canção e peça curta falada, com um diálogo entre as duas forças do carnaval baiano: o trio elétrico, representado por seu cantor, e o bloco-afro, representado pelo negão propriamente dito, cantor do bloco, que toma a palavra e entoa o refrão poderoso:

Eu sou negão / Meu coração é a Liberdade

Disso todo mundo sabe, mas a canção nasceu em uma convenção da gravadora Sony no Hotel Quatro Rodas, em Salvador. Gerônimo ficou de apresentar um show para os executivos da gravadora, mas sentiu-se desdenhado no palco, diante da platéia indiferente, e danou a improvisar na hora, por cerca de sete minutos.

O então disc-jóquei da Rádio Itaparica, Baby Santiago, presente no local, gravou a música ali mesmo, no instante da execução, e botou pra tocar na programação da rádio. Verão de 86, a música fez sucesso instantâneo. A Itaparica, que era sétimo lugar em audiência, passou pra segundo, e Gerônimo não tinha nem disco, que contivesse a faixa, pra vender. Foi feita uma segunda gravação, mais curta, no estúdio de Silvio Ricarti, pra entrar num disco de apenas três faixas, e resto, como diz o clichê, é história.

Ouvindo *Eu sou negão*, percebe-se claramente que há duas músicas ali. Dentro de uma, o reggae que era a música original, surgiu outra coisa a partir dos improvisos de Gerônimo – uma espécie de enfrentamento entre as duas vertentes do carnaval baiano, mas mais que isso, uma discussão sobre a autenticidade de uma cultura negra e seus desdobramentos. *Eu sou negão* é, sobretudo, uma canção para ser assistida ao vivo. Eu só a vi assim uma vez, num programa de TV à época, e fiquei maravilhado quando, na mudança de ritmo da entrada do trio elétrico, Gerônimo e vários músicos começaram a pular e se empurrar no palco, pulando carnaval, teatralizando completamente a apresentação.

Eu sou negão inspirou Eu sou neguinha, de Caetano, em seu álbum do ano seguinte, a partir de uma foto – enviada por Arto Lindsay a Caetano – que mostrava um Prince andrógino com a frase, escrita por Arto: *eu sou neguinha?*.

Eu sou neguinha desloca e ao mesmo tempo amplia o raio de ação de *Eu sou negão*. Até geograficamente: se a primeira dá endereço certo (*Pega a Rua Chile, desce a ladeira, tá na Praça Castro Alves, na Praça da Sé*), Caetano *tava em Madureira, tava na Bahia, no Beaubourg no Bronx, no Brás*. A levada da gravação de estúdio de Caetano, um reggae híbrido com rock, passa mais ao largo de ritmos chamados baianos. Para além da questão óbvia da sexualidade, a música de Prince, na época qualificada como fusion, misturava rock, funk, jazz (ele chegou a fazer sessões com Miles Davis) e era por si uma nova afirmação da cultura negra, acompanhada de um questionamento de suas verdadeiras fronteiras. Caetano sabia disso. No aniversário de Roberto Carlos aquele ano, o jornal O Globo fez uma enquete engraçadinha perguntando a vários músicos que presente dariam para o Rei. Caetano ofereceu o álbum *Sign o' the times*, de Prince.

A pergunta de Caetano, que se definiria pouco tempo depois mulato na canção *Branquinha*, corresponde à admissão de Gerônimo, feita em novos improvisos feitos sobre as apresentações ao vivo de *Eu sou negão*, de não ser negão, e sim mulato, relativizando assim a tomada de posição em favor de um dos personagens de sua canção (pois o refrão, cantado pelo personagem/cantor do bloco afro, o sobrepõe ao trio elétrico decisivamente). Quem é neguinha agora, quem é negão, nessa cultura miscigenada? O questionamento de Caetano, numa época de afirmações identitárias e de gênero, pode soar como provocação só por se apresentar como pergunta e no feminino. Ou pode ser considerado inclusivo ao deixar implícita a autoclassificação? Lembremos que estamos em 1988, bem antes de essas discussões explodirem. Mas a letra de Caetano busca dar a essa pergunta um sentido transcendente, não por qualquer pessoa poder se dizer neguinha, mas por ser possível a identificação entre diferentes. A dúvida de Caetano é honesta, ele é uma interrogação, um enigma.

E então, em 2011, no álbum *Recanto*, só de canções de Caetano, Gal Costa gravou *Neguinho*.

Neguinho se encaixa numa tradição pessoal de Caetano da música-discurso civilizatório (*Podres Poderes, Fora de Ordem, Vamo Comê*), passando inclusive pelo seu assunto eterno retorno do ultrapassar o sinal vermelho (como também em *Haiti* e *Neide Candolina*). *Neguinho* é como que o lado escuro de *Eu sou neguinha*, com sua crítica feroz e sua melodia quase monocórdica. Mas de resto, todas as três canções são eminentemente discursivas – no caso de *Eu sou Negão*, quase à força... e, no entanto, esta é a que acaba tendo mais variação pela interpretação falada, cheia de nuances, enquanto nas duas de Caetano, a melodia transita entre duas a três notas de cada vez. Aliás, o motivo melódico inicial das duas é muito parecido. E em todas, os refrões fortes, titulares, curtos e repetitivos contrastando com as estrofes, indo do grito de guerra à pergunta, e desta a um irônico *hey, hey*, que pode ser ouvido também (e mais ironicamente ainda) *rei, rei*.

Neguinho, partindo em sua construção da acepção de gíria da palavra, como um pronome indefinido, parte também para uma informalidade absoluta de linguagem, em frases como *neguinho também se acha*. Se as três canções primam pela sintaxe absolutamente coloquial, *Eu sou negão* e *Neguinho*, propositalmente, extrapolam para um universo linguístico muito popular, porém por motivos e com resultados diversos: enquanto a primeira provoca uma identificação pela teatralidade da personificação, a segunda causa certo estranhamento, tanto pela interpretação sem nenhum entusiasmo de Gal Costa quanto pelo sóbrio arranjo eletrônico que sugere um universo bem diferente. Mas Caetano se apropria do código dessa linguagem tida como inculta para traçar o retrato crítico de uma sociedade contraditória:

Neguinho vai pra Europa, States, Disney e volta cheio de si
Neguinho cata lixo no Jardim Gramacho

Mas o essencial nessa canção é exatamente o título/refrão. Caetano afirma adorar o uso da palavra *neguinho* em substituição à expressão *todo mundo*. E explicita a quem se refere no verso *neguinho que eu falo é nós*. É quando é feita a passagem da discussão de uma cultura para toda a sociedade, como herdeira dessa cultura. Se em *Eu sou neguinha* Caetano se constitui como o lugar dessa mistura, no último verso parece já dar a deixa para a generalização que faria mais tarde:

E que o mesmo signo que eu tenho ler e ser
É apenas um possível ou impossível em mim em mim em mil em mil em mil

A passagem do *em mim* para o *em mil* completa a passagem da cultura negra para a cultura popular, das nações africanas para a nação brasileira, com todas as suas misturas e contradições. É possível todo um debate aqui sobre perdas de identidade, apropriações e lugares de fala, e são debates necessários e saudáveis, mas não impedem que uma cultura essencialmente brasileira se alimente das tradições trazidas de além-mar. Não é à toa que do samba-reggae passa-se pelo reggae-rock e chega-se à música eletrônica, todos, ao fim e ao cabo, com influência negra (mas sempre com ritmos meio híbridos, utilizados para fazer algo que de alguma forma extrapola os estilos). O enigma de certa forma permanece, e o fato de renovar-se é o que o mantém capaz por sua vez de gerar o novo. Gerônimo, numa apresentação ao vivo de *Eu sou negão*, improvisou:

A cultura negra fez com que o mundo descobrisse o rock'n roll, o jazz, o reggae, a música popular brasileira, se não tivesse o tempero da raça negra, ai de nós, o que seria de mim.

O que seria de neguinho.

A canção e o futebol

Uma vez, Chico Buarque e Mané Garrincha se encontraram na Itália, e foram a um café bater papo. Chico falou de futebol, e Garrincha, de música. Chico ficou com a melhor das impressões, e conta que o Mané não mostrou nada da figura quase folclórica que ficou dele mais tarde: *era sensível, entendia João Gilberto*.

A relação entre música e futebol me parece a de um casal que se ama, mas nem sempre se entende. Há as manifestações espontâneas das torcidas, criando cantos ou reinventando-os (a torcida do Fluminense cantando uma saudação ao Papa sempre me pareceu o fino do surrealismo. E o pior é que às vezes acontecia um milagre mesmo). Há também os funks divulgados oportunisticamente na esteira de vitórias, exaltando clubes ou jogadores. São manifestações extremamente saudáveis e que mostram a vitalidade criativa da nossa cultura, versões atualizadas do folclore. E, no outro extremo, há as tentativas várias de tradução direta da estética futebolística para dentro da pauta, para a linguagem musical.

Quem transita entre esses dois mundos com maior desenvoltura é Jorge Benjor. Canções como *Fio Maravilha* e *Umbabarauma (Ponta de lança africano)* encontram-se exatamente na fronteira entre eles, e conseguem ao mesmo tempo fazer a louvação e/ou a crônica de forma próxima da espontaneidade da torcida, e colocar em seus elementos correspondências com elementos futebolísticos – o drible, o chute, o suspense da jogada ainda inconclusa (quando a respiração de todo um estádio fica em suspenso), como na primeira parte de Fio Maravilha, aguardando a explosão do gol que vem na segunda parte. *É uma partida de futebol*, do Skank, segue a mesma trilha.

E na outra ponta dessa equação ficam canções como *O futebol*, de Chico Buarque, de seu álbum de 1989. Se, esportivamente falando, *O futebol* é filha das seleções de 58 a 70 e do futebol brasileiro de então, musicalmente é filha dileta da bossa nova, ou mais especificamente, de duas de suas canções-chave, contrárias e gêmeas, que são *Desafinado* e *Samba de uma nota só*.

As histórias e análises dessas duas canções de Tom Jobim e Newton Mendonça são bastante conhecidas. *Desafinado* foi composta como uma resposta irônica às críticas que a recém-nascida Bossa Nova recebia, como *música de desafinado*. Tom e Newton colocam a melodia sempre nas dissonâncias dos acordes e criam uma melodia sinuosa que nunca vai na direção esperada. Já o *Samba de uma nota só* segue o caminho inverso: põe a melodia em linha reta enquanto a harmonia se move embaixo dela, como se o corredor ficasse parado enquanto o chão é que corre. Assim como se diz que o craque não corre, faz a bola correr.

E *O futebol* então toma para si o melhor de dois mundos. Sua melodia busca reproduzir a imponderabilidade do jogo, ao mesmo tempo em que traça uma *vaga geometria* – paralelas, diagonais, parábolas –, e ainda relacionar essa geometria com questões estéticas – *para emplacar em que pinacoteca, para emplacar o visual de um chute a gol*. Ora a melodia avança em zigue-zague, equilibrando-se improvavelmente nas notas de ponta dos acordes, como *Desafinado*, como em *para aplicar uma firula exata*; ora se lança de repente em linha reta como o *Samba de uma nota só*, como em *para avisar a finta enfim* – e o verso seguinte, novamente sinuoso, enganoso: *quando não é...* e a palavra seguinte evoca a melodia em linha reta anterior em apenas uma sílaba, ameaçando segui-la novamente: *sim...* e a estrofe termina com a evocação agora da segunda frase, completando o sentido e o drible no ouvinte: *no contrapé*. Como as súbitas quase-arrancadas de Garrincha, em que o adversário ia e a bola ficava...

Poderia citar diversos outros exemplos dessa interação absoluta entre melodia, letra e harmonia, dessa interação entre as duas opostas/iguais da Bossa Nova. Como no verso *para avançar na vaga geometria*, que avança em curva, para logo depois desenhar *o corredor* em linha reta, euclidiano; e a *paralela do impossível* é obviamente curva... e o *sentimento diagonal* é reto, mas com o chão harmônico movendo-se, de modo a tornar diagonal a linha reta da melodia; e vai por aí afora.

Mas é preciso também tratar da dedicatória em forma de locução de futebol que Chico acrescenta no final. Trata-se de apenas uma frase melódica, que começa em linha reta no agudo para depois descender e terminar suavemente. *Para Mané, para Didi, para Mané* (a matriz de nomes futebolísticos é de quando jogadores não se chamavam Maicossuel, Wewerton ou Fábio Rochemback), em ritmo rápido e entrecortado, numa linha reta que tem sentido diferente das anteriores, remetendo ao grito do locutor;

e que aos poucos se converte numa lista emocionada de dedicatórias: *para Pagão, para Pelé e Canhoteiro*. Nessa curva descendente da melodia, o futebol se converte de uma diversão de massas (simbolizada na figura do locutor) para uma vivência particular e uma lembrança do próprio Chico, que é compartilhada com o ouvinte.

O Futebol é uma canção sofisticada, como o próprio futebol pode ser, quando bem jogado. Não é definitivamente para ser cantada por uma torcida em coro num estádio, mas para ser sentida em termos pessoais, até intimistas, como a Bossa Nova. É uma das múltiplas possibilidades de união entre essas duas grandes forças da cultura do país. Como Chico e Garrincha batendo papo numa mesa de bar. À sombra de João Gilberto.

De Cartola a Fela Kuti – cantos de trabalho e mentalidade colonial

Ensaboa é a sétima faixa do segundo álbum de Marisa Monte, *Mais*, de 1991. Lá, está creditada como uma parceria de Cartola e Monsueto. Acontece que não é, ou é bem mais do que isso.

Ensaboa na verdade parte da fusão de duas músicas diferentes. A que leva esse título originalmente é de Cartola, e dela Marisa utilizou unicamente o refrão. As estrofes intermediárias saíram do *Lamento da lavadeira*, esta sim de Monsueto (juntamente com Nilo Chagas e J. Vieira Filho), e desta também não foi aproveitada a letra inteira, mas apenas a primeira e a última estrofes. O refrão só é cantado na gravação de Marisa como música incidental, quase no fim da música. E é exatamente quando se chega à música incidental que a trama se complica, e o que era uma fusão de duas músicas vira um medley. Isso porque, a partir da metade da gravação, intercaladas com o refrão de Cartola, começam a enfileirar-se citações diversas que reúnem em suas autorias Tom Jobim e Vinícius de Moraes, Gerônimo, além de uma cantiga popular referenciada a Clementina de Jesus, e por último, mas realmente o mais importante, Fela Kuti.

Então, vamos por partes. *Ensaboa*, a original de Cartola, não tem muita coisa a ver com os sambas elaborados que marcaram o compositor. Não à toa é identificada na etiqueta de sua gravação como lundu, pois pertence a outra conformação, anterior, mais aparentada com *Pelo telefone* e outras composições que estão na origem do samba como o conhecemos, mas que são baseadas em refrões populares e folclóricos, com segundas partes eventuais compostas por quem as registrou, herança de uma época em que, como afirmou Donga (autor de *Pelo telefone*), música era *que nem passarinho, de quem pegar primeiro*. Assim, a estrofe intermediária de Cartola ficou de fora:

> *Os filho que é meu, que é meu e que é dela*
> *rebenta a goela de tanto chorar*

> *O rio tá seco, o sol não vem não*
> *Vortemos pra casa Chamando Dondon*

Outra pista que aponta nessa direção é a levada da gravação do próprio Cartola com a filha Creusa, mais próxima da toada ou da moda de viola que do samba propriamente. Isso acontece porque o refrão de *Ensaboa*, e possivelmente até mesmo a estrofe intermediária, constituem um canto de trabalho, uma tradição popular extremamente forte no Brasil, e cheia de desdobramentos tanto artísticos quanto socioeconômicos e políticos.

Os cantos de trabalho têm algumas características em comum, como uma rítmica marcada e refrões simples e fáceis de cantar. Isso porque eram feitos para serem cantados em coro por vários trabalhadores (na época do Império, havia cantos até de carregadores de piano, para marcarem o passo e não deixarem o piano cair!), e ao mesmo tempo, ao falarem da própria atividade que acompanhavam, traçavam uma crônica da vida cotidiana de sua época, do ponto de vista do trabalhador, do serviçal, e não dos donos do poder. É dessa tradição que Cartola bebe, e também Monsueto, em seu *Lamento da lavadeira*, sem que a levada de samba de gafieira da gravação de Elza Soares chegue a disfarçar a melancolia original da canção.

> *Sabão um pedacinho assim, olha água um pinguinho assim*
> *O tanque um tanquinho a assim e a roupa um tantão assim*
> *Para lavar a roupa da minha sinhá*
> *Quintal um Quintalzinho assim*
> *A corda uma cordinha assim*
> *O sol um solzinho assim e a roupa um tantão assim*
> *Para secar a roupa da minha sinhá*
> *A sala u'a salinha assim, a mesa u'a mezinha assim*
> *O ferro um ferrinho assim e a roupa um tantão assim*
> *Para passar a roupa da minha sinhá*
> *Trabalho um tantão assim, cansaço é bastante sim*
> *A roupa um tantão assim, dinheiro um tiquinho assim*
> *Para lavar a roupa da minha sinhá*
> *Para secar a roupa da minha sinhá*
> *Para passar a roupa da minha sinhá*

Então, chegamos à segunda parte, e nesta o jogo muda. Não que os sintomas da disparidade que vai se explicitar não estivessem já anunciados no arranjo, a meio caminho entre um samba e diversas outras formas musicais como o reggae e o afrobeat (já falo dele). Mas nesse momento os cantos tradicionais, em que transparece certa conformação com o estado servil mesmo na queixa (*para lavar a roupa da minha sinhá*, canta o coro), são confrontados com a descrição da cena de uma manifestação de protesto sendo dispersa à força pela polícia!

> *Everybody run, run, run*
> *Everybody scatter, scatter*
> *Some people lost some bread*
> *Some one nearly die*
> *Some one just die*
> *Police they come, Army they come*
> *Confusion everywhere*

Desses versos, os iniciais da longa letra de *Sorrow, tears and blood*, Marisa canta apenas os quatro primeiros (substituindo *bread* por *blood*, o que ainda aumenta a dramaticidade). Porém, assim como nas duas composições que formam a base da gravação, alguns versos apenas tornam-se representativos de toda a canção dentro da canção, e nesse caso, mais ainda: é Fela Kuti e seu espírito contestador que é trazido para dentro de *Ensaboa*, o Fela Kuti, dono de uma incrível biografia, revolucionário a ponto de converter sua casa em uma república, proclamando a independência em relação à ditadura militar nigeriana da época. Marisa ainda canta em seguida o título de outra canção de Fela, que serve como chave para desvendar essa dicotomia entre duas visões de mundo sobrepostas: *Colonial mentality*.

À luz desse como que enfrentamento, a gravação se ilumina de novas possibilidades de entendimento, e o medley se configura como uma espécie de dissertação concisa sobre a visão colonialista instilada no colonizado, sobre a visão servil do povo escravizado ao longo da História, e de como essa visão se transforma no tempo, e ainda assim deixa o seu legado – os cantos de trabalho – que testemunha a forma como esse povo manteve a sua dignidade. Porém, numa leitura apressada, poderia parecer que a citação de Fela Kuti se sobrepõe às canções originais, fazendo-lhe uma crítica que seria impiedosa, como a considerá-las manifestações desse servilismo. Duas coisas evitam que essa visão se cristalize, e a partir daqui o raciocínio talvez fique mais sutil. A primeira são as outras três músicas incidentais, intercaladas em *Ensaboa*:

1- *Marinheiro Só*, cantiga folclórica de gravação eternizada por Clementina de Jesus. O trecho cantado (*eu não sou daqui, eu não tenho nada*, aliás modificação proposital do verso original *eu não tenho amor*), assume o mesmo discurso, digamos subserviente, com um dado novo, o da origem, cheio de implicações históricas. Porém a sua presença como música incidental deixa claro que a contraposição entre os estereótipos *canto servil X canto de combate*, no mínimo, não é vencida por ninguém. Além disso, é seguido por

2- *A felicidade*, clássico da bossa nova de Tom e Vinícius, que tem aqui sua significação recontextualizada. A citação de uma canção de nível de elaboração muito superior, tida como que da música de elite, assumindo o mesmo discurso da anterior como que numa continuação (o refrão chega a ser eliminado para que elas sejam cantadas em seguida), vem como que negar a simplicidade da visão crítica a uma suposta acomodação no servilismo, como que mostrando a herança do canto ancestral na cultura supostamente sofisticada (ou como João Gilberto não cansa de lembrar, que a bossa nova é apenas samba, e nada mais). O tal do canto servil tornou-se canto do patrão, em grande medida, sem vencedores nem vencidos, *tanto resistência quanto rendição*, como diz Gilberto Gil. E para completar,

3- *Eu sou negão*, excepcional canção de Gerônimo com seu refrão: *Eu sou negão e meu coração é a liberdade*. Marisa canta apenas a segunda parte da frase, assim redirecionando da questão racial para uma visão mais abrangente, embora sem poder esquecer a condição de negros de Cartola, Monsueto e Fela Kuti, além do próprio Gerônimo (mas não de Tom e Vinícius, conforme o raciocínio do item anterior, mas este *o branco mais preto do Brasil*, como se intitulou). Com essa mera frase, Marisa une os dois cantos, quebra a dicotomia, identificando tanto em uns quanto em outros, em ambas as vertentes, o anseio pela liberdade em diferentes formas.

Faltou falar apenas da liga que unifica esse amálgama. O arranjo da gravação de Marisa não é o lundu de Cartola, nem a gafieira de Elza, nem a bossa de Vinícius, ou o samba-reggae de Gerônimo, nem mesmo o afrobeat de Fela Kuti. Não é nada disso, mas no ritmo híbrido que conduz a sequência de trechos de canções diversas estão o pandeiro, a guitarra no contratempo do reggae, os metais do soul, os vocais das lavadeiras transformados nas tias da escola de samba... Se o lundu, espécie de avô do samba, contrapõe-se ao afrobeat, mistura de inúmeras influências antigas e contemporâneas, Marisa coloca-se estrategicamente entre ambas, sem negar nenhuma, sabendo que, no fundo, cada uma à sua maneira, todas falam de tristeza, lágrimas e sangue, que é como ela termina, mas passando antes pela festa do congraçamento dessas tradições, pela repetição quase mântrica do refrão com a mistura de citações e sonoridades, com todos os supracitados, de Cartola a Fela Kuti, falando por suas canções, cantando a liberdade por sua voz.

De Mário de Andrade a Mestre Ambrósio – uma epopeia

Capítulo 1

Era uma vez um Chico. Nascido em 1904, segundo a certidão de casamento, em 1908, segundo a carteira de trabalho, em Cortez, aldeola do Rio Grande do Norte. Seis anos de escola, analfabetismo e trabalho na roça para toda a vida. E depois dos 12 anos, o coco.

Com 20 anos, Chico Antônio era o maior coqueiro da região, vencendo desafios com os mais afamados cantadores. O que para o Brasil *civilizado*, *aculturado*, o Brasil que tinha achava saber o que era o Brasil, significava absolutamente nada. Ainda faltava muito para o Brasil conhecer o Brasil. Mas já havia quem desconfiasse disso.

Era uma vez Mário de Andrade. Mário era escritor, crítico de arte, musicólogo, e acreditava firmemente na vocação do Brasil para ser Brasil. Mário, com sua imensa cultura e sua visão panorâmica, influenciou praticamente todas as áreas de produção artística brasileiras de sua época, das artes plásticas à música. Pois Mário decidiu ele mesmo conhecer o país real, e partiu em viagens etnográficas pelo Norte e Nordeste, recolhendo as impressões da arte que se fazia fora das dos centros que só conheciam a si mesmos. E em 1929, Mário e Chico se encontraram.

Ficaram amigos. Mário ficou fascinado com a capacidade de improviso de Chico, o ritmo que era capaz de dominar.

Que artista. A voz dele é quente e duma simpatia incomparável. A respiração é tão longa que mesmo depois da embolada inda Chico Antônio sustenta a nota final enquanto o coro entra no refrão. O que faz com o ritmo não se diz! Enquanto os três ganzás, único acompanhamento instrumental que aprecia, se movem interminavelmente no compasso unário, na "pancada do ganzá", Chico Antônio vai fraseando com uma força inventiva incomparável [...].

Mário falou de Chico em nada menos que cinco livros. Convidou-o para ir para São Paulo com ele – Chico recusou, tinha mulher e filhos para criar. Não havia à época tecnologia para gravar o coco de embolada que ele sabia tirar. Só o que o Brasil aculturado soube de Chico foram os relatos de Mário. Ele virou uma lenda de um Brasil distante que ninguém pensou em conferir se existia mesmo de verdade. E Chico continuou na roça, tirando coco nos fins de semana.

Anos mais tarde, como tantos, foi tentar a vida no Rio de Janeiro. Trabalhou em Bonsucesso, Botafogo, Jacarezinho. Não se adaptou. Voltou, disposto a trabalhar na roça até morrer, e cantar coco como gostava e sabia. E sem saber da fama que tinha nos meios intelectuais de antropólogos e musicólogos, que também não tinham ideia se estava vivo ou morto.

Em 1979, a História deu a volta na esquina. O folclorista Deífilo Gurgel saiu com o carro da repartição do governo do RN (tinha o pomposo cargo de diretor de Promoções Culturais da Fundação José Augusto, e nenhuma verba) para fazer por conta própria pesquisas sobre o patrimônio cultural do estado. No último dia, estava em Pedro Velho, quando o tabelião local foi servir de guia e afirmou que perto dali havia um embolador de coco de primeira. Era tarde, Deífilo estava exausto, mas quando ele falou *Chico Antônio*, partiram imediatamente por 10 quilômetros de estrada de terra. Perguntou ao velho de 75 anos que encontraram numa casa de taipa: *O senhor lembra de um pessoal de São Paulo que veio ver o senhor cantar lá no Bom Jardim?* Resposta: *Lembro do doutor Mario. Mario de Andrade.*

A lenda ressuscitara. Deífilo escreveu para os jornais locais, os jornais das cidades grandes do Brasil repercutiram, e logo o secretário da Cultura do Ministério da Educação foi conhecê-lo pessoalmente. Em 1982, uma equipe da Funarte foi ao seu casebre para gravar sua arte. Ele chamou o vizinho Paulírio e cantou seus cocos. A voz não correspondia mais à da juventude, o ritmo já nem era tão firme, mas os improvisos estavam todos lá. O LP correu mundo. Chico cantou na TV, deu entrevista a jornais, ganhou pensão vitalícia do governo. Depois, passou de moda. Morreu em 1993, no casebre onde viveu toda a vida, no ano do centenário de Mário de Andrade.

Capítulo 2

Em 1992, um grupo de rapazes de Recife se juntou para fazer uma banda. Em meio ao efervescente movimento *Manguebeat*, decidiram chamá-la com o nome do mestre de cerimônias do teatro folclórico popular Cavalo Marinho na Zona da Mata, norte do estado de Pernambuco – Mestre Ambrósio. Pesquisaram a fundo as manifestações musicais nordestinas, e quando tiveram a oportunidade de gravar seu primeiro álbum, independente, no estúdio do Conservatório Pernambucano de Música, resolveram incluir entre temas instrumentais e canções autorais uma das músicas que conheciam do disco de Chico Antônio editado pela Funarte: *Usina (Tango no Mango)*. *Usina* é uma típica canção "uma coisa puxa a outra" do folclore brasileiro, como *A velha a fiar* e tantas outras.

Gravaram-na com algumas adaptações em relação ao registro de Chico (*ladrão de corda* virou *ladrão de bode* para rimar com *nove*, e o último ladrão não é mais de feijão, mas de ladrão – malícia acrescentada que podia bem ser do Chico, e repuseram a estrofe que vai de quatro para três filhos, que Chico pulara em sua gravação, incluindo o que *deu pra roubar outra vez*). Mas nitidamente houve certa preocupação em não trair o espírito da versão "original", tanto que o vocalista Siba mantém o *Dos dois só ficaram um* de Chico e ainda acrescenta algo zelosamente demais um *Desse um só que ficaram*, em que Chico dissera *ficou*, assim como seu ritmo declamatório, apenas mais regular com a introdução de outros instrumentos, mas ainda a passo andante e com ênfase na percussão, sem instrumentos de harmonia, apenas baixo e rabeca.

Aí, o álbum fez sucesso. No boca a boca, foi ganhando público, chegou a 20 mil exemplares vendidos, teve clip na MTV. E o grupo tornado *cult* assinou contrato com gravadora multinacional. Para o segundo CD, decidiram regravar algumas das músicas do primeiro – possivelmente por pressão da gravadora, que almejava alcançar públicos maiores. Agora, não se tratava mais de um trabalho de pesquisa, mas uma banda de rock.

Então, *Usina* passou por uma transformação. A necessidade de se fazerem compreendidos por um público que agora incluía as grandes cidades que haviam ignorado Chico Antônio por anos e anos fez com que o *poico* roubado virasse *biscoito*; o verso *ladrão de fé*, que já virara *de jegue*, agora é de *chiclete*; o ladrão *de rês* agora rouba *pão francês*. A *nega dum bordé* que o próprio grupo havia colocado num verso incompreensível da gravação de Chico deu lugar ao inócuo verso *pensando ser boa ideia*. E o português foi corrigido na última estrofe: *desses dois só ficou um*. O ritmo foi acelerado, passando do discursivo para o dançante. Os instrumentos melódicos, que entravam no meio do arranjo da primeira gravação, agora já fazem a introdução, e um violão faz o enchimento harmônico antes desnecessário.

Ainda assim ou por causa disso, o resultado é magnífico, como todo o álbum, que ganhou elementos eletrônicos do genial produtor sérvio Mitar Subotic. Acabou ganhando reconhecimento nos EUA, e o grupo iniciou 2000 em turnê por lá.

Epílogo

O cantor Lenine encontrou em Toulouse, na França, uma estátua de Chico Antônio. A legenda dizia que se tratava do maior cantador do século XX. A estátua existe porque o pesquisador Claude Sicre, que traça um paralelo entre os cantadores nordestinos e os trovadores medievais, ouviu o CD da Funarte e convenceu o governo a erguer a estátua na Place des Troubadours.

O músico, dançarino e pesquisador Antônio Nóbrega gravou em 1996 o CD *Na pancada do ganzá*, em que gravou a canção homônima, parceria com Wilson Freire. Nóbrega terminou a gravação bradando entusiasmado: "Chico Antônio! Chico Antônio! Este coco é pra Chico Antônio!".

A casa onde Chico Antônio viveu foi tombada em 2004 pelo Patrimônio Histórico e Cultural do estado do Rio Grande do Norte. Em 2006, estava caindo aos pedaços, mas não podia ser consertada por ser tombada. Não consegui nenhuma informação posterior a isso. Os filhos e netos de Chico moram ali perto. Trabalham na roça.

O Brasil já bateu duas vezes na porta de Chico Antônio. Entrou, gostou do que viu e ouviu, e foi-se embora. Enquanto isso, a música de Chico está por aí. No repente que segue nas feiras e ganha a mídia vez por outra, nos raps, no movimento Manguebeat, em trabalhos eletrônicos espalhados pelo Brasil e pelo mundo, em que se mistura com o que aparecer, mudando como a cultura muda, sem o peso de ter que manter uma tradição, e mantendo-a ao se modificar, como fez o Mestre Ambrósio ao gravar duas vezes a mesma música, fazendo-a duas músicas diferentes. Influenciando artistas como Lenine, Zeca Baleiro, Tom Zé, Naná Vasconcelos e outros, que ganham mundo reprocessando a voz dos cantadores que o Brasil há séculos não faz questão de escutar. A casa de Chico possivelmente virará pó, se depender do descaso do país. Sua voz continua ecoando. Basta prestar atenção.

(Na página seguinte, as letras das três gravações de Usina para serem cotejadas).

Usina (Tango no Mango), com Chico Antônio

Ajustei um casamento – Usina
(Incompreensível) – Usina
Pensando que era uma moça – Usina
Era o diabo de uma velha – Usina
Tombo do martelo tombador – Usina
Tombo do Martelo Militar
Me caso contigo, velha – Usina
É de ser em condição
De eu dormir na minha rede – Usina
E tu, velha, no fogão – Usina
Me casei com esta velha
Pra livrar da filharada
A marvada desta velha – Usina
Teve dez numa ninhada
Desses dez que ficaram
Um deu pra ladrão de corda
Deu no tango e deu no mango – Usina
Dos dez só ficaram nove
Desses nove que ficaram
Um deu pra ladrão de poico
Deu no tango e deu no mango – Usina
Dos nove ficaram oito
Desses oito que ficaram
Um deu pra ladrão de fé
Deu no tango e deu no mango – Usina
De oito ficaram sete
Desses sete que ficaram
Um deu pra roubar outra vez
Deu no tango e deu no mango – Usina
Dos sete ficaram seis
Desses seis que ficaram
Um deu pra ladrão de vim (?)
Deu no tango e deu no mango – Usina
Dos seis só ficaram cinco
Desses cinco que ficaram
Um deu pra ladrão de pato
Deu no tango e deu no mango – Usina

Usina (Tango no Mango), com Mestre Ambrósio – primeiro álbum

Ajustei um casamento – Usina
Com a nega de um bordel – Usina
Pensando que era uma moça – Usina
Era o diabo de uma velha – Usina
Tombo do martelo tombador – Usina
Tombo do Martelo Militar
Me caso contigo, velha – Usina
É de ser em condição
De eu dormir na minha rede – Usina
E tu, velha, no fogão – Usina
Me casei com esta velha
Pra livrar da filharada
A danada desta velha – Usina
Teve dez numa ninhada
Desses dez que nasceram
Um deu pra ladrão de bode
Deu no tango e deu no mango – Usina
Dos dez só ficaram nove
Dos nove que ficaram
Um deu pra ladrão de poico
Deu no tango e deu no mango – Usina
Dos nove ficaram oito
Dos oito que ficaram
Um deu pra ladrão de jegue
Deu no tango e deu no mango – Usina
De oito ficaram sete
Dos sete que ficaram
Um deu pra ladrão de rês
Deu no tango e deu no mango – Usina
Dos sete ficaram seis
Desses seis que ficaram
Um deu pra ladrão de pinto
Deu no tango e deu no mango – Usina
Dos seis só ficaram cinco
Dos cinco que ficaram
Um deu pra ladrão de pato
Deu no tango e deu no mango – Usina

Usina (Tango no Mango), com Mestre Ambrósio – álbum *Fuá na Casa de Cabral*

Ajustei um casamento – Usina
Pensando ser boa ideia – Usina
Pensando que era uma moça – Usina
Era o diabo de uma velha – Usina
Tombo do martelo tombador – Usina
Tombo do Martelo Militar
Me caso contigo, velha – Usina
É de ser em condição
De eu dormir na minha rede – Usina
E tu, velha, no fogão – Usina
Me casei com esta velha
Pra livrar da filharada
A danada desta velha – Usina
Teve dez numa ninhada
Desses dez que nasceram
Um deu pra ladrão de bode
Deu no tango e deu no mango – Usina
Dos dez só ficaram nove
Dos nove que ficaram
Um deu pra roubar biscoito
Deu no tango e deu no mango – Usina
Dos nove ficaram oito
Dos oito que ficaram
Um deu pra roubar chiclete
Deu no tango e deu no mango – Usina
De oito ficaram sete
Dos sete que ficaram
Um foi roubar pão francês
Deu no tango e deu no mango – Usina
Dos sete ficaram seis
Desses seis que ficaram
Um deu pra ladrão de pinto
Deu no tango e deu no mango – Usina
Dos seis só ficaram cinco
Dos cinco que ficaram
Um deu pra ladrão de pato
Deu no tango e deu no mango – Usina

Usina (Tango no Mango), com Chico Antônio	Usina (Tango no Mango), com Mestre Ambrósio – primeiro álbum	Usina (Tango no Mango), com Mestre Ambrósio – álbum *Fuá na Casa de Cabral*
Dos cinco ficaram quatro Desses quatro que ficaram Um deu pra ladrão de boi Deu no tango e deu no mango – Usina Dos três só ficaram dois Desses dois que ficaram Um deu pra roubar jerimum Deu no tango e deu no mango – Usina De dois só ficaram um Desse um só que ficou Um deu pra ladrão de feijão Deu no tango e deu no mango – Usina E acabou-se a geração	Dos cinco ficaram quatro Dos quatro que ficaram <u>Um deu pra roubar outra vez</u> <u>Deu no tango e deu no mango – Usina</u> <u>Dos quatro ficaram três</u> <u>Desses três que ficaram</u> Um deu pra ladrão de boi Deu no tango e deu no mango – Usina Dos três só ficaram dois Desses dois que ficaram Um deu pra roubar jerimum Deu no tango e deu no mango – Usina Dos dois só ficaram um Desse um só que <u>ficaram</u> Um deu pra <u>roubar ladrão</u> Deu no tango e deu no mango – Usina E acabou-se a geração	Dos cinco ficaram quatro Dos quatro que ficaram <u>Um deu pra roubar outra vez</u> <u>Deu no tango e deu no mango – Usina</u> <u>Dos quatro ficaram três</u> <u>Desses três que ficaram</u> Um deu pra ladrão de boi Deu no tango e deu no mango – Usina Dos três só ficaram dois Desses dois que ficaram Um deu pra roubar jerimum Deu no tango e deu no mango – Usina Desses dois só <u>ficou</u> um Desse um só que <u>ficou</u> Um deu pra <u>roubar ladrão</u> Deu no tango e deu no mango – Usina E acabou-se a geração

Funk, folclore, armas e felicidade

Quando criança, estudante de escola pública no Rio de Janeiro, aprendi uma canção muito interessante. Chamava-se *Chora, Bananeira*, e era composta basicamente por uma sucessão de quadrinhas obscenas, cheias do erotismo ao mesmo tempo ingênuo e politicamente incorreto típico da idade, incluindo eventualmente grosseria e machismo puros e simples. Quadrinhas até certo ponto de improviso, sem um número certo e volta e meia com a invenção de novas, à semelhança de outros formatos como o partido alto, sempre voltando ao refrão. Até onde sei, ainda é popular entre adolescentes.

Chora Bananeira, bananeira chora
Chora bananeira, meu amor não vai embora

E algumas estrofes como exemplo, com a mesma melodia:

Fui no cemitério, sentei na catacumba
A porra da caveira me mandou tomar na bunda

Fulano é meu amigo, fulano é meu colega
Só vou fazer com ele o que o cavalo fez com a egua

Tava na cozinha comendo a empregada
Meu pai abriu a porta e me comeu foi na porrada

E por aí vai. Mais velho, deixei *Chora Bananeira* de lado, até que em 1994 explodiu o sucesso do *Rap da Felicidade*, de Cidinho e Doca.

O refrão do *Rap da Felicidade* é uma melodia original. Mas a das estrofes intermediárias é a de *Chora Bananeira*. O aproveitamento dessa melodia que eu considerava de domínio público numa canção autoral chama a atenção. Não é nada muito diferente do que aconteceu nos primórdios do samba, em que refrões populares nas rodas de improviso recebiam duas ou três estrofes intermediárias definitivas e eram gravados como sendo de autoria de alguém. Isso aconteceu inúmeras vezes, e não apenas com compositores do morro, mas mesmo Noel Rosa usou o expediente mais de uma vez

– *Fita Amarela* é um ótimo exemplo, o refrão já existia e apenas as demais estrofes são autorais.

Esta, aliás, não foi a única vez que uma dupla de funkeiros partiu de uma canção popular para compor. O *Rap da Cidade de Deus*, de Mc Betinho, usa a melodia de nada menos que *Atirei o pau no gato*! Porém, se a relação entre *Atirei o pau no gato* e o *Rap da Cidade de Deus* já motiva discussões sobre as relações entre folclore e música autoral e suas fronteiras, o caso de *Chora Bananeira* é ainda mais interessante, pois o mesmíssimo tema, com letra bem mais casta, pode ser encontrado no primeiro álbum de Jacinto Silva, talvez o mais importante discípulo de Jackson do Pandeiro, em 1966.

Nosso amor tão passageiro, eu não posso recordar
Se o passado voltasse eu voltava a te amar
O dia já clareou, vou fazer minha obrigação
De dar viva a São Pedro, Santo Antônio e São João

O *Chora Bananeira* de Jacinto, parceria com Onildo Almeida, é uma moda de roda, ou seja, apropriada para festas juninas. Nada mais distante do universo do funk carioca. Será? A trajetória desse refrão precisaria de estudos antropológicos aprofundados para ser traçada. O mais provável é que a mesma fonte que foi colhida por Jacinto tenha viajado para o Rio junto com a grande população migrante do Nordeste e chegado à garotada escolar em que se incluem Cidinho e Doca, inclusive com a inversão do sentido do refrão, que originalmente dizia *O meu amor foi embora* e ficou sem sentido na versão adolescente. Sua origem rural é denunciada desde logo: o choro da bananeira vem do talho feito no seu tronco de onde escorre seiva, e este tem a função de permitir... a masturbação do homem que sente falta de seu amor. A prática de iniciação sexual comum no interior, em especial em meados do século XX, não é entendida pelos meninos da cidade, o que leva o refrão a se tornar algo *nonsense*. Mas é possível também, embora menos provável, que o sucesso da gravação de Jacinto tenha reverberado diretamente na versão escolar, vinda não apenas na lembrança, mas também nos LPs dos pais. Nesse caso, esse refrão teria origem folclórica, tendo se tornado autoral, mais tarde novamente folclórico na cidade e outra vez autoral.

É de se notar o contraste entre as letras da versão de Jacinto e a folclórica, esta segunda cheia de referências sexuais, a primeira reverente ao ponto de dar vivas aos santos juninos. A dicotomia entre a versão não oficial e a que ganha o público vai se repetir muitas vezes no funk, por meio dos proibidões, explícitos ao tratar de sexo e violência, enquanto as versões que são gravadas oficialmente são expurgadas dessas alusões. O próprio *Rap da Felicidade* faz essa suavização em relação ao *Chora Bananeira* de onde tirou sua melodia, mas por vias tortas, já que trata de assunto diferente ao pedir paz nas favelas, apresentando-se como politicamente correto a ponto de se fazer presente na abertura das Olimpíadas no Rio de Janeiro (mas nem tanto, como veremos). Mas o exemplo mais patente desse fenômeno também envolve a dupla, embora não seja dela originalmente.

O *Rap das Armas* (1995) dos MCs Junior e Leo fez sucesso com sua letra pedindo paz e mal disfarçando o fascínio pelo arsenal usado nos confrontos entre traficantes e destes com a polícia. Sua melodia, a exemplo das de Cidinho e Doca, também é trazida de outra canção, mas dessa vez, não de fonte folclórica, e sim do universo pop: *Your Love*, do grupo inglês The Outfield, que fazia sucesso nas paradas à época.

Trata-se de uma inversão curiosa. Se ao tomar um tema folclórico, torná-lo autoral e gravá-lo o funk carioca se coloca com relação a ele como uma manifestação mais formal, ao fazer o mesmo com um tema estrangeiro e radiofônico, ele vai no sentido contrário, diluindo a questão da autoria (inclusive com relação aos próprios autores, em certa medida) e situando-se como menos formal. Mas ambas as apropriações são explicadas pelo mesmo princípio antropofágico cujo critério passa ao largo do que seja ou não a cultura formal. Nesse sentido, o funk carioca pode ser entendido como algo na zona cinzenta que já ultrapassou o registro folclórico ao alcançar o registro fonográfico, mas que é capaz de levar avante tradições e transformá-las, ao mesmo tempo em que amalgama novas fontes e influências, como a batida chamada de *tamborzão* une a do Miami Bass que originou o funk carioca com o maculelê.

Seguindo com a história do *Rap das Armas*, pouco depois de seu lançamento, Cidinho e Doca fizeram sua própria versão para a música (outra vez, o conceito de autoria é parcialmente nublado pela interferência direta de um autor na obra do outro). Porém a nova versão era muito mais violenta que a anterior, usando a infindável lista de armamentos para colocar o próprio traficante como eu lírico e descrever uma tentativa de invasão do Morro do Dendê, na Ilha do Governador. E então algo impressionante aconteceu: essa versão, tão pesada que não chegou a ter nenhum registro oficial, sendo distribuída apenas em cópias pirata, e chegou a motivar um chamado dos primeiros autores para depor na polícia, acusados por apologia da violência, tornou-se rapidamente mais popular que a original.

Cidinho e Doca nunca chegaram a ser processados, justamente porque sua versão nunca chegou a ter um registro comercial. Pelo menos até 2007, quando o filme *Tropa de Elite*, de José Padilha, alcançou sucesso internacional com essa versão na sua trilha sonora. E aí o *Rap das Armas* deixou o subterrâneo para ganhar mundo. Chegou a mais de 50 mil downloads como ringtone de celular (uma forma alternativa de ter a gravação de acordo com a tecnologia da época) e ao topo das paradas de sucesso em remixes feitos por DJs de vários países. Um dos mais populares foi o do DJ Quintino, primeiro lugar nos Países Baixos em 2009.

A mesma dupla que clamava por paz incitava a violência, e cumpria o caminho oposto do que levou *Chora Bananeira* ao *Rap da Felicidade*. E se num caso a visão luminosa da realidade foi a que mereceu os holofotes, no outro foi a visão subterrânea que irrompeu com toda a força. Em todos os casos, as versões oficiais, radiofônicas, suavizadas e politicamente corretas parecem não dar conta inteiramente da realidade, recalcando alguns de seus aspectos que, no entanto, teimam em retornar. Como se, desde a visão idílica do folclore tradicional, a cultura urbana tivesse imensa dificuldade de assimilar a complexidade desse folclore e seu lado sombrio – como o boto que engravida as moças como sucedâneo do pai abusador, para dar uma exemplo cruel, ainda que de outro contexto.

Exatamente por estar nessa zona cinzenta mediando o fazer popular do folclore tradicional, da tradição oral e do semianonimato autoral, e o mundo do registro formal, do mercado e da publicidade, o código do funk carioca é de tão difícil assimilação por estudiosos, não se adequando a nenhuma chave já existente. Para cada funk com temática leve, divertida ou pitoresca que chega às paradas, ou para cada diluição do formato a padrões pop, há muitos outros descrevendo cruamente a vida nas favelas ou cenas de sexo explícito. Não à toa, quem apresentou o *Rap da Felicidade* na abertura das Olimpíadas não foram Cidinho e Doca, que depois do *Rap das Armas* praticamente deixaram o circuito comercial (Cidinho chegou a viciar-se em crack), e sim a cantora Ludmilla, de perfil mais pop e palatável.

De certa forma, ao admitir apenas a parcela, digamos, domesticada, tanto do funk quanto de outras manifestações populares, como se o folclore fosse feito apenas de cantigas de roda e sambas-enredo, o Brasil recusa-se a olhar para seu próprio lado sombrio, que sempre volta à tona e não deixa de provocar simultaneamente horror e fascínio, tendo ao mesmo tempo algo de infantil e terrível. A própria existência do funk e sua produção exuberante, não dependente da cultura oficial, mas usando-a a seu bel prazer e sempre resistindo (mesmo quando cedendo) às tentativas de cooptação por ela, são um lembrete ao país para que perca seus pudores e encare suas mazelas de frente. A produção de Cidinho e Doca, tanto criadores quanto depositários de duas das obras mais emblemáticas do funk, é extremamente simbólica dessa necessidade que se impõe. Num período em que a estratégia de conciliação de classes e interesses nacionais naufraga e dá lugar a uma ruptura da democracia e o anúncio de tempos difíceis, esse lembrete se faz mais atual e urgente que nunca.

Marginal, fronteiriço, Beradêro

beiradeiro
[De beirada + -eiro.]
Substantivo masculino.
1. Bras. CE V. caipira (1).
2. Bras. PB Pessoa rústica que mora na circunvizinhança das vilas sertanejas.
3. Bras. PE Pequeno comerciante das margens das estradas de ferro.
4. Bras. BA V. barranqueiro.

Talvez seja lugar comum começar um texto com uma definição do Aurélio. Pouco importa. Essa é uma canção que fala de lugares comuns, em diversas acepções do termo, ao promover um diálogo, quiçá um debate interno, entre vários lugares, partes de um lugar, entre si e com um lugar em particular, e sobre suas fronteiras – suas beiradas.

Isso porque *Beradêro,* de Chico César e gravada em seu primeiro álbum, *Aos vivos de 1995,* vai pela beirada do repente, e também pela beirada da experimentação concretista. Vai à beira de ser temática, sobrepondo imagens e palavras que vão mudando de significado em relação à anterior e à seguinte: *E o beijo que vós me nordestes / Arranha céu da boca paulista.* Vai também à beira de ser um retrato do Brasil, mas esse retrato se estilhaça na linguagem propositalmente desestruturada, na despretensão pretensiosa de não querer abarcar toda a multiplicidade, mas permanecer fronteiriço. Mas fronteiriço interno, não externo. Pois a fronteira do beiradeiro é a fronteira do sertão, interior, de dentro para dentro.

Beradêro é construída sobre o modo mixolídio, em que a sétima nota abaixada muda toda a hierarquia harmônica, fazendo do acorde dissonante o acorde da tônica, fazendo estável o instável. *Beradêro,* a bem dizer, poderia ser cantada inteiramente sobre um único acorde maior com sétima menor, sem variações. Mas isso seria um empobrecimento absurdo. E, sendo cantada à capela, sem acompanhamento, ocorre o inverso: na voz de Chico Cesar, sugerem-se variações harmônicas a cada desdobramento melódico.

Nas gravações em que Chico ou outros intérpretes se fazem acompanhar por algum instrumento ou percussão, aquilo que era implícito na gravação à capela se torna explícito, o que permanecia à beira se assume em uma de suas possibilidades. Mas apenas uma delas. Porque, ao se materializar nas variações harmônicas escolhidas, negam-se todas as outras que são sugeridas na voz pura de Chico, assim como a escolha rítmica redunda o ritmo da sua voz. Um dos motivos para *Beradêro* ter sido regravada várias vezes (Mônica Salmaso, Zizi Possi, entre outros) é, sem dúvida, o número de possibilidades abertas no silêncio do acompanhamento da primeira gravação – e que às vezes foi seguido pelos arranjos minimalistas das outras, como que tentando não negar os múltiplos caminhos de escuta possíveis, não direcioná-los para um apenas pelas escolhas de interpretação dos músicos. E é impressionante então como os silêncios de acompanhamento de outras vozes são também outros silêncios, com significados diversos.

Por tudo isso, permanecer à beira não significa renunciar a uma escolha que, como toda escolha, é excludente; ao contrário, significa a escolha de recusar a exclusão. Particularmente significativo é o verso *E a moça cozendo roupa com a Linha do Equador*, em que o marco ideal e abstrato de divisão geográfica é transformado em linha de unir, de juntar, de tecer. Esse é o jogo semântico que percorre essa canção, uma linha que faça a ligação entre a Catolé do Rocha natal de Chico e a São Paulo onde ele se estabeleceu.

O meio de caminho entre esses dois pontos é ocupado pela humanização da paisagem: *Cadeiras elétricas da baiana* (outra vez a transformação de sentido a cada nova palavra cantada) e a incrível inversão dos versos *E a cigana analfabeta / Lendo a mão de Paulo Freire*, em que saberes em margens diversas se encontram no sertão. Não à toa, as notas mais altas de cada estrofe, indicativas de maior tensão e destaque, são ocupadas por partes do corpo ou os sentidos e propriedades dessas partes: *E a **voz** da santa dizendo; O **olhar** vê tons tão sudestes; No **peito** dos sem peito uma seta*; e na última estrofe, o verso *São **sons** de sim, não contudo* vai originar a seção final, retirada de todas as gravações alheias mas fundamental, e que merece uma atenção especial.

A repetição do trecho do verso *são sons de sim*, acompanhada da palavra *não* em inglês e alemão (*no* e *nein*), por si só, já é expressiva o suficiente e nada sutil. Muito diretos também são os versos de origem popular que ele canta logo depois:

Catolé do Rocha / Praça de guerra
Catolé do Rocha / Onde o homem bode berra
Bari bari bari / Tem uma bala no meu corpo
Bari bari bari / E não é bala de coco

O *bari bari bari* – e aí chegou também à beira da interpretação se transformar em exegese – pode ser ouvido como buddy, buddy, buddy – numa tradução livre do inglês, colega, compadre, camarada –, como soldados americanos chamam uns aos outros. Transportado para o universo sertanejo, podemos estar falando de cangaço, mas igualmente da violência presente ainda hoje no sertão. Nesse ponto, ao traçar o paralelo entre guerras distantes entre si no tempo e no espaço, há, sim, uma opção: *Os sem amor, os sem teto / Os sem paixão, sem alqueire* (atenção para a equiparação entre as duas instâncias), os marginais na acepção estrita da palavra – numa palavra, os beiradeiros, unidos geograficamente na sintaxe de Chico e na cidade grande que os iguala.

E se a opção pelo centro é naturalmente criadora de margens, a opção pela margem, ao contrário, tem o dom de não excluir o centro, mas mediar centros e outras margens. *Beradêro* radicaliza a característica híbrida da canção popular, sendo em sua forma beira entre folclore e vanguarda, e torna-se capaz por isso mesmo de dialogar com essas formas e subvertê-las:

Interpretar *Beradêro acappela*, com acompanhamento de um acordeão, percussão, ou mesmo toda uma orquestra como o próprio Chico já fez, são apenas mais algumas das muitas possibilidades que *Beradêro* oferece. Mas possibilidades inclusivas ao confrontar o maracatu rural furioso do refrão final com os diversos arranjos, incluindo um possível viés erudito que ao mesmo tempo explicita o abismo entre eles e os sobrepõe na mesma interpretação. Os versos finais *Pé quebrado, verso mudo / Grito no hospital da gente*, pessimistas numa primeira leitura, contrastam com as possibilidades de diálogo criadas a cada verso de *Beradêro*, mas a última frase serve como uma definição para ela própria. Ao tornar as beiras entre lugares, lugares eles próprios, beiras entre saberes, saberes eles próprios, *Beradêro* faz a ligação entre beiras por sobre abismos, barrancos e precipícios pela linguagem, como um grito que se ouve do outro lado, na outra beira.

Seo Zé, sertanejo universal

O título do álbum *Verde, anil, amarelo, cor de rosa e carvão*, de Marisa Monte, vem do verso de uma canção que não foi gravada nele: *Seo Zé*, de Carlinhos Brown, Marisa Monte e Nando Reis, uma das faixas do primeiro álbum de Carlinhos Brown, o subestimado *Alfagamabetizado*, de 1996, em que ele envolve sua escrita elíptica em arranjos apuradíssimos (a produção é do americano/pernambucano Arto Lindsay e do francês Wally Badarou). As letras de Brown certamente são *hours concours* nas recorrentes piadas sobre letras incompreensíveis da MPB. No entanto, numa escuta um pouco mais atenta, suas canções podem surpreender pela coerência composicional. Mas a chave para a decodificação dessa escrita talvez fique mais clara em outro lugar: a canção *Quixabeira*, gravada no mesmo álbum.

Quixabeira na verdade não é uma canção, mas três. É uma fusão de *Samba santo amarense: Alô meu Santo Amaro, Vinha de viagem* e *Amor de longe*, três cantos de agricultores de comunidades rurais do semiárido baiano. Carlinhos as descobriu no álbum *Da quixabeira pro berço do Rio*, de 1992, resultado do trabalho do músico e pesquisador Bernard von der Weid, e gravou a canção juntamente com nada menos que os Doces Bárbaros: Caetano Veloso, Gilberto Gil, Gal Costa e Maria Betânia, participação que tem em si significância tão grande quanto a própria canção. Os temas são tratados como de domínio público na gravação de Carlinhos, mas a parte intermediária da faixa, que é efetivamente a que lhe deu nome, é de autoria do Manezin de Isaias, falecido em 2015. *Já Amor* de longe recebeu citação como música incidental por Marisa Monte em outra faixa de *Cor de rosa e carvão*, *Ao meu redor*, de Nando Reis. A gravação de *Quixabeira* lhe rendeu um reconhecimento tardio, incluindo a realização de um documentário sobre ele.

A separação entre as três partes de *Quixabeira* é fácil de fazer, a partir mesmo dos títulos das que lhe deram origem, e não têm relação direta entre si. Mas sua junção também não se faz à toa. Pois entre elas há o elo da relação com o lugar, com a viagem: *Amor de longe, benzinho, é favor não me querer; Fui de viagem, passei em Barreiros* (pequena comunidade do município de Riachão do Jacuípe, Bahia, onde nasceu Manezin de Isaias); *Tu não faz como um passarinho que fez o ninho e avoou; Alô, meu Santo Amaro, eu vim lhe conhecer*. O pensamento não retilíneo pincela visões e personagens diversos num cenário comum.

A presença dos Doces Bárbaros, sendo dois deles santamarenses, não é um caso à parte. Carlinhos, em todo o álbum, a começar pelo título, trata de uma espécie de atualização/universalização das tradições musicais baianas mais profundas. A reunião bissexta dos quatro, de resultante maior que as presenças individuais, é não apenas um símbolo dessa ponte, como uma bênção de quem a construiu antes, mas mais especificamente faz a ligação entre Santo Amaro da Purificação, terra natal de Caetano e Betânia, e a *miscigenação musical/cultural proposta por Brown*, como ele mesmo afirma.

Daí podemos voltar a *Seo Zé*, cuja letra vai se desvelando em pinceladas e associações de ideias que parecem sem direção, mas avançam sinuosamente em uma direção certa. Os versos de abertura, que batizaram o álbum de Marisa, avisam: falamos de humanidades. A profusão de referências bíblicas tão emendadas umas nas outras que mal são percebidas (Adão, Judas, o festim das bodas fundido com Buda, a entrada de Jesus montando uma mula em Jerusalém, aqui trocada por Belém) acabam servindo para colocar o homem do sertão (aqui, um Antônio anônimo nômade que logo desaparecerá, substituído na canção pelo personagem título) no mesmo plano algo mítico (ou superior, já que ele *rompe Adão com facão*, superando-o como uma espécie de super-homem nietzscheano sertanejo).

Mas essa é apenas uma das miscigenações em *Seo Zé*. Outra é *chamar Brás Cubas pra dançar quadrilha / pra subir pra Cuba com toda a família*. O ritmo de Seo Zé está em algum lugar entre a salsa que se assume totalmente nesses versos e algo próximo de um batuque de roça em sua maior parte. O motivo da associação de Carlinhos entre esses ritmos além da ligação musical estrita, ou do paralelo jogo de palavras com Brás Cubas, permanece misterioso para mim. Mas a relação entre duas culturas fundadas no rural e de trajetórias paralelas, com mais em comum do que pode parecer, em música como em religião (e aí as referências católicas comuns citadas traçam referências duplas), é uma boa pista.

Pista que se complementa com a contraposição entre o personagem de Machado de Assis, elemento da cultura chamada erudita e urbana, com o elemento tradicional da quadrilha de São João. A associação de ideias de

Carlinhos não é aleatória, tem direção certa: Brás Cubas se depara com sua incômoda raiz, e logo após percebe que essa raiz é tão universal quanto o meio urbano em que vive. Assim, torna-se um duplo de Seo Zé, outro lado da moeda identitária do brasileiro anunciada: tanto cor de rosa quanto carvão.

Mas o verso que define a canção, cantado num tom grave e discreto, quase em linha reta, ao invés de proclamativo, numa espécie de antirrefrão (que ao final se desabrocha e se assume nas repetições finais), é *Seo Zé tá pensando em boi*. É quando a síntese acontece, não é preciso dizer mais nada. Pensar. Memória. Em que pensa o Brasil? O Brasil Brás-Cubas/Seo-Zé pensa em boi. Pensa no tempo presente ou no atavismo, na referência, no passado que permanece. Como o Nordeste brasileiro hoje se desfaz de seus burros e os abandona tornando-os problema público ou os exporta para a China, no afã de comprar motocicletas, que serão exatamente o que eram os burros, assim o Brasil, para o bem e para o mal, segue pensando em boi. E o sertão é do tamanho do mundo.

No excepcional estudo *A Representação sócio-cultural do cotidiano rural na produção artística do Grupo da Quixabeira* (que gravou o álbum *Da quixabeira pro berço do Rio*), o pesquisador Ricardo Ferreira dos Santos cita Nietzsche:

A canção popular, porém, se nos apresenta, antes de mais nada, como espelho musical do mundo, como melodia primigênia, que procura agora uma aparência onírica paralela e a exprime na poesia. A melodia é portanto o que há de primeiro e mais universal, podendo por isso suportar múltiplas objetivações, em múltiplos textos. Ela é também de longe o que há de mais importante e necessário na apreciação ingênua do povo. De si mesma, a melodia dá à luz a poesia e volta a fazê-lo sempre de novo; é isso e nada mais que a forma estrófica da canção popular nos quer dizer: fenômeno que sempre considerei com assombro, até que finalmente achei uma explicação.

Por canção popular, Nietzsche toma a chamada canção folclórica, em sua denominação anterior ao surgimento da música popular como a conhecemos. Ricardo busca mostrar como o Grupo da Quixabeira atualiza sua tradição e sua música frente à tecnologia de gravação, assim como ao contato com as transformações do mundo, em manifestações que continuam vivas em suas transformações. Em suas palavras:

No processo de elaboração das suas canções, as comunidades inseridas no Grupo da Quixabeira (re) constroem a sua identidade cultural superando as fronteiras entre a música regional e a música pop. Seria a fronteira entre o folclórico e o tecnológico. Havendo uma necessidade dos artefatos eletrônicos para o registro das canções, e sua veiculação pública. Nesse sentido, a produção estética do Grupo da Quixabeira possibilita não apenas identificar o cotidiano das comunidades rurais, mas, sobretudo evidenciar uma representação cultural na contemporaneidade.

A ambição da música de Carlinhos Brown, segundo ele afirma em seu sítio, não era ser eterno, mas atemporal. Sua estratégia para isso envolve vários movimentos, aparentemente em sentidos opostos, como os músicos de várias partes do mundo com que gravou cantos interioranos. Mas mostra-se acertada ao fazer perceber que esses cantos interioranos já eram atemporais em suas transformações. A composição de Carlinhos segue a trilha desses cantos ao fazer música pop, sem emulá-la, mas efetivamente incorporando sua não linearidade, sua crônica do cotidiano, e mesmo do trabalho, transformada em festa, na visão nietzscheana da *música como condição de possibilidade da existência humana, uma afirmação dionisíaca da vida*.

Duas despedidas e um campo de morangos

Dia 11 de outubro de 1996, morreu meu irmão mais velho. Meu e de toda uma geração. A Legião Urbana seguramente não foi a melhor banda de rock que já existiu no Brasil, mas foi a que conseguiu uma sintonia mais forte com seu público.

Caetano cantou em *Falou, Amizade*, canção composta por ele para a trilha do filme *Dedé Mamata*, de 1987:

> *O sonho já tinha acabado quando eu vim*
> *e cinzas do sonho desabam sobre mim*
> *Mil sonhos já foram sonhados quando nós*
> *Perguntamos ao passado – estamos sós?*

Dedé Mamata retrata a geração que assistiu ao fim da ditadura militar e ao surgimento do chamado BRock, com uma consciência bastante falha dos acontecimentos terríveis do regime, mas convivendo com seus fantasmas durante uma redemocratização difícil e uma retomada de liberdade cheia de desconfianças, em que os traumas não se resolviam, como ainda hoje não se resolvem. É essa juventude, muitas vezes chamada de alienada, que Caetano retrata de forma bastante otimista em *Falou, amizade* (*A velha amizade / Esboça um país mais real / Um país mais que divino / Masculino, feminino e plural*), e da qual Renato se tornou, um bocado a contragosto às vezes, uma espécie de porta-voz.

Em 1996, foi lançado o último álbum da Legião, *A tempestade* ou *O livro dos dias*, inicialmente um álbum duplo, mas lançado como simples (as restantes faixas gravadas, acrescidas de algumas gravações esparsas, viriam a público no álbum póstumo *Uma outra estação*). Um álbum denso, em que as letras foram tratadas como poemas em um encarte em formato de livro, como notou o jornalista Artur Dapieve à época. No sítio da banda, lê-se:

Não era um disco fácil. Era mais rock do que os anteriores, mas as músicas eram, em sua maioria, lentas, carregadas pelos climas criados nos longos acordes sustentados nos teclados e sintetizadores de Carlos Trilha.

E em meio a essa desolação, Renato Russo cantou uma canção que é ao mesmo tempo uma volta à sua juventude e uma despedida: *Dezesseis*.

Dezesseis é uma canção que conta uma história, com um formato bastante peculiar: duas partes bem diferentes entre si, AB, sem volta ao começo. Na primeira, acontece a apresentação do personagem Johnny, o João Roberto, e é montado um cenário de crescente tensão, calcado num riff muito marcado e numa melodia contida à força numa tessitura média. Já na segunda parte, a tensão é liberada no momento em que o racha de automóveis que é o centro da narrativa se inicia e termina quase imediatamente (e as guitarras fazem as vezes do ronco dos motores), a voz de Renato se lança para o agudo e passa a escandir as sílabas para relatar os acontecimentos posteriores, já misturados com lembranças não tão objetivas, colocando a narrativa num plano de incerteza que é o da formação das lendas.

Uma das questões a ser avaliada em uma canção é o "encaixe" entre melodia e letra. Um desafio para o letrista é colocar uma sílaba em cada nota da canção, de forma a evitar sobras, que levam a se ter que cantar duas sílabas no tempo de uma, ou o contrário, em que a mesma sílaba serve em duas ou mais notas, em melisma. De forma geral, o melisma é usado com economia, justamente por poder dar a impressão de que foi uma solução improvisada para completar o espaço da melodia. Com Renato não era assim, ele usava e abusava do melisma, como parte da elaboração de suas canções, usando as notas alongadas como forma de sublinhar trechos ou aumentar a emotividade. Em *Dezesseis*, Renato usa os melismas principalmente em dois momentos específicos. Nos versos

Ele só tinha dezesseis
Que isso sirva de aviso pra vocês

em que fica claro que o Johnny idolatrado era apenas um adolescente, e no encerramento,

> *E o que dizem é que foi tudo por causa*
> *de um coração partido*
> *Um coração*

exatamente quando a identificação entre os dois se torna maior.

Não tenho ideia se o João Roberto de *Dezesseis* existiu de alguma forma, ou se a história saiu toda da cabeça do Renato. Não faz diferença. Ainda assim, trata-se de um acerto de contas muito pessoal. Renato revisita fantasmas da sua própria juventude e coloca no personagem da canção um bocado de sua própria falta de adaptação, ao mesmo tempo em que o coloca bem à vontade com uma popularidade que para o próprio Renato foi muitas vezes sinônimo de incompreensão. Hipóteses e análises psicológicas à parte, Renato é e não é Johnny. Mas a relação espelhada entre eles é, por sua vez, refletida na relação de identificação entre o público jovem da Legião e o próprio Renato. Johnny e Renato, por trás de suas grandes popularidades, lutam contra uma tristeza que tem igualmente uma origem dupla, que em *Dezesseis* não fica explicitada, mas que é tratada em outras canções de Renato: *é tão estranho, os bons morrem antes*, ou *somos pássaro novo longe do ninho*. E particularmente em *Aloha*, do mesmo álbum de *Dezesseis*:

> *Será que ninguém vê o caos em que vivemos*
> *Os jovens são tão jovens e fica tudo por isso mesmo*
> *[...]*
> *A juventude está sozinha, não há ninguém para ajudar*
> *A explicar por que é que o mundo é este desastre que aí está*

Mas há um momento em que toda essa tristeza parece encontrar uma forma de redenção, logo antes do fim da canção.

> *E na saída da aula foi estranho e bonito*
> *Todo o mundo cantando baixinho:*
> *Strawberry Fields Forever*

A citação de *Strawberry fields forever* em *Dezesseis* tem um conteúdo de metalinguagem bastante intrincado. Afinal, o verso do refrão da canção dos Beatles não é exatamente cantado por Renato, o narrador, mas por Renato assumindo a voz dos colegas de João Roberto: uma canção dentro da canção, como alguém que assiste a um filme dentro de outro filme. Há mesmo uma relação interna da história que explica a citação: Johnny *sabia tudo da Janis, do Led Zeppelin, dos Beatles e dos Rolling Stones*. Ou seja, a canção devia lembrar Johnny pelo fato de ela já a ter tocado ao violão para os colegas.

Mas há algo além disso. *Strawberry fields* representa o antídoto, o antípoda, a antítese da tragédia – o idílio. Cantada pelos amigos de Johnny, representa a tentativa de elaborar e superar a perda, numa reação que é parte fuga (*viver é fácil de olhos fechados, confundindo tudo o que vê*), parte enfrentamento. Cantada por Renato, é a continuação desse esforço, agora aplicado à própria situação de doença e desencanto. E cantado de fora para dentro da narrativa de *Dezesseis* (no sentido de ser uma composição de Renato numa história inventada), torna idílica a história que é contada; e cantada de dentro para fora (pelos colegas de Johnny na lembrança, falsa ou verdadeira, de Renato), ilumina de volta a vida de quem a canta e quem a ouve.

O fim de *Dezesseis* é levado ao violão por um coro formado pelos próprios integrantes da Legião, como uma roda em volta da fogueira em que Johnny tocava. Nessa hora, outro caminho metalinguístico é percorrido: a narrativa assume a forma do fato narrado. Tanto Renato, Dado e Bonfá quanto todos os ouvintes se juntam a essa roda. Renato finalmente se despedia de Johnny, nós fazíamos o mesmo com Renato, sem nos darmos conta – ele morreria menos de dois meses depois do lançamento do álbum. O jogo de espelhos se desfaz: somos todos, ainda que na lembrança, a *grande geração perdida*, os *meninos e meninas* de que fala a letra da desesperada *Natália*, que abre esse álbum, procurando seu lugar na história e na própria vida como protagonista, como Renato canta em *Soul Parsifal*: *Ninguém vai me dizer o que sentir / E eu vou cantar uma canção pra mim*.

A melodia do rap – Racionais MCs

Relutei muito em escrever sobre rap, não por considerá-lo fora da alçada de um livro que trata do formato canção, mas por um motivo mais simples: não queria falar bobagem. O rap é um fenômeno complicadíssimo e de uma vitalidade exuberante, e também uma forma musical, mais até do que apenas um estilo, que se tornou autônoma. Por outro lado, praticamente tudo o que já li ou ouvi sobre rap até hoje, independentemente de seu valor como crítica, tende para um de dois caminhos: ou trata do assunto privilegiando a visão sociológica, que obviamente é fundamental no seu entendimento, mas subordinando a ela toda a questão estética; ou, ao realizar a análise do rap, trata quase exclusivamente da letra, que, embora sem dúvida o ponto de maior destaque no rap, não pode ser entendida sem a relação com os elementos estritamente musicais – porque, afinal de contas, e é sempre bom repetir, *rap é música*.

Portanto, tudo o que eu não queria era cair nessa armadilha de deixar de lado a análise musical, que é o que me proponho a fazer aqui. E para isso, precisava encontrar um fio que me permitisse achar um caminho no labirinto. Foi o que aconteceu ao ler uma ponderação do pesquisador musical Leonardo Davino:

O rap dispara o pensamento acerca da perda do reconhecimento daquilo que pré-entendemos como sendo "canção" – este ícone da gaia ciência brasileira. Quando, diante da audição de um rap, estranhamos e perguntamos "isso é canção?", "isso é música"? o rap já cumpriu sua "missão": desinstalou a certeza, nublou as verdades genealogicamente construídas, cravou a dúvida, deu o nó na orelha da memória afetiva.

O que me levou a um texto do linguista e crítico literário Paul Zumthor de 1983, escrito antes da explosão do rap americano, em que ele trata da fronteira da canção.

Por onde passa a fronteira? O meio cultural condiciona o sentimento que cada um tem de suas diferenças. O que a voz de um griô africano profere não é, para seu grupo étnico, nem fala, nem canto, mas enunciação às vezes atraente e misteriosa, por onde transitam forças talvez perigosas. Os blues, que na prática popular, por oposição aos outros são chamados de talkings, constituem um discurso de ritmo acentual forte, passando imperceptivelmente a episódios cantados, certamente distintos do falar comum [...] O que aqui passa por canto, em outro lugar será fala, barulho. [...] As liturgias medievais utilizavam uma escala semelhante, limitando contudo a extensão do primeiro termo, recitatio, ao dito poetizado por um ritmo artificial. O dito da poesia oral, assim marcado, se encontra em continuidade com o recitativo e este difere do canto somente pela amplitude. De um a outro se produzem deslizamentos[...] A etnografia me levaria a supor que em toda poesia oral pressupoe-se o canto e que todo gênero poético oral é também gênero musical, ainda que os usuários assim não os reconheçam. [...] Na África, o que os viajantes europeus chamaram griôs e apresentaram como músicos, foram designados pelos árabes com uma palavra que designa poeta. [...] A natureza da mutação que se opera entre som e linguagem, no instante que emerge o monumento poético.

E foi esse o fio que achei. O que tento fazer aqui é uma análise de um aspecto que é comumente negligenciado na potência comunicativa do rap, seu caráter musical, o uso dos elementos estritamente musicais por parte dele. Diante da acusação comum de que ele seria uma música pobre, em que essa parte musical seria excessivamente simplificada e/ou de má qualidade, cumpre tentar ultrapassar por um momento a justificação histórica/política/social e também a avaliação poética, para trazê-las novamente mais adiante, talvez mesmo revigoradas e fortalecidas pela crítica estética. Isso porque um ponto de partida teórico de que parto aqui é que a obra de arte será tão mais efetiva na relação com a realidade quanto mais tem sua crítica calcada na estética – e ao contrário, a obra que se declara com objetivo político antes do estético perde sua força política, ao invés de ganhá-la. O rap tem uma tremenda força política, mas esta é haurida a partir de uma tremenda força estética, que não é exclusivamente poética, mas musical. E é dela que tratamos.

Portanto, seguindo o fio, e sintetizando: se a música ocidental se organiza historicamente a partir da repetição e repetição de textos, com suas entonações da recitação radicalizadas e estilizadas e estruturadas ao longo de séculos, a canção é uma aplicação direta dessa estilização, de suas regras mais simples num formato conciso e no desafio de dizer o máximo com o mínimo – o que levou, em pouco mais de um século, a momentos sublimes em que, ao contrário do que se poderia esperar, conseguiu-se chegar a uma estilização em que o formato canção como que superou a si mesmo e suas limitações.

E chegamos ao rap, surgido exatamente num momento em que esse formato canção já se mostrou capaz de ir muito longe, e talvez por isso mesmo tenha deixado para trás alguma coisa que precisa ser resgatada. Esse resgate se dá em muitos sentidos, inclusive o político, ao assumir o ponto de vista do despossuído, do morador da periferia, e fazê-lo protagonista, e da poética que traz no discurso cru e discursivo uma infinidade de desdobramentos e sutilezas – metáforas densas e refinadas, no dizer de Marcos Lacerda, que debateu comigo alguns trechos deste artigo antes de sua publicação. Mas também o musical.

O rap (delimitando: falo do rap brasileiro, ou, melhor dizendo, do hip-hop gestado em São Paulo. Falar do rap em termos mundiais seria uma irresponsabilidade) toma em relação a isso um caminho que a crítica fácil considerará regressivo, porém diverso, por exemplo, do funk carioca, que sofre críticas similares. Neste, a estilização situa-se no que Tom Zé detectou como sendo a melodia microtonal, que permanece altamente estilizada, embora, em certa medida, mais próxima da fala. O caminho do rap paulista (tomo aqui os Racionais MCs como paradigma) toma caminho diverso e bem mais radical, opondo ao cromatismo (movimento da melodia por semitons) da canção sofisticada (e aqui o paradigma, por sua vez, é a Bossa-Nova, que forjou a canção brasileira moderna) o monocromático, o monocórdio. A linha reta antinatural (a linguagem falada é então natural? Não, sabemos, mas é naturalizada. Discussão extensa, mas parto desse princípio aqui) vai no sentido oposto da estilização da fala em melodia, agredindo e negando a melodia, e assim, aparentemente mais próxima da fala, na verdade, distancia-se bem mais dela que a melodia tradicional. Para o desavisado ou o que espera uma linha de continuidade com a tradição cancionista, o rap é monótono (ou seja, tem um tom só), o que não deixa de fazer sentido.

Essa espécie de negação da melodia é acompanhada por uma metrificação rítmica particular que também é estilização da fala, encaixando-a na regularidade musical em alta velocidade, criando uma ação hipnótica, e chamando obviamente a atenção para a letra. Porém a negação melódica leva à letra não pelo seu desaparecimento, mas pela sua realização pelo avesso - correndo o risco de cair no lugar comum, como uma forma desesperada de se fazer ouvir. Quando, enfim, a dimensão sociológica ganha vulto, quando toma sentido a forma de destacar a voz da periferia, da quebrada, invertendo a seta da melodia como uma atitude política, como quem faz a antiBossa-Nova, a anticanção brasileira, a antivoz da classe média, agora voz da população que não teve voz nessa canção, ao longo de tanto tempo. Ou, como afirma o pesquisador Walter Garcia, os Racionais e João Gilberto seriam dois polos da música brasileira, espécie de antípodas – e, no entanto, e justo por isso, não podem deixar de dialogar.

E aí vem o famoso discurso do "Isso não é música!", vindo exatamente de quem cultivou essa canção. Por esse olhar, o rap é mesmo a negação da música, ou ao menos de certa música. Ou, mais especificamente, essa reação se explica, sem se justificar, pelo fato de o rap partir, para sua realização, de elementos extramusicais, elementos que não são estritamente ou explicitamente musicais, ou mesmo da negação de elementos musicais – no caso, como foi dito, particularmente a melodia. Mais recentemente, o rap tem iniciado mais ou menos timidamente um caminho de volta ao universo da melodia, flexibilizando o monocórdio, abrindo mão da linha reta da entonação que foi dominante durante anos (às vezes em voz baixa e soturna, às vezes em grito agressivo) em prol de uma variação maior do desenho da fala. Isso acompanha uma assimilação do universo do rap à música brasileira, cujo paradigma talvez seja o diálogo de Criolo e Chico Buarque, construído a partir da paródia de Criolo a Cálice e da réplica de Chico na forma de um pequeno rap. É possível traçar um paralelo entre essa aproximação estética e uma revisão, feita pelos Racionais MCs, de algumas de suas composições mais antigas, como *Da ponte pra cá*, cujo refrão assinalava a divisão da cidade: *o mundo é diferente da ponte pra cá*. Anos depois, Mano Brown afirmava, em entrevista a uma publicação sobre rap:

A pior coisa que eu criei foi este estigma, que eu nem sei se eu criei, mas sou responsável, que até o RAP carrega certo estigma, acho que foi a pior coisa que eu criei. Ter uma certa ignorância e uma cegueira também, eu não tolero algumas coisas. Eu sou da outra geração, então quando a gente criou o símbolo do Racionais, no fim dos anos 80, era um outro mundo. A dívida externa não tinha sido paga. Não tinha eleito o Lula ainda, não tinha Metrô no Capão, um monte de coisa não tinha acontecido, não tinha eleito um presidente negro nos EUA, o Barack Obama. O Brasil não tinha uma presidente mulher, não tinha nem asfalto na nossa quebrada. Quando criamos o Racionais, era um outro mundo, então não tem como você esticar o chiclete 25 anos falando das mesmas coisas como se elas não tivessem mudado. Seria mentira, ia tá maquiando uma realidade, que a nova geração está aí para mostrar. [...] Então, de 88 pra cá são 24 anos, o mundo mudou muito, a música tem que acompanhar a mente do jovem, tem que ir até a massa, até a mente da massa.

Faltou falar de uma comparação muito comum e utilizada para legitimar o rap como uma possibilidade válida para a arte brasileira (e não uma interferência externa ou uma forma importada), é feita com formas de cultura regional como o repente, de que o canto falado e o improviso são constituintes básicos. Atrevo-me a discutir essa afirmação em duas frentes: primeiro, ao discordar da ideia de que seria necessária uma legitimação para o rap, no sentido de que ele só seria uma forma válida de manifestação artística no Brasil se tivesse origem autóctone. Esse ponto de vista, que tem no crítico José Ramos Tinhorão seu principal defensor, se levado às últimas consequências, invalidaria Tropicália e Bossa-Nova como movimentos legítimos (como Tinhorão afirma abertamente), mas também o samba e praticamente todos os estilos musicais nacionais (mas Tinhorão não chega a encampar isso). O que torna um estilo legítimo em termos de nacionalidade não é sua origem, mas sua utilização no contexto da nacionalidade, levando-o inclusive a adquirir características próprias, que o rap nacional tem indiscutivelmente, adquiridas de forma absolutamente diversas do repente e outras manifestações musicais. O processo desse abrasileiramento do rap merece uma análise à parte, mas é algo a que assistimos, e não apenas no encontro com a linha musical vinda da Bossa-Nova a que aludi, mas também segundo tradições do soul nacional e mesmo encontrando-se com o samba.

O segundo ponto é sobre a comparação em si, que a meu ver não se sustenta. Apesar das possíveis similitudes apontadas entre eles, há uma diferença fundamental entre rap e repente que os põe em lugares diferentes. Falando sucintamente, o repente vem *antes* da canção, o rap vem *depois*. O repente, de origem rural, em sua formação histórica (mesmo sem entrar em detalhes etnográficos), não vai se basear na canção, *que não existia como tal* (mas, obviamente, formas ABA existiam), e sim nas trovas medievais trazidas pelo colonizador, formatos de tradição oral muito antigos. Já o rap também vai, desde o início e mesmo sem partir dela, disputar espaço com a canção no imaginário popular, dialogar com ela ainda que por negação, pelo simples fato de lhe ser posterior. O repente no caminho de ida, o rap no caminho de volta. O rap como um passo atrás que é um passo à frente. Onde vai dar, é bom não saber, para melhor nos surpreender.

A melodia do rap – Emicida

No excelente artigo para a revista digital de cultura *Celeuma*, "Radicalismos à Brasileira", o pesquisador paulista Walter Garcia partiu de João Gilberto, objeto de seu livro *Bim Bom: a contradição sem conflitos de João Gilberto*, e ao chegar a Chico Buarque, continuador natural da tradição da Bossa-Nova, tomou um desvio para traçar uma ponte até os Racionais MCs. Ao traçar as linhas mestras da Bossa, resumiu:

1.*no trabalho de Tom Jobim, "o predomínio absoluto da linha melódica" sobre outros parâmetros musicais – harmonia, arranjo, orquestração;* 2.*no trabalho de João Gilberto, o "horizonte ideal" de seu canto: "um ponto em que seja suficiente falar com perfeição para que a linha melódica brote espontaneamente da palavra, uma vez encontrada a inflexão e a cor exata de cada sílaba";* 3.*ainda no trabalho de João Gilberto, o pulso musical que, ao relativizar a "oposição forte/fraco", configuraria "uma pulsação doméstica, o correr indefinido das horas em que ficamos em casa".*

Muito bem, sintetizando muito para termos um ponto de partida, a Bossa-nova estiliza o samba, que por sua vez se estruturara como célula rítmica estável a partir de uma profusão de divisões que se resumia (mas não se limitava) ao paradigma do *tresillo* descrito por Carlos Sandroni no livro *Feitiço Decente*. É essa estruturação/estilização que permite construir sobre ela o edifício melódico/harmônico de Tom Jobim, e também a João Gilberto, firmemente apoiado na divisão complexa/concisa que criou, estabelecer a infinidade de variações entre sua voz e a batida de seu violão. Lorenzo Mammi, no já clássico artigo *João Gilberto e o Projeto Utópico da Bossa Nova*, parte da premissa-chavão (mas nem por isso falsa) da Bossa como uma manifestação da classe média carioca. Estabelece-se, então, uma espécie de consenso de classes em que o samba, assimilado e digerido como o ritmo nacional, é alçado a uma condição estética de construção de um projeto de país, uma utopia, uma... promessa de felicidade. Walter, aqui, remete-se a Sérgio Buarque de Hollanda e ao tipo do homem cordial, protótipo do brasileiro, que *"desconhece qualquer forma de convívio que não seja ditada por uma ética de fundo emotivo". A matéria histórica em que se assenta a cordialidade é a supremacia dos domínios rurais sobre os centros urbanos, o que significa dizer que a ética cordial – a supremacia das relações afetivas, das vontades particulares, da opinião tradicional sobre os princípios neutros e abstratos, sobre as normas antiparticularistas de organização social – dá prova da "persistência dos velhos padrões coloniais* (citando Walter, que cita Sérgio).

Pois bem: é exatamente esse acordo cordial que o rap vai quebrar, e é isso que seu som mostra distintamente. Tecnicamente falando, a não melodia do rap é um ato político que abre espaço para a liberdade rítmica. A voz de Emicida (e já explico por que o tomo como objeto deste texto) atua no ritmo como uma espécie de repique. A voz repica tempos fracos do compasso acumulando síncopes sobre o tempo quadrado da bateria eletrônica. O improviso – e o desafio – não é só de letra, mas de domínio do tempo. Esse é o ponto a ser discutido. A música oriental nega a harmonia para desenvolver a melodia microtonal (o funk carioca, por caminhos muitos diferentes, partilha essa escolha). O rap, mais radical, nega a melodia, ou faz a não melodia (mas aceita ocasionalmente a harmonia, porém desfuncionalizada, que não desenvolve papel preponderante ao não ser justificada pela melodia) para que o ritmo floresça. Walter Garcia trata de como os Racionais fazem a acentuação tônica sobre os tempos fracos do compasso – como um surdo de escola de samba também faz. Porém Emicida leva mais longe esse jogo, variando a acentuação como numa dança, de forma mais radical que os Racionais, algo que se evidencia pela simples audição – tudo soa menos *quadrado*, há uma malemolência que não é só rítmica, mas também formal, e de ideia. Nesse ponto, um encontro estilístico entre João e não tanto Racionais, mas Emicida. João se esmerou meticulosamente na divisão rítmica. A relação entre a batida de seu violão e a divisão de sua voz é o grande segredo da Bossa-Nova. A música dos Racionais não tem a divisão complexa de Emicida (embora sua divisão seja também plena de implicações). É como se não melodia dos Racionais fosse a preparação necessária para a divisão complexa de Emicida. Como que para compensar essa divisão complexa (que tira um pouco da atenção da letra pela estilização, enquanto os Racionais optam pela não estilização rítmica em favor absoluto da letra, uma urgência de se fazer ouvir que sacrifica tudo pela força da mensagem), Emicida se permite essa estilização. Como compensação pela divisão irregular de sua fala, recorre ao refrão cantado – por Wilson das Neves em *Trepadeira*, por Pitty em *Hoje Cedo* (faixas do álbum de Emicida *O glorioso retorno de quem nunca esteve aqui*, de 2013), tomando um caminho timidamente pop, como uma concessão ao ouvinte, mas também como consequência dessa mesma estilização. Sua música se complexifica também pelo contraste entre esses dois caminhos opostos e simultâneos. Isso é uma aproximação com a MPB? Sim, mas também um aprofundamento natural do próprio Rap. Aqui, percebo uma diferença fundamental entre Racionais e Emicida no modo de contar suas histórias. O que os Racionais MCs tratam como princípio, regra geral mesmo ao relatarem experiências pessoais, Emicida se permite tratar efetivamente no nível da vivência. Sua primeira pessoa é reconhecível como ele próprio, não a persona que os raps dos Racionais apresentam de forma épica, quase mítica. Se o que torna os Racionais especiais é justamente a capacidade de transformar em relatos transcendentes as histórias terríveis da *Sobrevivência no Inferno* – para citar o título de seu álbum mais conhecido –, por outro lado, Emicida tem como fazer o retorno à narrativa do caso particular como que numa exemplificação de linhas filosóficas enunciadas pelos Racionais, e isso exatamente por se sustentar nelas. A perda do pai contada de forma pungente em *Crisântemo*, o invejoso contumaz protagonista de *Zoião*, a mina falsa de *Trepadeira*, são histórias palpáveis, reais e intransferíveis, mas também gerais a ponto de gerar empatia em dois públicos: o que não sabe nada das quebradas pode se identificar com as ideias gerais; e o que ouviu Racionais e sabe das quebradas, e vai saber da significação dessas histórias dentro desses lugares, ressignificados pelo entorno. Walter Garcia afirmou em entrevista:

IHU On-Line – Em que medida o seu estudo sobre João Gilberto, trazido no livro Bim Bom, contribui para o estudo da música dos Racionais MC's? Como é percorrer o caminho que vai da bossa nova de João Gilberto ao rap dos Racionais MC's?
Walter Garcia – Não sei avaliar se a minha dissertação de mestrado sobre João Gilberto, depois publicada em livro, contribui ou não para o estudo dos Racionais MC's. Mas penso que não há exatamente um caminho da "bossa nova" ao "rap". Aliás, como não é nada fácil lidar com esses rótulos, seria melhor afirmar que não vejo um caminho que vá de João Gilberto aos Racionais MC's. Penso, sim, que se formaram dois sistemas na canção brasileira de mercado (remeto--me à noção de sistema trabalhada por Antonio Candido na literatura, adaptando-a evidentemente às condições de realização da canção popular). Num desses sistemas, João Gilberto ocupa o lugar central. Noutro, o Racionais MC's ocupa o lugar central.

Simbolicamente, é mesmo possível considerar o projeto musical dos Racionais como uma oposição feroz ao projeto MPB, pautado na melodia/harmonia de Tom Jobim. Porém, na sua não melodia, há o eco de João Gilberto por negação, como um caminho de retorno: de um ponto em que seja suficiente falar com perfeição para que a linha melódica brote espontaneamente da palavra, passa-se a outro ponto em que o falar impede propositalmente e peremptoriamente o surgimento dessa melodia, como forma não apenas de realçar a letra, mas também de realçar exatamente esse impedimento, um não elemento que se torna protagonista da música. São pontos opostos, porém estranhamente próximos. E por meio dessa negação da melodia/harmonia, faz também a contraposição à música moldada pela e para a classe média, sua tomada de posição contra o consenso de classes que manteve uma delas submersa mesmo ao utilizar seus elementos para enriquecer-se esteticamente, a denúncia de que a *promessa de felicidade* que a Bossa Nova simbolizou não foi nem de longe cumprida para todos. Tomada de posição que se torna mais chocante exatamente pela insuspeita proximidade com um dos elementos básicos desse consenso, a *relativização da oposição forte/fraco*. Relativização mantida musicalmente, mas negada socialmente.

Aqui, um excurso necessário sobre Jorge Benjor: é fato que os Racionais sempre fizeram questão de frisar sua, não diria filiação, mas ligação com a música de Jorge Ben. À parte interpretações sobre os pontos de contato estilísticos e musicais entre ambos e que mereceriam um artigo específico, há que se lembrar de que, quando Ben surgiu no cenário da música brasileira, havia o programa *Fino da Bossa*, apresentado por Elis Regina e Jair Rodrigues, e o da *Jovem Guarda*, e foi neste último que Jorge Ben foi acolhido, pois o primeiro recusou-se a recebê-lo. Assim, há de início um estranhamento entre a Bossa-Nova e Jorge Ben, como que um reconhecimento de que não partiam da mesma matriz, a percepção de vocabulários que não dialogavam. Obviamente, ao longo do tempo, com o esgarçamento progressivo da sigla MPB e a inclusão de vertentes diversas (inclusive de boa parte da Jovem Guarda), essa situação se diluiu. Mas os Racionais, em sua radicalidade, vêm-nos lembrar dessa divergência na raiz, aprofundando-a em sua música. O que percebo na música de Emicida representa talvez o princípio de um caminho de assimilação do rap à música brasileira, depois do desafio terrível lançado pelos Racionais MCs. Emicida segue na negação da melodia, mas abrindo caminho para ela no refrão eventual, e diversifica a quebrada rítmica, reaproximando-se da música brasileira forjada a partir da Bossa por um caminho em que sua habilidade lhe garante segurança, ao mesmo tempo radicalizando o ritmo e flexibilizando seu uso. Por outro viés, pode-se ver o sintoma dessa nuance nas duas polêmicas principais em que ele se envolveu nos últimos anos: sua prisão depois de um show em 2012 por ter sido acusado de incitar a violência contra a polícia, e a reação das feministas em 2013 à música *Trepadeira*. Escrevi em 2012 numa rede social:

É mesmo sintomático que o rapper Emicida tenha sido preso por cantar uma música, bem no dia 13 de maio. A frase que motivou sua prisão contestava a ação da polícia mineira na desocupação de um terreno ocupado por sem-terra. Aqui está: "Levanta o seu dedo do meio para a polícia que desocupa as famílias mais humildes, levanta o seu dedo do meio para os políticos que não respeitam a população e vem com 'noiz' nessa aqui, ó. Mandando todos eles se f..., certo, BH? A rua é 'noiz'". Lido o trecho, fica claro que ele nem sequer está ofendendo a instituição policial, ou coisa parecida, mas unicamente se referindo à ação. Emicida explicitava, como disseram Caetano e Gil, "como é que pretos, pobres e mulatos / E quase brancos quase pretos de tão pobres são tratados". A polícia concorda ao discordar do Emicida, agindo com ele exatamente como ele a acusou de agir com os sem-terra. O que não deixa de ser sinal de coerência.

A atitude contestatória de Emicida nesse episódio não fica nada a dever à dos Racionais em termos de coerência – inclusive ao recusar-se a assinar o boletim de ocorrência que distorcia suas palavras, não fazendo de forma alguma o jogo do repressor. E, no entanto, *Trepadeira* foi acusada pelos realizadores da Marcha das Vadias de *repercutir o discurso hegemônico que deprecia a mulher sexualmente livre e justificar a violência com base no comportamento dela*. Na letra, Emicida afirma que a mulher em questão *Merece era uma surra de espada de São Jorge / um chá de comigo ninguém pode*. O interessante é que esse pretenso *vacilo* de Emicida se dá justamente numa faixa em que o ritmo não é hip-hop, mas samba (o samba que a Bossa-Nova resumiu, idealizou, transformou em consenso, projetou uma utopia de país etc.), em que o sambista veterano Wilson das Neves é convidado especial e canta a faixa junto com Emicida. É como se à aproximação com um universo de maior flexibilidade rítmica correspondesse também uma flexibilidade de posição pessoal, uma concessão à *ética cordial, de fundo emotivo* – e que, repetindo Sergio Buarque de Hollanda, revela em si, por sob camadas e camadas históricas, a *persistência dos velhos padrões coloniais*. Emicida se justificou com relação às críticas, inclusive desculpando-se, mas não deixou de cantar a música. Trata-se, porém, de algo bem mais complexo que uma *traição dos ideais* ou uma *rendição ao mercado*. As duas posturas de Emicida, de defesa dos sem teto e de um eventual machismo, coexistem exatamente porque sua narrativa é pessoal, não ideal. E porque ele se coloca, num passo histórico ainda pequeno adiante da ruptura dos Racionais (sem julgamentos estéticos aqui especificamente), no caminho da assimilação do rap pela música brasileira, que vem se alargando concentricamente desde o instante mesmo em que foi concebida como MPB. Sua contradição está implícita no consenso que se estende juntamente com a inclusão econômica ainda tímida promovida pelos últimos governos, e permite que a música feita para recusar seja aceita pelo que recusa. Porque, como reconhece dubiamente (talvez dialeticamente) Emicida na letra de *Hoje cedo*, *A sociedade vende Jesus, porque não ia vender rap?*

A melodia do rap – Criolo

No encarte de seu álbum de 1992, que tem por nome um símbolo que logo depois se tornaria seu nome, Prince lista as faixas chamando-as *The jams*. Segundo a Wikipédia, *em música popular, como o jazz, jam significa tocar sem saber o que vem à frente, de improviso*. E com efeito, parte do repertório do álbum tinha formatos diversos do da canção tradicional – o que não era exatamente novidade para Prince, acostumado a cruzar fronteiras musicais e misturar formatos de há muito. A New Power Generation Band, que o acompanhava, incluía dois rappers, e diversas faixas tinham raps entremeados, quando não eram faladas pelo próprio Prince.

Começo contando isso porque foi o que primeiro me veio à cabeça como forma de compreender o comentário que recebi do pesquisador João de Carvalho a meus dois artigos anteriores sobre o rap:

Caro Túlio, não sei se acho muito frutífero tratar do lado musical do rap pelo viés de um conceito tão restrito (e limitado historicamente) como a melodia... não percebo uma negação da melodia como você desenvolveu e sim uma busca por outro domínio da musicalidade – que transcende o ritmo: o flow!. Talvez seja uma frescura conceitual minha, mas acho que faz diferença no balanço final... Creio que quando escutamos James Brown (por ele que o Paulo virou Mano Brown), e percebemos toda a dinâmica que levou ao surgimento do rap, tanto a atuação dos Racionais aparece como mais orgânica como a do Emicida se revela como mais um tijolo. Penso que é fundamental escutar as inovações de flow de figuras como o Sabotage e o Black Alien, por exemplo, ou, ainda mais próximo do Emicida, do Kamau. Fora isso, parabéns por ter encarado este tema! Curti bastante suas reflexões – principalmente o caminho final (conclusão) deste segundo post! Grande abraço!

A crítica do João, que explora consistentemente o universo do rap (ao contrário de mim, que o adentro pela primeira vez), fez-me pensar um bocado. Não exatamente no sentido de me desfazer do que escrevi, e que mantenho, como uma forma de compreender a dinâmica do rap do ponto de vista de uma história da música brasileira *mainstream*, com a qual ela inevitavelmente se relaciona (e aonde novamente pretendo chegar neste texto). Mas no sentido de que, ao lado dessa visão, é preciso também ter a perspectiva interna sobre o assunto. E, se pretendo tratar do aspecto estritamente musical do rap, ao lado de pensar sua melodia (ou não melodia, como concluí nos outros artigos) na sua relação com a forma tradicional, preciso pensar também na sua forma intrínseca, dentro da composição. E esta se traduz na palavra que João usou: o *flow*. Que raio é isso? Chego a uma definição que me parece satisfatória:

Flow é a fluidez com que a letra se encontra com o ritmo, ou seja, o domínio do ritmo da letra de acordo com as batidas da música. É a maneira personalíssima como cada rapper encaixa seus versos na batida.

Por essas definições, percebe-se que o *flow* é exatamente a relação entre ritmo e poesia, os dois componentes fundamentais do rap. Relação que pode ser traçada de diversas maneiras e estilos, incluindo variações de velocidade e distribuição das acentuações rítmicas das tônicas das palavras em relação ao compasso e indo desde uma rima tradicional no fim de cada verso, em versos de comprimento iguais, até rimas internas em versos irregulares, no contratempo do ritmo. Nesse sentido, a inovação da divisão alterada que João assinala ter sido feita pelos Racionais MCs (num andamento em geral mais lento) foi radicalizada por raps como Emicida, um estilista do improviso formado em disputas de MCs.

Tendo em mente essa definição, é possível reler retroativamente os dois primeiros artigos desta série, com o sinal invertido, por assim dizer: onde eu falava de uma negação da série histórica da música brasileira na forma de uma ruptura, é possível pensar numa afirmação diversa, de outra corrente, essa subterrânea, outra tradição com raízes tão profundas quanto e, até certo ponto, as mesmas. O fato de os Racionais iniciarem o álbum que lhes deu visibilidade além do gueto, *Sobrevivendo no Inferno*, com uma canção de Jorge Ben, *Jorge da Capadócia*, já diz algo sobre isso, como também a enorme lista de artistas e músicas sampleadas por eles (de resto, um procedimento padrão no estilo para o estabelecimento da própria base rítmica sobre a qual será construída a performance) indica que nada ali começou ontem, e que a ruptura estética do rap se dá menos por uma inovação recente e sim por uma mudança externa da cultura do país, que permitiu de algum modo que ele viesse à tona e chegasse a outros públicos.

E essa chegada a outros públicos, se traz em si uma dimensão sociológica que já vem sendo explorada com propriedade por vários, tem também uma dimensão estética e estilística e efeitos de influência mútua entre essas duas correntes musicais que, com raras exceções, mantiveram historicamente distância. Assim como a MPB tradicional, elaborada por e para a classe média, assume elementos da música negra que por muitos anos permaneceram estilizados, o rap faz seu próprio caminho de aproximação com a tradição cancioneira. A negação da melodia é virada do avesso, e a tradição paralela do flow começa a buscar pontos de contato. Pontos que, em termos estéticos, também são da partida comum óbvia às duas tradições: a voz falada. Mas que também podem ser encontrados no entendimento das funções históricas de cada uma dessas vertentes.

Em 2011, Criolo apresentou informalmente uma versão particular para a clássica canção *Cálice*, de Gilberto Gil e Chico Buarque:

> *Como ir pro trabalho sem levar um tiro*
> *Voltar pra casa sem levar um tiro*
> *Se as três da matina tem alguém que frita*
> *E é capaz de tudo pra manter sua brisa*
> *Os saraus tiveram que invadir os botecos*
> *Pois biblioteca não era lugar de poesia*
> *Biblioteca tinha que ter silêncio,*
> *E uma gente que se acha assim muito sabida*
>
> *Há preconceito com o nordestino*
> *Há preconceito com o homem negro*
> *Há preconceito com o analfabeto*
> *Mas não há preconceito se um dos três for rico, pai.*
>
> *A ditadura segue meu amigo Milton*
> *A repressão segue meu amigo Chico*
> *Me chamam Criolo e o meu berço e o rap*

> *Mas não existe fronteira pra minha poesia, pai.*
> *Afasta de mim a biqueira, pai*
> *Afasta de mim as biate, pai*
> *Afasta de mim a cocaine, pai*
> *Pois na quebrada escorre sangue,pai.*
>
> *Pai*
> *Afasta de mim a biqueira, pai*
> *Afasta de mim as biate, pai*
> *Afasta de mim a coqueine, pai.*
> *Pois na quebrada escorre sangue.*

Ao que Chico respondeu em um show, aceitando a versão e assinalando a relação saudável entre a *parada* de Criolo e sua *cantiga*:

> *Gosto de ouvir o rap, o rap da rapaziada*
> *Um dia vi uma parada assim no YouTube*
> *E disse: Quiuspariu, parece o Cálice,*
> *Aquela cantiga antiga minha e do Gil*
> *Era como se o camarada me dissesse*
> *Bem vindo ao clube, Chicão, bem vindo ao clube*
> *Valeu, Criolo Doido, evoé, jovem artista*
> *Palmas pro refrão doido do rapper paulista:*
> *Pai, afasta de mim a biqueira...*

O paralelo feito por Criolo explicitando a herança da ditadura na insegurança das ruas e na manutenção das desigualdades, atualizando uma canção emblemática do protesto contra o regime militar, traça para o rap um caminho diverso do rompimento com uma classe média que apoiou essa ditadura em marchas pela Família. Em vez disso, ele se alinha com a outra parcela dessa mesma classe média, a que sacrificou seus filhos numa luta armada sem esperança. *Você não gosta de mim, mas sua filha gosta*, cantou Chico com pseudônimo para não ser censurado. A classe C, Nova Classe Média, ou seja, o nome que receba dos sociólogos, a parcela da população brasileira que entre 2004 e 2014 ascendeu ligeiramente com as políticas afirmativas, o aumento real do salário mínimo e a expansão do emprego, ao tornar-se mercado, levou a música do gueto de onde veio a novos lugares.

Essas transformações sociais se fazem acompanhar por mudanças estéticas e musicais. Os próprios Racionais, ao longo do tempo, repensam sua temática. O processo de aproximação da música que representa essa parcela da população a ter voz com a voz institucionalizada inclui mimeses e reconhecimentos de parte a parte. De Racionais a Emicida, muda-se ligeiramente o foco do discurso. Se os Racionais se apresentam como os bardos do submundo, Emicida, sem negar sua origem um só segundo, é capaz de discursar sobre uma gama mais variada de assuntos, e a sonoridade geral de seus acompanhamentos será menos agressiva.

Com Criolo, essa passagem dá mais um largo passo, incorporando sonoridades alheias, mas prezando o contexto em que elas surgem (*Bogotá*, a primeira faixa de seu álbum *Nó na Orelha*, de 2011, é um afrobeat, ritmo estabelecido por Fela Kuti que teve um papel importante como música de combate político na Nigéria). Ao mesmo tempo, boa parte das faixas desse álbum parece procurar uma espécie de termo de compromisso entre o flow e a melodia. Caso, por exemplo, de *Subirusdoistiozim*, com um desenho melódico repetitivo em que o destaque é da letra, uma divisão rítmica similar à do rap, porém mais solidificada. Por outro lado, mesmo nos raps estritos como *Sucrilhos*, o flow particular de Criolo insinua uma melodia de forma mais clara que em boa parte dos demais rappers, pelo fato de extrapolar o monocórdio ao permitir-se inflexões grave/agudo maiores que da maioria dos rappers.

Seria possível aqui fazer um paralelo entre a ida do rap à melodia de Criolo e a passagem da fala ao canto das liturgias medievais, que estabeleceram o código musical vigente (para quem acha a comparação forçada, vá ao primeiro artigo desta série). Porém, no caso de Criolo, o ponto de partida real não é a fala, e sim já uma estilização sua – o rap. Além disso, seria mais apropriado falar em um trânsito entre eles, contrariando a ideia de uma evolução. Criolo faz uma aproximação entre flow e melodia, vai e volta no caminho entre elas, ao invés de simplesmente alternar. Assim como em algumas melodias, é possível perceber suas acentuações características, tanto quanto quase é possível cantar *Sucrilhos*, em que ele alterna registro agudo e grave ao longo das estrofes.

E por falar em *Sucrilhos*, há ainda um ponto de contato entre esse álbum de Criolo e a nova/velha classe média para onde o rap se expandiu, que caminha lado a lado com a diversificação de estilos que inclui reggae e um flerte com o brega. É o movimento simultâneo das citações intelectualizadas e o desfazer-se dessa mesma intelectualidade. Assim, *Bogotá* cita em seus versos a *Pasárgada* de Manuel Bandeira, a própria Sucrilhos cita *Um Índio*, de Caetano Veloso (*Cartola virá que eu vi, tão lindo, forte e belo como Muhammad Ali*), e morde e assopra a intelectualidade:

> *Cientista social, Casas Bahia e tragédia,*
> *Gostam de favelado mais que Nutella*
> *[...]*
> *Di Cavalcanti, Oiticica e Frida Kahlo*
> *Têm o mesmo valor que a benzedeira do bairro*

Criolo ecoa em seu verso a frase atribuída a Joãosinho Trinta (na verdade do jornalista Elio Gaspari, que a atribuiu a Joãosinho), *Pobre gosta de luxo, quem gosta de miséria é intelectual*. Há um pouco de desdém e um pouco de *quem desdenha quer comprar* nessas referências. Como se Criolo, ao mesmo tempo em que as relativizasse, fizesse questão de mostrar que as conhece, num jogo duplo de aproximação/repulsão. Se já se disse que a música popular no Brasil assumiu para si funções de investigação filosófica que em outras culturas seriam acadêmicas, o rap traz em si o estranhamento dessa função auto-outorgada, mas também a ambição de, a seu modo muito particular, ter o mesmo alcance. Paralelamente a uma população que tem a chegada à faculdade ampliada (ainda que com uma educação deficiente), ao lado da tímida ascensão econômica, a música dessa classe é ao mesmo tempo afirmação de origem e mimese do objetivo, e é adotada por uma classe média anterior pelos mesmos motivos, ao se apresentar tanto palatável quanto autêntica.

Pretensioso tentar prever os caminhos a serem seguidos pelo rap, após ter permanecido subterrâneo, entretanto tão vigoroso, por tantos anos. Porém a história da MPB tem sido desde seu início um processo de contínuo alargamento de fronteiras, recebendo gradativamente novos estilos, novos paradigmas, novas turmas, assim como a conservadora e frequentemente preconceituosa classe média brasileira aceita aos poucos os migrantes, os negros, reconcilia-se com o samba, com o brega, recicla a influência externa pelo BRock, e agora aproxima-se de outra galera. Isso em absoluto significa uma descaracterização do rap, mas é possível prever sua exploração comercial, como se deu com o pagode, o forró, o sertanejo – o que não exclui a manutenção de grandes criadores tornados tradicionais e seu público, assim como ocorreu nos outros estilos. Voltando à versão de *Cálice* e sua resposta, há que se notar a delicadeza de Chico ao cantar ter entendido a versão de Criolo como um "bem vindo ao clube" (do rap), quando também é possível dizer também que se dá o movimento contrário, com Criolo batendo na porta do clube da MPB. Mas, no fundo, é pura bobagem especular quem absorve quem aqui, não se trata disso. Trata-se de notar que o rap não chegou para ficar, ele já está aí há muito tempo, e agora amplia sua liberdade para ser o que quiser.

Ora (lereis) ouvir estrelas

Ao lançar quase simultaneamente um livro e um disco, em 1997, Caetano Veloso decidiu chamar o disco de *Livro*, e por muito pouco não inverteu a equação batizando o livro de *Disco* – acabou chamando-se *Verdade Tropical*. Seria apenas uma brincadeira, já que não havia tão grande correspondência entre as duas obras. Mas a ligação mais profunda entre elas acabou se materializando na canção *Livros*.

Porém, embora *Livros* não deixe de citar de forma indireta o fato de seu autor ter escrito um, sua forma remete menos à literatura propriamente e mais à própria forma canção. E essa prioridade se materializa na frase escolhida para sua espinha dorsal: *tropeçava nos astros desastrada*, uma citação paródica do verso-chave da canção de Silvio Caldas e Orestes Barbosa, *Chão de Estrelas* – que, por sinal, Caetano já citara nos versos finais de *Como dois e dois,* gravada por Gal Costa e por Roberto Carlos em seus respectivos álbuns de 1971.

A última estrofe de *Chão de Estrelas* é uma página lírica exemplar da produção pré-bossa nova que adiante passou a ser vista de forma algo caricata.

> *A porta do barraco era sem trinco*
> *Mas a lua, furando o nosso zinco*
> *Salpicava de estrelas nosso chão*
> *Tu pisavas nos astros, distraída*
> *Sem saber que a ventura desta vida*
> *É a cabrocha, o luar e o violão*

Chão de estrelas, representante mestra do gênero seresteiro, foi lançada em 1937, mas acabou fazendo um sucesso estrondoso na década de 50, ao ser regravada pelo mesmo Sílvio Caldas. Composta em 1935, tinha o pomposo título de *Foste a sonoridade que acabou* (mudou de nome por sugestão do poeta Guilherme de Almeida). Caldas musicou um poema de Orestes Barbosa, todo em decassílabos (aproximação com uma tradição poética lírica com raízes profundas, desde as cantigas de amigo que alimentaram as serestas medievais).

A beleza da imagem das estrelas representadas no chão do barraco apresenta uma visão idílica da favela e romantiza a pobreza de uma forma que se tornou inaceitável alguns anos depois, e que chegou a ser abertamente ridicularizada pelos Mutantes. Em 1970, o grupo de rock fez uma versão picaresca do clássico em que esses versos eram acompanhados do som de um helicóptero e de tiros, trazendo os versos a uma literalidade nem um pouco glamourosa.

A gravação dos Mutantes para *Chão de estrelas* seria de deixar qualquer um atônito, se as gargalhadas não se sobrepusessem ao espanto. Tudo que era metáfora na letra original é levado ao pé da letra, e fazendo isso Rita, Arnaldo e Sérgio transformam a canção num circo, aproveitando desde logo a deixa da primeira estrofe, eivada de metáforas circenses. A cada nova metáfora, Os Mutantes trazem o correspondente som ambiente ao arranjo, literalizando tudo e destruindo metodicamente cada recurso poético original. Aqui, os furos no zinco pelo qual passam os raios de luar foram causados por balas perdidas. *Delenda seresta*: ao contrário de gravações feitas pelos tropicalistas como a de *Coração Materno*, de Vicente Celestino, por Caetano, não há carinho na dos Mutantes. Ao final, com a troca dos versos finais por baboseiras já abertamente debiloides (*É a cabrocha, o luar e o violão / é a cabrocha escorregando no sabão*), sobra apenas terra arrasada.

O caminho escolhido por Caetano consegue ter, simultaneamente, relação com este ao não negar o sentimentalismo algo ridículo da canção, e trazer também desde o princípio certo carinho que os Mutantes não tiveram em sua impiedosa gravação, e que também é típico dele. O verso inicial de *Livros* traz uma aliteração de encontros consonantais que evoca os esbarrões de uma pessoa desajeitada, numa divisão rítmica acompanhando o baque do maracatu que, embora cantada suavemente, carrega implícita o andar aos arranques. Além disso, traz na palavra *desastrada* o sentido duplo da pessoa sem luz própria, sem estrela. E como se não bastasse, a melodia de apenas três notas repete a de *Chão de estrelas* para o verso original, mas num contexto harmônico diferente – outro procedimento recorrente de Caetano. No caso mais extremo, toda uma estrofe de *Você já foi à Bahia*, de Caymmi, foi trazida para dentro da sua *Terra*, mantendo letra e motivo melódico originais, mas encaixando-as inteiras num único acorde de sol maior que sustenta a canção, numa suspensão com relação à harmonia que se soma ao tema da Terra vista do espaço e dá aos versos uma transcendência já esboçada em Caymmi, mas aqui escancarada.

Segue-se a letra, e logo após, Caetano mergulha repentinamente da visão idílica de *Chão de estrelas* (ou de sua visão desses versos, simultaneamente zombeteira e carinhosa ao manter sua associação à mulher amada) para um conceito físico complexo como o de corpo negro – que, no entanto, não está aí por acaso (o Corpo negro é um objeto ideal que absorve toda a radiação dirigida a ele, podendo, no entanto, liberar a sua própria – o que significa que sua radiação não será influenciada por nada externo. Em 1993, conseguiu-se medir a radiação cósmica de fundo, que é fundamentalmente o som do Big Bang, ou seja, a reverberação eletromagnética da explosão que originou o Universo e que ainda ressoa. A comparação entre essa radiação e a de um corpo negro forneceu uma das comprovações de que o Universo está em expansão). A mudança abrupta de registro nos versos obedece a um esquema de relações internas. A noção astrofísica de expansão do universo encontra paralelismo com o contraste entre uma cidade tão pequena que não tem livraria e a expansão pessoal do universo descrita textualmente. Assim, o procedimento estético da estrofe espelha e exemplifica o que é dito.

Na primeira repetição do verso de *Chão de Estrelas*, Caetano não se contenta e continua: *sem saber que a ventura...* seguindo adiante a letra e também o padrão melódico da canção original, porém tomando no meio do caminho outra virada brusca, ao como que anular a palavra *ventura* acrescentando seu antônimo – trazendo à memória a *dor e a delícia de ser o que é*, de sua *Dom de Iludir*. Em seguida, retoma a exploração do verso, porém desdobrando a palavra *vida* de *Chão de estrelas* em *esta estrada que leva o nada ao nada*. E o último verso, *são livros e o luar contra a cultura* (em que a palavra *luar* ocupa exatamente a mesma posição que no verso de *Chão de Estrelas*), por sua vez, dialoga diretamente com *Alegria, Alegria*: *caminhando contra o vento / sem lenço, sem documento*.

A substituição simbólica *lenço / luar* e *documento / livros* é, no entanto, seguida por outra inversão de sentido, pois aqui eles não são dispensados, ao contrário, tornam-se dois âmbitos de expansão (a cabrocha, elemento complementar da tríade, segue implícita no interlocutor a quem a canção se dirige). A chave da relação *contra o vento / contra a cultura* resolve em si a estranheza causada pelo segundo verso: livros *contra* a cultura? Porém os versos de *Alegria, alegria* são um dístico que acompanha e de certa forma descreve a trajetória independente de Caetano, sua recusa em assumir compromisso com saberes institucionalizados, e talvez seja a ponte mais sólida entre essa canção e o livro em que ele revisa essa trajetória.

> *Tu pisava nos astros distraída*
> *Sem saber que a ventura desta vida*
> *É a cabrocha, o luar, o violão*
>
> *Tropeçava nos astros desastrada*
> *Sem saber que a ventura e a desventura*
> *Desta estrada que leva o nada ao nada*
> *São livros e o luar contra a cultura*

Caetano, portanto, glosa os versos de *Chão de Estrelas* ampliando-lhes o alcance e seguindo não apenas indicações métricas, mas também melódicas.

Na segunda parte da canção, Caetano dedica-se a uma reflexão sobre o livro como objeto em si, mas que não escapa de uma ironia fina, que já começa na pouco lisonjeira comparação entre livros e cigarros, como se ambos fossem vícios mais ou menos elegantes. Se a primeira se dedica a traçar o paralelo entre uma materialidade quase abstrata como o espaço sideral e a subjetividade muito próxima da *frase, o conceito, o enredo, o verso*, agora, ele passa a desconstruir o livro e nossa relação com ele. Ao listar de forma meio surrealista os lugares que podem servir para o cultivo de livros – *aquários, estantes, gaiolas, fogueiras* –, o discurso transita entre o material e o simbólico: se a gaiola remete à prisão de ideias (ou ideias que sejam prisões?), a fogueira traz uma significação dolorosamente literal. Mas, mesmo nos outros dois casos, o cultivo do objeto livro não necessariamente se traduz em germinação, antes, sua presença em aquários ou nas estantes tradicionais aqui soa estática, estéril. As ideias subsequentes vêm quase por livre associação, num crescendo depreciativo: a inutilidade insinuada no verso anterior conduz a defenestrá-los, antes que eles nos enlouqueçam. O quase ode aos livros da primeira estrofe desmoronou.

Mas o ápice da desconstrução vem em seguida. *Ou, o que é muito pior, por odiarmo-los / Podemos simplesmente escrever um.* A noção de se escrever um livro por odiar os livros inverte a equação de *lançar mundos no mundo*, é a sua negação absoluta. No entanto ambos são fundamentalmente o mesmo, *Ulysses e Mein kampf*, ou pode ser simultaneamente os dois, como o chamado livro dos livros, a Bíblia, dependendo não apenas de quem o escreve, mas de quem o lê. Isso porque os livros não são alheios a nós, são antes nossos espelhos. Caetano, além da autoironia de atribuir de passagem a si mesmo ter recém-feito o que descreve (*Encher de vãs palavras muitas páginas / E de mais confusão as prateleiras*), não perde de vista que a confusão nas prateleiras é a mesma nossa.

Livros é uma canção de ódio e amor, e isso se reflete em suas diversas escolhas. A principal delas: por que, ao falar de livros, Caetano escolhe para seu interlocutor principal não um livro, mas outra canção, uma antiga canção? Por que, ao dedicar-se tratar da materialidade do objeto livro como condutor, como mesmo materializador de mensagem e linguagem, escolheu como contracanto a seu discurso uma forma que só faz sentido cantada, e não escrita? Pois a canção popular tem algo que desafia o registro escrito muito mais até que a música de concerto, esta escrita antes da execução, aquela às vezes nunca escrita. Caetano nega seu objeto ao afirmá-lo, e *Livros* transita entre o saber erudito e o popular, o literário e o musical – como, aliás, toda canção afinal. *E, sem dúvida, sobretudo o verso* é a sua conexão escolhida entre esses dois mundos. Assim como *Chão de Estrelas*, *Livros* é escrita em decassílabos martelo, uma variação do heroico usado por Camões nos *Lusíadas*, em que as acentuações ocorrem na terceira, sexta e décima sílaba (o heroico troca a terceira pela segunda), métrica de inúmeras formas poéticas clássicas como o soneto e bastante raro em canção popular, como o próprio Silvio Caldas explica ao contar a história da composição.

Sua melodia é muito próxima da recitação em si, em boa parte alternando-se em duas notas contíguas, o que torna relevantes mesmo variações mínimas. O terceiro verso, *E a cidade não tinha livraria*, traz um primeiro pequeno salto para o agudo, que já é suficiente para trazer a tensão de viver numa cidade sem acesso ao saber. *É o que pode lançar mundos no mundo* se estende na passionalidade da última nota, desacelerando para permitir ao verso tomar o espaço evocado no texto. Da mesma forma, a sequência da segunda estrofe avançando sutilmente para o agudo vai aumentando a tensão: *Ou lançá-los pra fora das janelas / (Talvez isso nos livre de lançarmo-nos) / Ou o que é muito pior, por odiármo-los*, para no encerramento inesperado do pensamento: *Podemos simplesmente escrever um*, manter o agudo, mas novamente escandindo as sílabas, liberto da rítmica, fruindo o impacto desse verso no ouvinte.

Mas a chave do entendimento da ambiguidade/dualidade de *Livros* frente a seu tema talvez esteja na sua outra citação. No *intermezzo*,

Caetano recita em francês um excerto de O vermelho e o negro, de Stendhal (aqui, na tradução de Paulo Neves).

"Ici, dit-il avec des yeux brillants de joie, les hommes ne sauraient me faire de mal." Il eut l'idée de se livrer au plaisir d'écrire ses pensées, partout ailleurs si dangereux pour lui. Une pierre carrée lui servait de pupitre. Sa plume volait [...] "Pourquoi ne passerais-je pas la nuit ici? se dit-il; j'ai du pain, et je suis libre!" [...] Au son de ce grand mot son âme s'exalta [...] Mais une nuit profonde avait remplacé le jour, et il y avait encore deux lieues à faire pour descendre au hameau habité par Fouqué. Avant de quitter la petite grotte, Julien alluma du feu et brûla avec soin tout ce qu'il avait écrit.'

Aqui, disse com olhos brilhantes de alegria, os homens não poderiam fazer-me mal." Teve a ideia de entregar-se ao prazer de escrever seus pensamentos, em qualquer outro lugar tão perigosos para ele. Uma pedra quadrada servia-lhe de púlpito. Sua pena voava [...] "Por que não passar a noite aqui?" disse a si mesmo. "Tenho pão e sou livre!" A essa frase grandiosa, sua alma exaltou-se [...] Mas uma noite profunda substituíra o dia, e ele tinha ainda duas léguas de caminho para descer até a cabana habitada por Fouqué. Antes de deixar a pequena gruta, Julien acendeu um fogo e queimou com cuidado tudo o que escrevera.

Esse é um trecho de um livro clássico que fala, por sua vez, do ato de escrever, o que já é por si um paralelo com a canção que o acolhe em si. Nele, o arrivista Julien, disposto a tudo para triunfar socialmente, está só e se dispõe a escrever o que lhe passa pelo íntimo, para, afinal, considerar perigoso deixar sobreviverem aqueles registros e destruí-los. A ilusão de verdade trazida pela aparência de perenidade do livro é posta à prova. É uma grande ironia que Caetano traga para dentro de uma efêmera canção um trecho literário que fala do efêmero da literatura, uma ironia sobre o caráter pretensamente duradouro da escrita em contraste com a canção. Assim como a alardeada liberdade de Julien não ultrapassa os limites da pequena gruta em que se refugia e ele se vê impedido de dizer o que realmente pensa e sente, o registro que sobrevive a ele será tão confiável quanto ele próprio (e, no entanto, o livro de onde vem o trecho retrata exatamente esse dilema). É como se Caetano, autor principalmente de canções, duvidasse por um momento da capacidade do livro, a começar pelo seu próprio, de dizer o que realmente lhe interessa, e apostasse na das canções, inclusive ao fazer uma canção para falar de seus amados livros.

E ao fim, volta mais uma vez o verso sustentáculo de *Livros*, o verso que simultaneamente zomba e afaga. Mais que à mulher amada personagem da canção, os dois últimos versos de *Livros* são dirigidos à própria *Chão de Estrelas*, a seu romantismo exacerbado e *demodé*, seus decassílabos literatos e kitsch, e, no entanto, tão autênticos e representativos de um Brasil profundo, de uma alma popular que podia ser também a alma russa exaltada por Tolstoi. No embate entre o livro, objeto transcendente, e o não objeto canção que não pode ser guardada em aquários ou gaiola, esta leva a melhor ao jogar em seu campo, não por qualquer motivo racional, mas pelas razões que a razão desconhece – e as estrelas retomam sua denotação poética.

Não há nem sombra de anti-intelectualismo aqui, mas o relato de uma relação pessoal: sem prescindir dos livros e dos mais diversos saberes, a razão de ser destes aqui é desaguar transfigurados no seu fazer de compositor, sendo Caetano da geração que fez da canção popular um sucedâneo da literatura para as massas, atingindo um nível de elaboração intelectual conciliado com um alcance continental. Aqui está a grande ponte entre essas formas e saberes, que se materializou por décadas no Brasil e de que Caetano ainda é um dos expoentes. Após ter escrito um livro para explicar seu lidar com a forma canção, Caetano agradece a eles pelo que lhe deram e dão e retorna a ela, perdoa-a pelas falhas que também são suas, e abraça-a de volta.

O medo, a vida, a morte

Gilberto Gil passou a maior parte do ano de 2016 com insuficiência renal e hipertensão, problemas relacionados. Precisou ser internado seguidas vezes para exames e tratamento, e ao se apresentar com Caetano Veloso e Anitta na abertura das Olimpíadas do Rio, tinha o rosto inchado das medicações.

Foi a primeira vez em que vieram a público problemas de saúde de Gil. Ele tinha à época 74 anos. Mas a questão da finitude da vida se apresentou a ele bem mais cedo. O jovem Gil já cantava: *A morte é rainha que reina sozinha / Não precisa do nosso chamado / Recado / Pra chegar*. E na repetição final, a palavra *recado* é trocada por *medo*. Nada de que se espantar, o medo da morte, mesmo que na juventude nos sintamos imortais. Porém, décadas depois, Gil afirmou categoricamente: *Não tenho medo da morte*.

A primeira gravação de *Não tenho medo da morte* é a do álbum *Banda Larga Cordel*, de 2008, ano em que Gil completou 66 anos. Seu mote é a diferenciação conceitual entre a morte como um estado, posterior ao ato individual de morrer, o acontecimento em si.

A persona pública de Gil não dá a impressão de ser vulnerável ao medo. Ao contrário, ele foi intrépido ao longo de sua carreira, gerando com Caetano um movimento inovador na música brasileira, portando-se dignamente diante da prisão e do exílio pela Ditadura Militar, passando do fazer artístico ao político, aceitando o poder e realizando boas coisas com ele, e acima de tudo mantendo sua obra e sua vida sempre em íntima relação. Tudo leva a enxergar um destemido, um intimorato. Porém essa impressão é desmanchada candidamente pelo próprio Gil. Isso porque ele não tem medo da morte, mas de morrer. Gil, como tudo que é humano, tem medo. Pois o medo também é constituinte indispensável do humano.

Na medicina tradicional chinesa, sete emoções são ligadas a sete órgãos do corpo. O medo particularmente está relacionado às funções renais. Segundo ela, crianças inseguras fazem xixi na cama, pessoas apavoradas perdem o controle da bexiga e se urinam. E o medo constante de toda uma vida, não aceito, mal resolvido ou não digerido psiquicamente, somatiza-se em falhas no funcionamento renal. Exatamente o que aconteceu com Gil.

O arranjo de cordas de Jacques Morelenbaum para *Não tenho medo da morte* me deixou intrigado desde a primeira vez que ouvi, por me lembrar do de alguma outra canção de Gil, que demorei para identificar. Vasculhei sua discografia de cima a baixo até topar com ela bem debaixo do nariz: um de seus maiores sucessos, *Não chore mais*. Embora a frase da introdução de Morelembaum seja bem diferente da de Lincoln Olivetti nos anos 1980, algo na sonoridade, os glissandos de ambas, remeteram meus ouvidos imediatamente de uma à outra. Essa relação, por sutil que seja, não deixa de ser carregada de significado. *Não chore mais* é uma canção de otimismo diante dos anos de chumbo da Ditadura, de boas lembranças sendo o que traz forças para enfrentar a dura realidade. A leveza com que enfrenta o assunto contamina a gravação de *Não tenho medo da morte* e lhe empresta um pouco de seu otimismo, mesmo diante do inevitável, da iniludível.

Mas esse otimismo pode ser algo exagerado, ou mesmo inapropriado. Isso porque o otimismo diz respeito ao futuro, e trata-se aqui exatamente do fim de todos os futuros. A primeira gravação de *Não tenho medo da morte* é, talvez, leve demais, suave demais, não dá à finitude o peso que indubitavelmente tem. Gil teve a chance de mudar o enfoque sobre o assunto no álbum *Concerto de cordas & máquinas de ritmo*, de 2012. E o fez de forma surpreendente.

Para essa gravação, Gil despojou sua canção de quase tudo. Toda a instrumentação é reduzida a uma percussão esparsa no próprio violão e uma nota – só um bordão, uma vez a cada fim de estrofe. E é só. A própria harmonia se vai. Nudez absoluta. Para falar do momento da morte, aqui Gil literaliza na interpretação o próprio momento em que se está inteiramente só e todo e qualquer assessório é inútil. Do mundo nada se leva, e morrer não tem companhia. O canto soturno das duas primeiras estrofes contribui para a sensação de desolação, mas para as duas seguintes, ele passa à oitava superior. O movimento ascendente deixa escapar, afinal, uma visão positiva, mas que aqui não soa gratuita e sim respaldada pelo movimento anterior. Depois de encarar (esteticamente, oitava abaixo) o aspecto terrível da questão, Gil permite-se, apenas na própria voz, a sugestão de um possível consolo ou esperança.

A letra de *Não tenho medo da morte* é cristalina, uma pequena dissertação sobre o tema da morte e seu enfrentamento que dispensa maiores explicações. Mas o tema complementar do medo parece ter ficado ainda pendente de desenvolvimento por Gil. E o resultado foi, dois anos depois da primeira gravação de *Não tenho medo da morte*, o surgimento de seu espelho.

Não tenho medo da vida está no álbum *Fé na festa*, o que pode ser um bocado enganoso, pois a canção não tem nada de festiva, muito embora seja um xote (sua irmã espelhada também, embora menos evidente no arranjo). As estruturas são idênticas: os versos de abertura da primeira e terceira estrofe são os mesmos, apenas com a óbvia troca da palavra *morte* por *vida*. E a temática a princípio é também similar: assim como diferencia a morte do ato de morrer, agora, distingue vida em si do viver e seus afazeres. Porém, ao colocar a questão no espelho, Gil acaba em boa medida também invertendo a abordagem. E se na primeira canção o sentimento resultante era de certa serenidade apesar de a morte não ser uma escolha, mas uma imposição, aqui, ao tratar a vida igualmente como algo compulsório e o viver com sua carga de sofrimento inerente, o resultado ironicamente acaba sendo bem menos otimista que em sua antecessora. Das quatro estrofes, três terminam retratando o sofrimento como inerente ao ato de viver.

Na época do lançamento do álbum conceitual *Quanta*, que trata das relações entre religião e ciência, Gil comentou numa entrevista que cuidara de compensar nas composições a aridez dos temas escolhidos. Que, diante da complexidade dos assuntos, preferira canções de estrutura mais direta, mais simples, a ponto de privilegiar rimas em *ão*, permitindo ao ouvinte focar no que ele tinha a dizer. A dupla de canções *Não tenho medo da morte/vida* parece seguir esse preceito. A primeira é o desenvolvimento de um raciocínio perfeitamente articulado, a segunda mais dispersa, mas em ambos os casos o foco no discurso prevalece sobre a estrutura harmônico-melódica, a prioridade desta é conquistar o ouvido rapidamente, abrindo caminho para o outro. E, efetivamente, ambas permanecem dentro da tonalidade mais estrita entre primeiro, sexto e quarto graus, e têm melodias sem grandes saltos e repetidas a cada estrofe, sem sequer refrões para interromper o raciocínio que se desenvolve. É como se Gil, capaz de enormes complexidades e já tendo mostrado isso em tantos anos e tantas canções, seguisse agora o exemplo de seu mestre Dorival Caymmi, retratado por ele em *Buda Nagô*, no sentido da simplicidade – que, de certa forma, corresponde também a um estado natural de tranquilidade diante da vida e da morte, de transcendência a elas, que é o que ele busca nessas duas canções, como na vida.

E como o processo se dá paralelamente na vida e na obra, ao trazer Gil sua vida integrada à sua música, o processo prossegue em sua doença e influencia diretamente o que ele canta. Já quase recuperado dos problemas renais e de hipertensão associados, Gil divulgou a gravação caseira de uma canção feita por ele em homenagem à médica que o tratou fazendo-lhe uma biópsia no coração. Mais tarde, incluiu-a em seu álbum seguinte, *Ok ok ok*.

> *Ela mandou arrancar quatro pedacinhos do meu coração*
> *Depois mandou examinar os quatro pedacinhos*
> *Um para saber se eu sinto medo*
> *Um para saber se eu sinto dor*
> *Um para saber os meus segredos*
> *Um para saber se eu sinto amor*

É de se notar que o primeiro dos *exames poéticos* listados por Gil é justamente o medo. Gil assume abertamente a psicossoma, toma o medo que de sua mente passou a seu corpo e o expurga em verso, invertendo o trajeto do sentimento à matéria e tornando-o novamente sentimento – mas outro, resultante de uma canção de gratidão. A estrofe que se inicia com *medo* termina com *amor*.

Mas a ação mais direta e frontal de Gil contra o medo, não da vida e da morte, mas de viver e morrer, é também a mais singela, para além das considerações filosóficas de suas duas canções-espelho: O ato puro e simples de fazer uma canção para sua bisneta recém-nascida. E Gil, assim como o medo passou ao corpo e depois ao verso, passa da palavra ao ato, mas esse ato é também palavra.

Em um antigo anúncio de Natal da Unicef, Gil contava a história de um rei que conversava com seu filho e herdeiro à janela do castelo, e mostrava a imensidão do reino, até onde a vista alcançava. O príncipe então perguntou: Pai, um dia tudo isso será meu? E a resposta foi: Não, filho. Você, assim como eu, estará apenas tomando emprestado tudo isso a seus filhos.

A decisão de Gil em fazer essa canção em específico nesse momento de sua vida, a atitude prática de, próximo da morte, apontar para a vida que se perpetua em seus herdeiros, apostar na renovação da vida como razão para enfrentar abertamente seus medos, viver e morrer, quer dizer algo por si. E a alegria com que Gil faz os últimos acordes da canção, saboreando a cadência harmônica e o acorde final suavemente em suspensão, recusando-se a um final definitivo, dizem ainda mais, sem a necessidade de outras considerações.

Funk, Freud, feitiço, as Foguentas e as fogueiras da Santa Inquisição

Numa tarde de 2010, eu descia uma rua da Zona Norte do Rio de Janeiro para ir à padaria, quando ouvi uma música saindo de uma casa onde acontecia uma festa. A música dizia:

> *Se o mágico faz mágica a feiticeira faz feitiço*
> *Que que isso,*
> *Que que isso,*
> *Ô feiticeira o que tem pra me dizer ?*
> *– Vou fazer teu boneco desaparecer*
> *Mas na mágica que eu faço olha o meu boneco cresce*
> *Mas na mágica que eu faço olha o meu boneco cresce*
> *– O feitiço que eu faço boneco desaparece*
> *Que que isso feiticeira é magia ou é vodu?*
> *– Vai fica enfeitiçado quando eu empinar o bumbum*

Não preciso dizer que se tratava de um digno representante do assim chamado funk carioca. Minha primeira reação foi simplesmente achar graça. Porém, a cada vez que a ouvia novamente – pois é claro que eu parei para ouvir –, mais eu gostava da música, e mais me lembrava do Tom Zé.

O pensamento originalíssimo de Tom Zé é um alento para a música brasileira. Em meados da década 2000, ele voltou a atenção para o que chamou de *metarrefrão microtonal e polissemiótico* do funk *Atoladinha*, de Mc Bola de Fogo e as Foguentas, afirmando que se tratava de uma das ondas concêntricas que a Bossa Nova tinha feito desencadear. Uma participação sua no talkshow do Jô Soares em 2009 reverberou no meio musical pela análise da melodia ascendente por quartos de tom, mas levantou mesmo a plateia pelo elogio da afirmação feminina pela sexualidade, ao identificar nesse refrão uma reação feminina à castração judaico-cristã que proíbe a mulher de gozar.

– Piririn, piririn, piririn
Alguém ligou pra mim
Quem é?
– Sou eu, Bola de Fogo
E o calor tá de matar
Vai ser na praia da Barra
Que uma moda eu vou lançar
– Vai me enterrar na areia?
– Não, não vou atolar
– To ficando atoladinha
To ficando atoladinha
To ficando atoladinha
– Calma, calma foguentinha

Voltemos ao funk que ouvi no caminho da padaria. Na sequência do título deste artigo, a próxima parada é Freud, com o mote dado por Tom Zé. A teoria psicanalítica clássica afirma que *a descoberta das diferenças anatômicas entre os sexos (presença ou ausência de pênis) motiva a inveja do pênis nas meninas e a angústia de castração nos meninos, pois o complexo de castração centraliza-se na fantasia de que o pênis da menina foi cortado.* O período do desenvolvimento em que isso se dá é chamado de fase fálica, aproximadamente entre os 2 e os 5 anos.

Ora, no funk em questão, a simbologia fálica é óbvia, mas há algo importante a ser acrescentado: o fato de a mulher estar no comando, ao fazer o *boneco desaparecer*. Ou seja, na verdade, ela se apropria do pênis. Agora é ela que tem o poder.

Tudo isso poderia servir de argumento (e eventualmente é mesmo usado como) aos críticos do funk. Afinal, a análise está partindo de uma fase sexual da primeira infância... Acontece que a fase fálica é muito próxima, em termos psíquicos, da fase genital, atingida na puberdade. *O desejo de ter um pênis e a aparente descoberta de que lhe falta 'algo' constituem um momento crítico no desenvolvimento feminino.* Segundo Freud: *A descoberta de que é castrada representa um marco decisivo no crescimento da menina.*

É quando chegamos à nossa próxima parada: o feitiço. Se a primeira coisa de que esse funk me lembrou foi Tom Zé, a segunda foram as bruxas da Idade Média. Explico: entre as inúmeras crenças nos poderes das feiticeiras na época, estava a de que elas tinham a vagina dentada! Ou seja, teriam a capacidade de decepar o pênis dos homens no ato sexual.

Além disso, as bruxas eram comumente associadas a Lilith, que na mitologia católica medieval era considerada a primeira mulher de Adão. Ela teria sido criada junto com ele (ou seja, em pé de igualdade), no sexto dia da Criação divina, mas teria se recusado a se submeter a Adão permitindo que ele ficasse por cima no ato sexual. Então, Lilith teria deixado Adão e o Paraíso e se unido a Lúcifer, e Deus então teria criado Eva da costela de Adão. As feiticeiras seriam filhas não de Eva, mas de Lilith.

Por último, notemos uma sutileza insuspeita na letra: a diferenciação entre a mágica e o feitiço. O funk *Que que isso* é apresentado pelo Mc Mágico e por Suzi Feiticeira. A mágica realizada pelo homem é caracterizada como um truque. Já o feitiço dela é real. A mágica dele tem efeito apenas sobre ele mesmo. O feitiço dela tem efeito sobre ele.

Na entrevista a Jô Soares, Tom Zé fornece uma estatística quase incrível: 68% das estudantes da USP, meca da civilização, nunca teriam tido um orgasmo. A reação de Jô dá a deixa para a relação sexo/religião: *Nem na USP! Na PUC, então, nem pensar!* A proibição do gozo feminino e a fixação de seu papel submisso tiveram na Santa Inquisição (última parada do título do artigo) um ponto culminante. Uma mulher recusando-se a esse papel foi passível de pena de morte. Tom Zé denuncia essa proibição até os dias atuais, tabu quebrado pela funkeira Tati Quebra-Barraco, e por Mc Bola de Fogo e as Foguentas em *Atoladinha*. *Que que isso* decifra e traça sinteticamente o roteiro da mulher apropriando-se da própria sexualidade, amadurecendo simbolicamente da fase fálica/infantil para a genital/adulta, conquistando sua igualdade com o homem negada desde o Velho Testamento, apropriando-se do pênis e chegando junto. Juntinho.

Filhos da Aquarela: De ponta a ponta tudo é Praia-Palma

Lá pelo meio de *Terra em transe*, uma das obras primas de Glauber Rocha, uma tomada de câmera mostra, visto de lado, um palanque vazio, pronto para ser ocupado para um comício. A câmera gira para a esquerda, e então é vista uma imensa multidão expectante. Uma tomada rápida, de apenas alguns segundos, e que não volta a se repetir. O que é bastante estranho, pois é sabido que Glauber, autor da famosa frase-definição do Cinema Novo (tanto de sua riqueza conceitual quanto de sua pobreza financeira), *uma câmera na mão e uma ideia na cabeça*, não teria como contratar uma quantidade de pessoas como aquela apenas para uma cena tão curta. Dá para desconfiar que essa tomada não foi feita para esse filme.

E não foi mesmo. A origem dessa curta cena, preparativa da campanha política a governador do estado do Alecrim na república de Eldorado, é o documentário feito por Glauber no mesmo ano, logo antes, *Maranhão 66*, em que é retratada a posse para seu primeiro mandato do então jovem governador do Maranhão, José Sarney (aliás, a bandeira do Maranhão é visível à direita da tela logo no princípio da tomada). Segundo conta o próprio Sarney, ele convidou Glauber para fazer o registro do acontecimento (outra versão, mais plausível, diz que ele teria convidado Luiz Carlos Barreto, que, por sua vez, chamou Glauber). Glauber, porém, em vez do esperado vídeo laudatório, publicitário convencional, alterna as imagens do palanque com outras retratando a miséria do estado, sob o fundo do discurso otimista e populista de Sarney. O resultado é inesperadamente dúbio: será um filme em que o discurso de Sarney, que cita as misérias retratadas, é levado a sério, e, portanto, positivo para o político? Ou será um filme-denúncia, em que o discurso de Sarney é desmascarado pelas imagens? Impossível decidir com absoluta certeza. As imagens corroboram e contradizem uma e outra possibilidade, mas essa indefinição é mais destruidora que qualquer certeza panfletária. Sarney o elogiou vivamente, mas depois sabotou sua distribuição. No fim, por mais que o registro do nascimento de uma dinastia quase feudal que dominou por décadas grande parte do estado valesse por si historicamente, a leitura aberta que Glauber faz torna *Maranhão 66* um filme de valor inestimável – e que de resto serviu como laboratório para *Terra em transe*, em que essas questões foram levadas muito adiante.

Mas a menção a Glauber e, mais precisamente, a esses dois filmes, deve-se ao fato de eles – mais particularmente *Terra em transe* – terem vindo à minha mente imediatamente ao ouvir as canções de Thiago Amud. Antes ainda de tratar da que dá título a este texto, e que nomeia seu segundo álbum, é preciso falar da canção de seu primeiro álbum, *Sacradança, de 2010*, e que me despertou primeiro essa questão: *A marcha dos desacontecimentos*.

Pra me desanuviar da culpa
Condenei a cristandade
Conspirei contra a cultura
Quando o peito abriu pra piedade
Destilei cinismo ralo
Pra poder beber no Baixo
Para me evadir das evidências
Repeti relativismos
No que fui muito aplaudido
Como o sofrimento me enfadasse
Engajei-me numa Ong
Dei abraço na Lagoa
Para que o assombro da verdade
Não doesse quase nada
Reclamei cidadania
Quando uma memória me exigia
Contrição ante o sagrado
Apertei um baseado
Sou da Legião, peço passagem
Ponho o rancho na avenida
Taco a vida na voragem
Para aliviar a consciência
Transtornei meu livre arbítrio
Num instinto de toupeira
Como o meu projeto não vingasse
Rebelei o baixo ventre
Descobri-me comunista

Pra vogar na crista da história
Recortei o meu destino
Como manda o figurino
E se a criação me revelasse
A mão suprema que a sustenta
Eu tinha um plano de imanência
Pra glorificar minha vontade
Eu desconstruí o mundo
E pus o mundo na linguagem
Quando fulgurou a Parusia
Gracejei, pois bem sabia
Que era mais uma palavra
Sou da legião, peço passagem
Ponho o rancho na avenida
Taco a vida na voragem na voragem na voragem

A marcha dos desacontecimentos é uma marretada. E o mais surpreendente é que seja uma marretada voltada para a esquerda do espectro político, mas sem por isso se identificar plenamente com o outro extremo desse espectro. Nesse sentido, parafraseando e invertendo a famosa frase de Fernando Collor, ela deixa a esquerda indignada e a direita perplexa. Sua crítica terrível a grande parte das estratégias de pensamento e ação da esquerda (em especial talvez a chamada esquerda festiva, citada quase nominalmente nos *abraços à Lagoa*) denuncia o que esta tem de inócuo e inútil, o que nelas não passa de tentativa vã e egoísta de tranquilizar a própria consciência. Não por acaso, aproveita o formato festivo da marcha carnavalesca (que, no entanto, foi e é meio de crítica política) e transfigura-o num arranjo de guitarras cheio de tensão, não bastasse a melodia de curvas inesperadas característica de Thiago, e de que falaremos adiante. E não à toa o clipe gravado no meio do Cordão do Boitatá, bloco carnavalesco carioca. O próprio Thiago explica em entrevista, falando de sua subversão do termo MPB em Música Purgatorial Brasileira:

Às vezes escrevo canções diabólicas, não como adesão a potências disruptivas, mas, ao contrário, para exibir em tons sinistros o avesso da bondade, a fim de que esta ressalte como absolutamente necessária. É uma máscara, um jogo dramático (nota minha: atentar para as máscaras alegre/triste do clip da Marcha). Foi assim que fiz Sal Insípido, A Marcha dos Desacontecimentos, mais tarde A Marcha do Grande Lider [...] E é assim que tramo diversos arranjos: sinto que eles são a metade agônica de um silêncio luminoso que ainda virá.

A posição de advogado do Diabo, porém, não deve ser confundida com a de franco atirador. A produção de Thiago não se presta a ser uma metralhadora giratória, e Thiago recusa o papel de *enfant terrible*. O que não a torna mais confortável, não apenas para ele, mas para seus alvos principalmente. Como em Glauber, o fato de Thiago recusar-se à tentação de tomar partido amplifica a virulência de sua crítica. E a *Marcha dos desacontecimentos* não deixa de ser uma boa porta de entrada para compreendermos os procedimentos musicais de Thiago, e os caminhos tomados por sua música.

E aí tenho de passar a um relato pessoal, que foi o que me permitiu entendê-los melhor. Conheci Thiago pessoalmente no carnaval de 2015, não no Cordão do Boitatá, mas num semirretiro no interior. Passei uma tarde em companhia dele, seu pai, músico amador de diversas e divertidas composições, e o violonista Luís Carlos Barbieri. Uma tarde agradável falando de música e fazendo um quadrado de violão (uma roda com quatro...), revezando-nos em canções próprias ou de autores que admiramos. Thiago, então, tocou, reproduzindo harmonias e arranjos em nível de detalhe reverente e delicado, composições de Tom Jobim (*As praias desertas, Derradeira Primavera*), Dorival Caymmi (*Sargaço mar*) e Edu Lobo (não lembro ao certo, talvez *Choro Bandido*), entre outras, que se inscrevem na linha principal da tradição da MPB. A demonstração do conhecimento aprofundado de Thiago de algumas das composições mais arrojadas desses compositores serviu então a meus ouvidos como uma ponte perfeitamente trafegável para suas próprias.

E ficou claro para mim que, embora a uma audição apressada as melodias enviesadas de Thiago possam soar como uma negação do cânone, são justamente o contrário, o seu corolário, a demonstração do quão longe ele pode chegar. Thiago não é um iconoclasta. O que ele faz é desenvolver o lado obscuro da tradição, mas com a intenção nítida de levá-la adiante. Num certo sentido, até um conservador. Porém um conservador que leva corajosamente a tradição às últimas consequências, a ponto de não conservá--la – contradição que se resolve na prática. Assim também, a letra da *Marcha dos desacontecimentos* combate com fúria o relativismo pós-moderno – na medida em que este se torna um bom pretexto para o imobilismo, ou para a ação meramente mimética. Seguimos então para Terra em Transe. Glauber Rocha com a palavra:

Eu detestava todas as coisas apresentadas em Terra em Transe, filmei com certa repulsão. Lembro-me do que dizia ao montador: estou enojado porque não acho que haja um único plano bonito neste filme. Todos os planos são feios, porque se trata de pessoas prejudiciais, de uma paisagem podre, de um falso barroco. O roteiro me impedia de chegar à espécie de fascinação plástica que se encontra em Deus e o Diabo. Às vezes, pode ser que eu tenha tentado escapar a este ambiente, mas o perigo consistia em atribuir valores aos elementos alienados.

Terra em Transe é certamente um filme inovador. Caetano Veloso chega a afirmar no livro *Verdade Tropical* que *se o tropicalismo se deveu em alguma medida a meus atos e minhas ideias, temos então de considerar como deflagrador do movimento o impacto que teve sobre mim o filme Terra em transe.* Porém, antes de cairmos na dicotomia inovador / conservador, notemos o que há em comum entre ele e boa parte da música de Thiago, a busca pelo lado obscuro, mesmo feio, de uma estética. Aliás, Caetano mesmo, falando da Tropicália mais tarde, afirma que, enquanto compositores tradicionais como Tom e Chico continuavam buscando uma arte do belo, ele, Gil, Tom Zé procuravam uma que fosse de alguma forma feia. A divisão apolíneo / dionisíaco pode soar dicotômica aqui – e não deixa de ser. Mas é possível pensar que Thiago, tendo seguido o caminho de Tom e Chico, tenha tomado mais tarde a bifurcação, permitindo essa decisão uma infinidade de possibilidades – inclusive o trânsito entre esses dois caminhos.

Além disso, *Terra em Transe* é o marco da filmografia brasileira que é por sua capacidade de captar o zeitgeist de sua época. Há nele o retrato de uma busca identitária, mas uma busca ferozmente crítica. Nada, ninguém se salva. Nem o político reacionário e golpista, nem o populista de esquerda, nem o dono dos meios de comunicação, nem mesmo o intelectual/artista perdido em meio à barafunda de relações perigosas, imaginando-se capaz de influenciar o rumo dos acontecimentos, mas apenas servindo de joguete de forças maiores. O teor crítico da *Marcha dos Desacontecimentos* ressoa o de *Terra em Transe*. E então chegamos finalmente à canção título do segundo álbum de Thiago, de 2013, e deste texto.

Por que lembrei quase imediatamente de *Terra em transe* ao ouvir *De ponta a ponta*, a canção? O título do filme é citado na letra, entre muitas outras obras, e já falarei dessa sequência de citações. Mas antes fala Thiago, em entrevista ao Brasil Post.

Minha relação com o Brasil é conflituosa justamente porque, embora eu leve em conta que os 'gerentes' do Estado e os 'engenheiros comportamentais' da Mídia de massas vivem agenciando certos mitos culturais para que o país se mantenha docilmente administrável, sei que nem todos esses mitos são fabricados a partir do nada. Creio que existe uma latência, uma vida especificamente brasileira. Se sua manipulação rende dividendos políticos e econômicos para os agentes do poder, eis um excelente motivo pelo qual precisamos estar aptos a reconhecer onde a sociedade é ela mesma: que modos originais de convívio, trocas e valorações foram formando sua singularidade. Somente assim poderemos identificar as possíveis pretensões totalizadoras e manipuladoras do Estado, dos mega-agentes econômicos e da grande mídia. (e complementando o aforismo de Simone Weil que está no encarte do álbum, "Mas uma nação como tal não pode ser objeto de amor sobrenatural. Ela não tem alma. É um grande animal."): "A caridade pode e deve amar, em todos os países, tudo o que é condição do desenvolvimento espiritual dos indivíduos". É preciso que saibamos amar o que nesse país deve ser amado.

O que Thiago fala poderia ser aplicado com pouquíssimas adaptações a *Terra em transe*, inclusive a enumeração dos agentes do poder. De formas diversas, *Terra em transe* e *De ponta a ponta* são alegorias de Brasil. Se Glauber sintetiza em personalidades as grandes correntes de poder e suas relações, pintando um quadro expressionista, Thiago faz em sua canção uma espécie de inventário do imaginário brasileiro, via obras que ajudaram a forjá-lo. A lista de referências sutis em sua letra é significativa: além da carta de Caminha no título e o filme de Glauber, Mário de Andrade em *Macunaíma* (*Muita saúva e pouca saúde, os males do Brasil são*); *Asa Branca*, de Luiz Gonzaga e Humberto Teixeira; *Sei lá, Mangueira*, de Paulinho da Viola e Hermínio Bello de Carvalho; *Canção do exílio*, de Gonçalves Dias; *Maracangalha*, de Dorival Caymmi; *Grande Sertão: Veredas*, de Guimarães Rosa; e possivelmente deixei passar outras. Mas a paisagem pintada por Thiago não tem apenas elementos na letra. Desde o pandeiro melancolicamente solitário que a introduz e encerra, num uso da percussão que é muito bem apontado por Pedro Cazes em um magnífico ensaio sobre o álbum, substituindo a costumeira *levada* que facilmente identifica o estilo por arranjos de acompanhamento com *uma dinâmica rítmica fragmentada, recortada*, recusando estereótipos e idiossincrasias nesse reconhecimento de terra estranha (uma cena do filme de Glauber traz o senador golpista, ao assumir o poder, aportando numa praia deserta. Avança com uma bandeira negra, acompanhado por um sacerdote e um homem com uma fantasia de carnaval em que logo reconhecemos uma estilização da corte portuguesa. É recebido por um índio, também estilizado, sob um cruzeiro. A cena é acompanhada por um canto de terreiro de candomblé, talvez sinalizando o elemento ainda ausente nesse momento do descobrimento redivivo. Mas a canção de Thiago me soa como uma trilha sonora perfeita para essa cena).

Assim também, ao iniciar a parte B, que faz as vezes de refrão, enquanto o acompanhamento rítmico passa a soar dobrado, a divisão da voz de Thiago, em estrofes que culminarão falando do inferno no céu ou do Grande Sertão, segue sempre propositalmente atrasada em relação a ele, numa sucessão de tempos acéfalos que chega ao desconfortável, como algo que avança aos trancos, que avança sempre na direção de um anticlímax, terminando numa cadência harmônica que se estende sem se resolver. Como em Glauber, não é possível classificar o discurso em direita e esquerda. É algo além. Glauber faz a crítica não sistemática e simultânea de todas as tendências políticas brasileiras ao retratá-las imbricadas e ao mesmo tempo costuradas numa espécie de imperativo cultural maior. Esse retrato emaranhado é o que Thiago faz. Mas Thiago deixa para trás as disputas políticas para abarcar – ou talvez a palavra correta seja apenas vislumbrar – o fenômeno de formação e destruição contínua de um país – *aqui tudo parece que é ainda construção e já é ruína*, disse Caetano Veloso. O pandeiro que termina a canção, após a repetição do verso inicial, é o mesmo que iniciou? A praia deserta do início dá lugar a um cenário de devastação? E, no entanto, *De Ponta a ponta* é, ao fim e ao cabo, uma canção de amor, que se recusa a um olhar distanciado, mas, ao contrário, aproxima-se desmesuradamente de seu objeto, até mostrar a quantidade de fios e ligações internas e antigas entre aparentes forças opostas, o retrato detalhado de um nó inextrincável – o que não deixa de trazer o tempero de certa desesperança. Porém, assim como a construção se torna ruína, da ruína pode surgir o imponderável. Ou, nas palavras de Glauber:

Terra em Transe é um filme sobre o que existe de grotesco, horroroso e pobre na América Latina. [...] Temos que afrontar nossa realidade com profunda dor, como um estudo da dor. Não existe nada de positivo na América Latina a não ser a dor, a miséria, isto é, o positivo é justamente o que se considera negativo. Porque é a partir daí que se pode construir uma civilização que tem um caminho enorme a seguir.

Ou, nas palavras de Thiago, respondendo à pergunta *Por que compor?*

Compor para conduzir os impulsos inventivos por entre fantasmas, espelhos, antepassados. Assim talvez possamos esconjurar o desespero, que é a vitória do 'sem sentido'.

E lembro imediata e novamente de Paulo Martins, personagem de Jardel Filho em *Terra em transe*, o jornalista e poeta que se arvora em tentar influenciar os destinos de seu país e perde-se na rede de intrigas que ajuda a tecer, abdicando da poesia por um fazer que o destrói. Thiago procura o outro caminho, tornando seu fazer artístico sua própria forma de atuar na construção do imaginário que reúne em si. Em seu álbum *De ponta a ponta tudo é praia-palma*, centralizado na canção que o nomina, realiza um ambicioso, mas não exaustivo inventário do imaginário de um país que se constrói pela imagem de si mesmo, para se demolir ali adiante e recomeçar. *Devastação*, a canção seguinte, é aberta pelo violoncelo fazendo a frase inicial de *Matita Perê*, de Tom Jobim e Paulo Cesar Pinheiro, mas estendendo-a para o agudo, como que lhe tomando o bastão. Passos seguintes no inventário que nunca termina.

Quero ver a canção agora

E lá vamos nós de novo na discussão sobre a crise da canção e sua reinvenção. Discussão mais que necessária, por sinal. Cenas (sintéticas até a esquematização) dos últimos capítulos: a canção pré-bossa-nova tinha dois elementos-guia, melodia e letra. Compositores usualmente faziam suas canções sem instrumentos harmônicos de referência, pois a harmonia era próxima da óbvia, seguindo os elementos funcionais diretos. Isso não desmerece as criações desse paradigma, pois com esses dois elementos obras-primas foram criadas.

Porém, com a bossa-nova, um elemento musical assume pé de igualdade com os outros: a harmonia se junta a melodia e letra no protagonismo da canção. Depois de Tom Jobim, o acorde óbvio não é necessariamente o acorde usado, a dissonância é incorporada, o movimento da harmonia conta histórias tanto quanto suas companheiras. Com João Gilberto, até mesmo o repertório anterior à bossa – Noel, Geraldo Pereira, Ary Barroso, tantos outros – é revisto à luz desse poder ascendente da harmonia, dos tetracordes e suas extensões. E este se torna o paradigma sob o qual será construído o imponente edifício da MPB, que ora rui.

Rui? Pois rui para se alargar, alegam muitos. Pois é chamado mais um personagem à boca de cena. Assim como a canção pré-bossa-nova fazia sentido cantada sem acompanhamento, mas da bossa-nova em diante não, esta pode não fazer sentido acompanhada apenas por seus acordes, pois o timbre se impõe como um elemento funcional disposto a ser ouvido ombro a ombro com melodia, letra e harmonia. Essa música é feita a partir do timbre? Mais especificamente, pode-se pensar que ela é construída como um todo semiótico com o arranjo. Tom Jobim pensava os arranjos em conjunto com as músicas, mas em seu pensamento o arranjo estava sempre a serviço da canção, enquanto a harmonia era também a canção (e aqui radicalizo propositalmente o esquematismo e ignoro numerosas exceções). Agora, o arranjo é a canção, tanto quanto a letra, tanto quanto a melodia que muitas vezes vai da modulação direta da voz a notas definidas e volta quase indistintamente – corolário, ou talvez retorno, do caminho da canção como estilização da fala, segundo o pensamento de Luiz Tatit.

Músicas dessa nova geração frequentemente não se prestam a rodas de violão. Não são passíveis de serem despidas de sua parte instrumental impunemente, não são cifráveis nas revistas *Violão e Guitarra – Vigu*, dos anos 70, já que os caminhos do arranjo se afastam decididamente da sequência de acordes e partem em busca de riffs, entre muitas outras soluções. O que gera um desafio para regravações, pois a substituição do arranjo original por outro implica mais que nunca uma recomposição. E é exatamente o que se faz continuamente. Outro grande desafio é dar a essa nova forma uma estruturação que permita alçar voos altos, quiçá duradouros – se é que essa é uma ambição desta geração (tenho para mim que é).

Discussão da forma, discussão do conteúdo. Pois se há cada vez mais elementos dispostos a contar sua história, ao ser dividida entre eles, ela é contada de forma menos verbal, mais vaga – mas não necessariamente menos incisiva. O desafio de torná-la consistente é paralelo ao da narrativa literária, do conto etc. Tanto para letra quanto para melodia, não percorrer o caminho da forma tradicional implica escolha de outro caminho que pode ser desamarrado, procura de uma nova (outra vez) consistência. A melodia pode dar a impressão de não saber aonde ir, e esta pode ser uma escolha consciente (nesse caso, ela sabe aonde ir exatamente, e vai de propósito). Há hoje um tatear composicional nos músicos que se percebem integrantes de uma nova forma de fazer MPB. Uma multiplicidade de referências e de significações que incorpora os instrumentos. Há uma assimilação da cultura pop que é ao mesmo tempo entrega e cinismo, simultaneamente sincera e desconfiada. Tanto resistência quanto rendição. Antropofagia passando de nível no videogame.

Mas do que é que eu estou falando afinal? De composições como *Quebra tudo*, do álbum *Quero ver dançar agora* – título, aliás, tirado de um de seus versos, e lançado em junho de 2013, quase simultaneamente aos protestos de rua que tomaram e mudaram a história do Brasil – de Gabriel Muzak.

Um dos meus questionamentos mais ferozes a partir do surgimento dessa geração difusamente (auto)denominada Nova MPB e seus novos procedimentos é exatamente a capacidade de criar obras com a capacidade de duração e de fixação que tiveram os nomes hoje clássicos da MPB. A capacidade de estabelecer algo que sirva de influência para a próxima (ainda que para os iconoclastas do futuro) e se estabelecer como a MPB simplesmente, sem o eterno epíteto de *nova*. E para isso é necessário um domínio desses procedimentos e um equilíbrio entre eles que eu já vi em lampejos em diversos trabalhos, mas que é em si um processo de amadurecimento, inevitável diante de parâmetros novos em que o próprio formato da obra se reconstitui. Pois bem, essa canção de Gabriel Muzak é para mim um exemplo acabado desse amadurecimento e de onde ele pode dar. Não sei se vai se tornar um clássico, nem se é possível que uma canção com esse formato se torne um clássico, ou se seria bom que se tornasse... Mas acho que é uma demonstração, entre outras possíveis, da safra que são os frutos dessa nova MPB.

(Repito para ser claro: falo do processo composicional especificamente. Gravar uma canção *anterior* com procedimentos de arranjo novos, assim como João Gilberto fez, é algo corrente e necessário até como treinamento e referenciamento, para músicos e ouvintes, uma transição geracional indispensável. Mas refiro-me às composições exclusivamente feitas segundo essa nova formatação, incluindo timbre na mistura em igualdade de condições.)

Então, vamos por partes. Primeiro, o nome do Gabriel. Na Le Monde Diplomatique Brasil do mês de agosto de 2013, no artigo *Marketing sonoro invade as calçadas*, a produtora Juliette Volcler conta:

[...] a Muzak Corporation inventou a música ambiente nos anos 1930 e criou, para promovê-la, o conceito de "progressão de estímulo". A melodia tinha por função, além de esconder os ruídos do trabalho, melhorar a produtividade: tônico quando a energia caía, calmante quando a distração rondava. A "progressão de estímulo" hoje continua a ser adaptada aos mais variados universos, supostamente para prolongar o tempo de permanência de um cliente numa loja ou, ao contrário, para acelerar a rotatividade num restaurante.

Gabriel, por sua vez, informa que tirou seu sobrenome artístico da canção *Épico*, de Caetano Veloso, do álbum experimental *Araçá azul*. Canção (se é que chega a ser canção) que não tem nada de muzak, mas em cuja letra Caetano, em determinado momento, alterna as palavras Muzak e Walter Smetak, compositor e pesquisador que influenciou decisivamente o Tropicalismo nascente. Pois se Caetano equipara muzak e Smetak semanticamente ao enfileirá-los sintaticamente, ao adotar Muzak como sobrenome, Gabriel novamente o equipara a Smetak, nomes-espelho na canção de Caetano. Gabriel assume para si todo o arco que vai de um extremo a outro, de Muzak a Smetak, seu nome é ele próprio essa provocação que faz questão de não recusar toda e qualquer fonte.

É exatamente isso que se ouve no álbum de Gabriel, *Quero ver dançar agora*, aberto com um *carimbó das arábias* na definição dele, seguindo com sambas (a introdução de *Uma mulher* lembra imediatamente Tom Zé), faixas instrumentais, em outras línguas, tudo misturado, mas com uma unidade interna que vem despreocupada, naturalmente, pelo evidente domínio da linguagem de que falava acima (não tanto das línguas, como ele brinca dizendo: *Sou um polianalfabeto*). O que nos leva à canção que me chamou a atenção, *Quebra tudo*. Gabriel comenta para o site *O Esquema*:

> *Quebra tudo tem esse nome porque foi composta em compassos não convencionais, ora de 3 tempos, ora de 5. Além disso narra tempos difíceis, estabelecimentos comerciais são o objeto da espreita dos cidadãos acossados por suas dificuldades. Fala do mundo insustentável da opressão, do consumismo como fator de afirmação social e de como o mundo caminha nos tempos da imagem.*

O truque semântico de *Quebra tudo* é simples. A passagem de sentido dos estabelecimentos comerciais listados à música e ao ritmo, da figuração literal à metalinguagem, poderia não passar de uma pegadinha, mas a ultrapassa em muito, justamente porque não se limita ao formato tradicional de canção. O que dá a *Quebra tudo* a dimensão de uma declaração (senão um manifesto) ao mesmo tempo política e estética é o fato de que tudo nela caminha *pari passu*, de letra e melodia ao arranjo, o novo/velho elemento timbre.

Vejamos: na letra – que é basicamente uma lista, daquelas que ganham força a cada item acrescentado –, passagens irônicas como a promoção-relâmpago *mais cinco minutos, na segunda prateleira da esquerda pra direita!*, ou os quase slogans *Lojas da lingerie da mulher moderna* e *Hamburguer de carne bovina*, ironias tão próximas do clichê quanto uma melodia poderia estar da muzak, a música ambiente que toca nesses lugares e da qual o vendedor da promoção-relâmpago faz parte. O que realmente acontece no fraseado melódico desses momentos, mais próximos da artificialidade, enquanto em outros o vagar entre canto e fala quase faz esquecer que há uma melodia explícita, e em outro ainda transforma a entonação de *açougue!* num esgar. No ritmo, um quinário quase dançante quebrando o tempo dá lugar ao ternário furioso (que me lembra Titãs e sua iconoclastia dos melhores dias) trilha sonora das coisas quebradas – difícil dizer qual o literal, qual o metafórico. Na harmonia, um padrão que se repete insistentemente do começo ao fim, em que acordes são o que menos importa (adeus, rodinha de violão). E junto a tudo isso, a voz metálica de Gabriel que parece zombar do que ele mesmo diz. Todos os elementos a serviço. Sem um deles, perde-se não apenas força expressiva, mas significado mesmo. Sem um deles, a canção perde sentido. Juntos constroem um todo bem maior que as partes, como deve ser. E com mais partes do que nunca.

E o refrão, que nomeou o álbum. *Quero ver dançar agora* é o lançamento de um desafio que vai na direção contrária do restante da letra, já que a encerra, fazendo todo o caminho de volta instantaneamente. Se a letra parte dos estabelecimentos comerciais e de uma possível crítica do consumismo para o ritmo da própria canção, o refrão parte desse ritmo e remete de volta à questão política. Junho de 2013, Gabriel, em 5/4, canta/fala, recita com um desenho tão claro que pode ser posto em partitura: *Quero ver dançar agora!* Junho de 2013, o povo na rua grita para seus representantes que não os representam, para a grande imprensa movida por interesses comerciais, para grandes empresas mancomunadas com políticos: *Quero ver dançar agora!* (na verdade, a canção é de 2010, o que a torna ainda mais interessante, por não ter sido feita a molde dos acontecimentos, e sim o contrário). Estética e ética, Smetak e muzak se fundem num só. Gabriel incita: *quebra tudo, DJ!* e insere explicitamente o DJ como músico, como personagem, como autor da canção. Um desafio que retorna à questão estética uma vez mais ao ser lançado à própria música, se pensamos na tão famosa e contestada *linha evolutiva da MPB* pensada pelo Caetano Veloso – que involuntariamente batizou Muzak. MPB que desde seus primórdios agrega novos elementos, quebra tudo e se reconstrói e se relê a cada dia. Gabriel é um dos que segue inserindo a música na vida nacional e vice-versa, com imensa propriedade, que está pensando e trabalhando no sentido de levar avante uma tradição reinventando-a continuamente. Gabriel quer ver a música brasileira dançar agora. Eu também.

Guinga e a última canção do beco

A música popular brasileira hoje está pobre e nivelada por baixo. Pobre de assunto, de letra, de melodia, de harmonia, de arranjo. É aquilo que a indústria, em crise, tentando sobreviver ao naufrágio, produz. É feio. Não é dessa água que a gente vai beber. Não é que as cantoras ou os cantores vão mal, mas é um cenário que não incentiva a busca do conhecimento, da qualidade ou da consciência do que você faz.

A declaração de Mônica Salmaso, dada ao jornal *O Globo* na entrevista de divulgação de seu álbum *Corpo de Baile*, de 2014, causou reações contraditórias, indo do limite do desaforado, ao listar nomes de compositores atuais de qualidade para sugerir a ela, a reclamações mais ou menos genéricas sobre o padrão da música divulgada hoje nos meios de comunicação de massa, em especial as rádios, por décadas o grande meio de divulgação de música no Brasil. A imbricação, na mesma frase, de dois assuntos bem diferentes, porém igualmente complexos (a produção composicional da música brasileira e seus padrões estéticos em mutação; e a mutação e o estilhaçamento igualmente acelerados dos meios de veiculação, divulgação e comercialização dessa produção), praticamente impediram um consenso, porém geraram debates muito ricos.

Destes, destaco dois. Um, o comentário do cantor e compositor mineiro Sérgio Santos, que, entre muitas ponderações, lembrava algo óbvio, mas que na pressa escapava de muitos: Mônica divulgava um novo trabalho, e este sem dúvida falaria por ela melhor que declarações pinçadas de uma entrevista e transformadas em manchete. E outro, o artigo "E agora, MPB?", do pesquisador Paulo da Costa e Silva em seu blog *Questões Musicais*. Esses dois comentários me servirão de ponto de partida para tentar levar adiante o entendimento do assunto. E começo seguindo o conselho de Sérgio, para mais à frente aproveitar bem mais de seu artigo e do de Paulo.

O *Rancho das sete cores* é integrante do álbum de Mônica Salmaso *Corpo de Baile*, inteiramente voltado para a parceria de Guinga e Paulo César

Pinheiro, ocorrida durante as décadas de 1970/80. A única canção desse repertório que obteve alguma difusão foi o *Bolero de Satã*, gravado por Elis Regina – o que, por algum motivo, não foi suficiente para Guinga angariar a popularidade conseguida por diversos outros autores lançados por ela, como Milton Nascimento, Tim Maia e João Bosco. Durante a década de 1980, Guinga foi gravado em alguns álbuns como o de Miúcha em 89 (*Non Sense* e *Porto de Araújo*, ambas gravadas por Mônica nesse álbum), teve *Senhorinha* como tema de novela na voz de Ronnie Von, mas apenas na década de 1990, já desfeita a parceria com Paulo César Pinheiro e iniciada a com Aldir Blanc, Guinga obteve reconhecimento na gravadora Velas, fundada por Ivan Lins e seu parceiro Vitor Martins especialmente para lançar Guinga (lembro-me de anúncios de seu álbum de estreia na TV em que Ivan dava seu testemunho pessoal) e mais tarde responsável pela aparição nacional de nomes como Lenine e Chico César. Em seus álbuns subsequentes, Guinga deu sua versão para algumas delas, como *Saci* e *Passarinhadeira* no segundo álbum, e a própria *Porto de Araújo* em *Casa de Villa*. Ilana Volcov e Simone Guimarães também chegaram a gravar algumas. Mas o grosso do repertório permanecia inédito ou próximo disso.

Ou seja, todo o álbum *Corpo de Baile* é um resgate. Resgate de uma obra específica, uma espécie de elo perdido da canção brasileira, de chamada linha impressionista da composição, que parte da influência de Debussy sobre o jovem Villa-Lobos, deste (não só) sobre Tom Jobim e esses dois estendendo copas frondosas sobre toda uma geração de músicos, dos quais Edu Lobo e Chico Buarque são figuras proeminentes (e Guerra Peixe pelo outro lado). E na ponta desses ramos, Guinga. Mônica, portanto, traz a público um pedaço de um caminho que foi considerado a joia da coroa da música brasileira, e que hoje enfrenta o questionamento de ter se transformado em um beco sem saída.

Explico, e simplifico, citando o artigo do Paulo da Costa:

Entendo perfeitamente quando Mônica Salmaso diz que o que tem sido produzido hoje "é feio": ela tem em mente um critério muito específico, extraído de um conjunto determinado de obras e autores do passado, de uma das tradições musicais brasileiras. Tal tradição inclui e exalta nomes como Villa-Lobos e Tom Jobim na mesma medida em que exclui ou diminui outros. É guiada pela busca de uma beleza lírica, contemplativa, associada com grande controle e definição formais e seu aspecto é clássico: tende mais para o lado do equilíbrio, da clareza e da exatidão.

A tradição específica a que Paulo se refere, para muitos, consiste simplesmente na MPB, ou ao menos no seu núcleo duro, e baseia-se em dois pilares: as conquistas da Bossa-Nova, síntese da modernidade brasileira em harmonia avançada, ritmo e canção, e a extensão de seus paradigmas a todo o Brasil. A Bossa toma o samba, tornado o ritmo brasileiro por excelência pela difusão radiofônica partida do Rio de Janeiro, e o estende do morro para o asfalto. O samba, criado junto com a urbanização da virada do século XX e tendo influenciado inúmeros ritmos regionais, do cateretê ao coco, torna-se também o símbolo da consolidação da urbe e desse novo Brasil. Porém, num segundo passo, os mecanismos e processos utilizados para a criação da Bossa Nova são aplicados também ao coco e ao cateretê, e ao baião e à toada, na formulação de um repertório em que a harmonia estendida, os arranjos sofisticados e a poesia moderna que a integram trouxessem para a cidade também a imensa diversidade cultural brasileira, quase integralmente forjada ao largo da urbe ao longo de mais de quatro séculos.

Essa fusão, ou talvez seja adequado dizer atualização, do imenso e profundo Brasil rural ao paradigma crescente da cidade foi uma das melhores chaves para a compreensão do fenômeno chamado MPB por algumas décadas. E, no entanto, esse paradigma começou a apresentar fissuras praticamente no seu nascedouro. A primeira delas, podendo ser considerada mãe de todos os outros, sendo a Tropicália, que, ao invés (ou, melhor dizendo, ao lado) de recorrer ao manancial do folclore, foi ouvir rock, voltando-se (também) para fora, não (apenas) para dentro. Mas que fique claro que não se trata unicamente de uma disputa entre ritmos autóctones ou alienígenas. Ocorre que os procedimentos de realização musical propostos pelos tropicalistas fugiam à proposta bossanovista que naquele momento tentava cumprir em outra encarnação o projeto de integração nacional de Getúlio Vargas, agora sob as asas militares. A Tropicália queimava etapas buscando uma integração entre urbes, indo a Londres (até mesmo via exílio de Caetano e Gil, tiro no pé dos militares), a Nova Iorque, à música de vanguarda europeia e aplicando-as em novas canções, que em vez de trazerem o campo, origem da maioria dos moradores das novas cidades via êxodo (no caso de Brasília, paradigma da urbanização, todos eles), para a cidade, preferia levar a cidade a outras cidades.

Porém a urbanização do Brasil não parou. Em algum momento no meio da década de 1970, a parcela de população vivendo nas cidades tornou-se maior que a rural. Concomitantemente, uma cultura urbana ia fermentando nas sucessivas e cada vez maiores gerações de jovens nascidos na cidade. A música que trazia as tradições de seus pais e avós ia tornando-se paulatinamente velha, e mesmo seu processo criativo, embora de uma força e uma capacidade de desdobrar-se em novas produções de altíssima qualidade, ia vendo sua modernidade ser deixada para trás. Indo buscar cada vez mais longe (no tempo ou no espaço) as fontes primeiras de sua criação, e explorando seus processos até os graus extremos, o resultado é uma música progressivamente mais e mais sofisticada, mas também progressivamente saudosista e evocativa daquilo que a motivou, capaz de alcançar níveis artísticos sublimes como a fruta no galho mais alto da árvore, mas sem a perspectiva de ir muito além por aquele caminho.

(Um parêntesis necessário. A tese que defendo aqui é sem dúvida uma generalização. Eu mesmo posso apontar dezenas de músicos que admiro profundamente e que se encontram exatamente, ou em parte, nessa vertente da música brasileira que descrevo, músicos com obras de uma vitalidade espetacular, o que demonstra que sim, ainda há aonde ir, pois os caminhos da criação são sempre surpreendentes. Da mesma forma, decretar o fim inexorável de nossas tradições rurais seria de uma cegueira sem par, pela sua igualmente insuspeita capacidade de se reinventar, inclusive indo parar na cidade juntamente com seus habitantes. Faço aqui uma leitura propositalmente generalista para me referir a um trabalho em particular, centralizando minha atenção em uma canção particular deste estudo, e que a meu ver simboliza exemplarmente a tese que defendo. Mas tenho consciência da quantidade de exceções possíveis a essa regra, e no fundo dou graças a Deus por elas. Dito isso, sigamos.)

O *Rancho das sete cores* é uma canção emblemática em todas as suas escolhas. A começar pela combinação exata entre o ritmo descrito em seu nome, parceiro principal do samba na formação do carnaval carioca, e sua temática. Mônica explica no vídeo da gravação da música que se trata de *uma marcha de um bloco de senhorinhas que ficam relembrando naquele momento de saída do bloco os tempos... a roupa já está meio puída, assim, os pares já não estão mais ali...* a descrição de um mundo perdido, a visão fugaz de uma paisagem que se esvanece aos poucos, mas que se teima em recordar e viver como se ainda ali estivesse. Uma decadência que é exatamente a do gênero marcha – e aí a polissemia da palavra Rancho, referindo-se tanto ao cortejo carnavalesco quanto ao ritmo que o embala, vem a calhar. Se estas ainda sobrevivem dificilmente nos novos blocos – que, no entanto, não conseguem emplacar novas composições e recentemente passaram a recorrer à adaptação de quaisquer outros gêneros –, os ranchos propriamente ditos foram praticamente extintos durante a década de 60 – exatamente o momento de gênese da chamada MPB.

Existe uma analogia óbvia aqui. O *Rancho das sete cores*, e a obra de Guinga como um todo, inscreve-se como a ponta de lança da corrente da música brasileira que descrevi anteriormente. Mas mais que isso, ele soa como um microcosmo dessa corrente: uma elaboração extremamente refinada de uma manifestação popular, aproximando-a decididamente da música erudita (no sentido de utilizar seus procedimentos). A melodia do Rancho é rebuscada desde suas primeiras notas, um intervalo de nona ascendente particularmente difícil. Ao final desse vídeo, Mônica aparece tirando a dúvida de uma passagem com o clarinetista, e mesmo depois que ela se diz segura das notas a melodia que inicia a segunda parte não fica inteiramente nítida, tendendo a ser *retificada* em direção a uma escala convencional. Não à toa, diversas canções de Guinga, tanto em gravações alheias quanto nas suas próprias, são cantadas dobrando a melodia com o solo do violão do autor, como que explicitando o fato de que são melodias no limite entre o vocal e o instrumental. Esse imenso requinte tem um preço, e esse é o afastamento, não apenas semântico, mas efetivo, do meio que gerou o gênero desenvolvido. O que significa que, mesmo que os ranchos hoje continuassem populares, seria quase impossível que algum adotasse uma marcha como esta, pela impossibilidade técnica de ser entoada em coro. O *Rancho das sete cores* é, portanto, em sua reminiscência, um simulacro do original que se perdeu, mas, ao contrário do simulacro diluidor, um simulacro refinado pela memória.

Guinga, então, herdeiro de uma tradição elaborada e com raízes fundas no cruzamento da música de concerto com as variadíssimas manifestações musicais populares brasileiras, sintetizadas no formato da canção, juntamente com um dos maiores representantes da condução da palavra lado a lado com a melodia, a transfiguração da fala em música, compôs uma ode ao tempo passado em que se projetava a fusão entre culturas, em que uma integração nacional era vislumbrada ao longe no carnaval, utilizando as formas e técnicas desenvolvidas anos depois, quando essa fusão se deu num pacto que se consolidou como o espelho da música nacional. Porém, por uma razão obscura (que mereceria outro artigo), essa canção permaneceu desconhecida, até que uma cantora a resgata numa gravação primorosa, em que, em suas próprias palavras, os músicos convocados se espantaram por gravarem todos juntos no estúdio, *que nem antigamente!* São contínuos resgates de resgates, lembranças de lembranças, refinamentos de refinamentos.

E o Rancho, então, e todo esse repertório, carrega em si o acúmulo da beleza apolínea desses refinamentos contínuos de que ele se faz continuador. Enquanto esse ciclo se repetia, a cidade mudou, o rock chegou, o rap tomou espaço, vanguardas musicais se sucederam e se dissiparam, a MPB tornou-se isso, aquilo, tudo, nada, dividiu-se em mil caminhos a partir de sua cisão inicial da Tropicália, precedente perigoso e riquíssimo que gerou quase infinitas outras possibilidades de desenvolvimento. A vertente impressionista, para lhe dar um nome entre tantos possíveis, não deixa de ter sua faceta moderna, haja vista a parceria posterior de Guinga e Aldir Blanc que lhe deu visibilidade, com um lirismo muito diverso e recheado de referências contemporâneas e urbanas. Mas mesmo essa faceta, de uma forma escancarada ou sub-reptícia, tira sua imensa força de um passado profundo de chorões – outro gênero datado dos primórdios de nossa urbanização. Por mais que, do ponto de vista dela, outras vertentes possam ser pobres ou feias, não se trata de lhe tirar o valor por isso, e sim regalar-se com seus frutos maduros, com seu vinho envelhecido.

Como João Gilberto, após a revolução da Bossa Nova, progressivamente recorreu a um repertório mais e mais antigo em suas gravações posteriores, a enorme vitalidade do Rancho vem de um passado profundo que a alimenta. Quanto mais profundo o mergulho, mais preciosa a pedra e mais burilada a lapidação. No entanto o veio original pode estar em vias de se extinguir. Mas enquanto isso não acontece, a vitalidade permanece presente. Ou mudando a metáfora, essa vertente da música brasileira chamada por alguns de MPB pode estar num beco sem saída. Mas como é bonita a vereda que ela percorre.

> *Lá vem*
> *as pastorinhas do Rancho das Sete cores*
> *Querendo encontrar outra vez seus amores*
> *Que saíam no Resedá*
> *Que dançavam nos Azulões*
> *Cada uma buscando um par*
> *Pra formar os cordões*
> *E eram guardas, garçons, gigolôs,*
> *Estudantes, marujos, ciganos, cantores,*

Vestindo pierrôs e arlequins sedutores
Que brincavam no Dois de Ouro
E na Kananga do Japão
Cada uma com seu namoro e acenando com a mão
Até hoje elas tem
Saudade do cordão
São colombinas iguais às mimosas cravinas
Trazendo o arco-íris no seu estandarte
Jogando beijos de amor
Aos saudosos pastores da Flor do Abacate
E elas vêm vindo inocentes
Jograis decadentes mas chamando a gente
Pruma fantasia
Prum carnaval de esplendor
E quem não se acabou um dia?

Vida e morte cirandeira

Entre o dilema moral e o problema de saúde pública, a discussão do aborto no Brasil perde-se em meio a discussões acirradas entre feministas, fundamentalistas religiosos, biólogos e biólogos de permeio, e segue nebulosamente envolta em perigosos clichês. *O corpo é meu, Todos os que defendem o aborto já nasceram,* frases de efeito escamoteiam o debate unilateralmente, escolhendo cada um dentre as múltiplas implicações do assunto as que servem seus argumentos.

Escapar desse reducionismo implica encarar uma tragédia. Seja no aborto ocorrido em segurança ou nos números alarmantes de mortes de mães em clínicas clandestinas, trata-se aqui de uma relação entre mãe e filho que existe sem existir, a complexa relação de amor e rejeição, a culpa e o alívio diante do nascimento que é uma morte. Independentemente de condenações ou exaltações, o aborto envolve sempre, em algum nível, a dor muito humana de sobreviver à sua descendência.

A *Ciranda do Aborto*, de Kiko Dinucci, é provavelmente a canção mais radical dentre a radicalidade que é o álbum *Encarnado*, de Juçara Marçal. Álbum que é todo ele dedicado à temática da morte. Mas como no tarô, a morte é também transformação e eventualmente prenúncio de renascimento. Assim como, assinala Rômulo Fróes no release do álbum, significa o espírito ocupando temporariamente um corpo humano, assim como significa tornar-se carne. A justaposição desses significados, a encarnação que não chega a ocorrer e o corpo em formação que se torna um mero pedaço de carne, o início e o fim simultâneos, é um tema terrível, que Juçara, Kiko e Rodrigo Campos (com a rabeca de Thomas Rohrer) encaram com imensa coragem.

Ciranda que é antecedida por uma saudação à mãe arquetípica Iemanjá. A mãe cujos filhos são peixes, como ecoa Juçara suavemente sobre o rumorejar de ondas sonoras quase atonais. A água de onde vem a vida, no útero como no mar. A invocação à mãe rainha se funde com a introdução à Ciranda, e, no dizer exato de Rômulo, *vai servir também como um pedido de ajuda para atravessar o momento tão doloroso descrito a seguir.*

A ciranda é talvez o único ritmo brasileiro que não tem em si o travo da tristeza. Quase todos, capitaneados pelo samba, mas também o maracatu e o choro desde seu nome são em algum nível formas retrabalhadas do banzo, da saudade da terra perdida pelo negro escravizado, pelo branco exilado, pelo índio perseguido. A ciranda, associada que é tantas vezes à infância, não. Cantada pelas mulheres dos pescadores enquanto os esperam voltar, a ciranda, como diz sua mestra maior Lia de Itamaracá, *acompanha as ondas do mar*. Um canto de alegria que aqui é virado ao avesso. O mar que gera a vida vai assistir à sua negação.

Encarnado, seu álbum de 2014, é um passo adiante numa sequência de álbuns realizados tanto por Juçara como por seus parceiros Kiko e Rodrigo, entre outros, nos grupos Metá Metá e Passo Torto. Esses trabalhos têm em comum um tratamento de arranjo que privilegia não o acorde bossanovístico, nem exatamente o riff do rock, mas desenhos em contraponto entre melodias que se somam, se contrastam e mesmo se enfrentam, construindo uma teia sobre a qual a canção se eleva (também alçando voo pela voz de Juçara, da qual já falarei). Porém, na *Ciranda do Aborto*, e não apenas nela, essa delicada costura é feita do arame farpado de timbres distorcidos. Todos os três instrumentos soam com efeitos de pedais e estúdio como o *overdrive*, e são navalhas e bisturis cortando o ouvido.

A melodia dessa ciranda é típica do gênero, com seu desenho ondulado e suas divisões sincopadas, o que, ironicamente, acaba sendo um elemento a mais de crueldade na composição. Se fizermos um exercício de imaginação, eliminando a letra e o arranjo e cantarolado sua melodia, veremos que ela é um bocado ensolarada. O contraste entre essa melodia e seu tema é como um contraponto a mais a se somar ao instrumental, e um elemento dramático decisivo na canção. A melodia circular (como a roda do sansara, o ciclo das encarnações?) de dançante torna-se hipnótica como a contemplação do terror. Inicialmente comedida em tom menor, a canção modula para maior na estrofe final e a melodia ascende uma quinta, elevando a tensão continuamente. Cada uma das três estrofes tem um clima específico e bem definido, e o chamamento da central em notas alongadas anuncia o desabrimento emocional que se escancarará na derradeira, na constatação do fato consumado.

A voz da Juçara é algo a ser tratado à parte. Temos no Brasil atualmente o fenômeno do surgimento de cantoras a granel, em grande parte dotadas de excelente técnica vocal. Isso não deveria ser, mas é um problema, porque falta a muitas a capacidade de cantar além da própria técnica. Muitas vezes o que se ouve não é a canção, mas o prazer daquela cantora cantar aquela canção. O resultado é que canções sofridas são interpretadas com um sorriso feliz, tanto quanto canções esparramadas recebem tratamentos delicados em excesso. Correndo o risco de parecer grosseiro, resumo a questão: falta útero.

Nessa canção, sem a menor intenção de trocadilho, faltar útero seria um pecado mortal. Assim como Mário de Andrade dizia, *Quem não souber urrar, não leia (seu poema) Ode ao Burguês*, uma interpretação visceral é absolutamente indispensável à *Ciranda do Aborto*, intensa desde seu início de angústia refreada até seu final desesperado. E o melhor da voz de Juçara talvez seja o fato de não se perceber nela o menor sinal de técnica. Não porque não haja, mas porque está inteiramente a serviço da música. A voz de Juçara não toma providência, canta com a naturalidade da voz falada, o que lhe dá uma imensa credibilidade. Juçara não canta o prazer de cantar, não canta nem mesmo a canção, mas canta com a canção, canta o que canta a canção. Na *Ciranda*, Juçara é pura dor e não tem medo que a voz falhe – e ela não falha, e se falhasse, sua falha também estaria a serviço, e, portanto, não seria falha. Juçara corre o risco com a voz, sua voz é uma voz a mais mergulhada no contraponto, mas a autoridade de seu canto faz com que seja mais que uma voz a mais.

O crescendo de pressão atinge seu ápice finalmente, e então a até agora firme arquitetura do acompanhamento instrumental (volto a citar o release de Rômulo, que definiu o cavaquinho de Rodrigo como *hitchcockiano*. Por sua vez, a rabeca de Thomas secunda o lamento de Juçara) se dissolve, retornando ao mar semiatonal de Odoya, mas agora não na marola suave e sim em tempestade aberta, enquanto a letra, que não chegara a falar de mar, fala de chão como o fim, a cova aberta como a ferida, mas onde toda vida desaparece. Tudo aqui é o grito de dor da mãe que não chega a ser mãe, porque seu filho não é filho. Não há julgamentos ou defesa de teses, há apenas um mar de sofrimento, amor, ódio, medo, sentimentos primários misturados numa teia que, antes estruturada, agora soa inextricável. O caos primordial gerador da vida recebe-a de volta, para possivelmente iniciar seu ciclo novamente adiante. Mas agora isso não é ainda perceptível. Há apenas o lamento. O horror, o horror.

E após o fim, o suspiro de Juçara ao *sair da personagem* revela não apenas o esforço emocional de sua interpretação, mas vai mais longe, pois nele está a identificação do drama comum, a empatia revelada do protagonismo dessa história. A faixa seguinte no álbum é um acalanto para outra mãe arquetípica, a *Canção para ninar Oxum*, de Douglas Germano, não para desanuviar, mas para permitir ao sofrimento finalmente acamar, descansar. A *Ciranda do Aborto* é uma microtragédia de proporções colossais, comum à condição de mulher e de ser humano. O reconhecimento dessa condição é o que a faz um libelo sem acusação e lhe empresta uma universalidade de obra-prima. Reconhecimento que deveria ser o ponto de partida do debate do aborto desde sempre, mas longe do qual todos parecem fazer questão de passar. Todo aquele que defende a legalização do aborto precisa ouvir sua *Ciranda*. E todo aquele que a combate também.

Os muitos caminhos das caravanas

Há muitas trajetórias percorridas para chegar *Às Caravanas*, canção-título do álbum de 2018 de Chico Buarque, e todas elas se cruzam.

Uma delas vai pelo desenvolvimento de sua obra, em especial de como o posicionamento político esteve presente nela. A obra de Chico Buarque permite muitas estruturações possíveis. Aqui vai uma, formada por duas pequenas e duas grandes fases.

A primeira e pequena fase é formada pelos três primeiros álbuns, tendo o quarto como transição. Têm em comum um universo bastante estrito e um tanto ingênuo de carnaval, malandragem, boemia, em canções como *Juca, Olê olá* e *Tem mais samba*. No quarto álbum, gravado já no exílio na Itália, a vida e a repressão chegam. Nele, a semente da insatisfação plantada em *Roda Viva* se desenvolve em *Agora Falando Sério*, em que ele textualmente faz a mala e corre para não ver banda passar, renegando seu maior sucesso. E vai explodir em *Construção*.

A radicalidade tanto política quanto estética de *Construção*, com os arranjos de Rogério Duprat, inaugura sua segunda e mais prolífica fase, em que ele desenvolve tanto seu lirismo quanto sua atuação política. A parceria com Tom Jobim floresce, surgem as de Francis Hime e Edu Lobo, e ele coloca em alguns álbuns o título da canção que dá o tom de sua postura política naquele momento: *Meus caros amigos, Almanaque*. Sem contar projetos como *Calabar*, em que sua oposição ao regime é manifesta. Embora Chico sempre tenha sido um observador atento do mundo, nesse período havia algo a combater que unificava discursos, e canções como *Cálice* e *Apesar de Você* tinham endereço certo. Então veio a redemocratização.

Pelas tabelas e *Vai passar,* do álbum de 1984, marcam a despedida de Chico de canções políticas num sentido convencional, já prenunciando a ênfase na crônica de costumes que viria a seguir. Os dois álbuns seguintes, de 1987 e 1989, iniciam temas que se desdobrariam adiante, como o sonho (em *O Velho Francisco*) e a substituição da visão macropolítica pelo olhar cuidadoso para a cidade e seus habitantes (*Estação Derradeira*), e que se tornam preponderantes a partir de *Paratodos*. Este, com *As cidades* e *Carioca*, constituem uma trilogia informal, e seus títulos explicitam para onde Chico olha, com o foco fechando-se álbum a álbum. A partir daí, não se falará mais da luta contra um regime, pois o inimigo nem sempre é tão claro, mas por meio da crônica da cidade é possível enxergar talvez mais longe até do que quando se tratava de interpretar metáforas. Pois se é verdade que o *monstro da lagoa* ultrapassa o significado oculto de se referir a Médici e ganha novas leituras que lhe garantem atualidade, assim também a visão de Chico sobre o subúrbio carioca ou sobre uma imigrante ilegal nos EUA em *Iracema voou* dizem muitíssimo sobre os dias que vivemos, assim como o que nos trouxe até aqui.

As Caravanas é o exercício desse olhar em ponto extremo. Chico traça um retrato acurado da sociedade brasileira por meio do microcosmo específico da praia carioca. Desnecessário desenvolver o tema da praia como protótipo da democracia racial e da convivência entre classes, mito derrubado por uma divisão informal, mas bastante firme entre postos e *points*. E é quando esses limites são rompidos que os conflitos sociais (não só) brasileiros se veem representados com uma nitidez impressionante, e é quase natural que Chico a eleja o palco da dramaturgia de sua canção. Se em *Carioca* Chico cantou o arco de um dia na Zona Sul e em *Subúrbio* cantou o lado para o qual o Cristo Redentor dá as costas, *As caravanas* é a justaposição desses dois universos e o retrato da tensão entre eles, a ponto de explodir.

Um segundo caminho que leva *Às caravanas* passa pelo desenvolvimento da canção na obra de Chico, da discussão de seus caminhos e de seu encontro com o rap. Começando pela famosa entrevista de 2004 em que Chico, quase de passagem, aventa a possibilidade de fim do gênero composicional da canção como o conhecemos, levado de roldão por um fenômeno como o rap, que, na visão de Chico, de certa forma seria uma negação da canção.

Adiante, em 2011, o rapper Criolo gravou informalmente uma versão de *Cálice*, de Chico e Gilberto Gil, em que atualizava o tema da repressão da ditadura para as quebradas paulistanas. Chico compôs uma resposta em rap e a cantou em seu show.

O namoro de Chico com o rap aprofundou-se em *Subúrbio*, quando ele o cita nominalmente outra vez, e em sua gravação de *Ode aos ratos*. Esta, oriunda do musical *Cambaio*, dele e de Edu Lobo, recebe cinco anos depois um adendo que baila entre o rap e o repente, com a melodia passando da linha reta ao modalismo nordestino, e simulações de scratch/remixagem na repetição de sílabas das palavras.

Porém há um duplo aspecto a notar nessa aproximação entre o cancionista e o estilo que ele próprio considerou em algum momento que mataria a forma a que ele se consagrou. Chico flerta com o rap, sem almejar sequer fazer um rap, a não ser de brincadeira na resposta a Criolo. Em vez disso, ele tem o cuidado constante de preservar no seu discurso a indicação de seu lugar de fala. Chico não é o mané tentando se passar por malandro, nem o branco da zona sul que coloca o boné para trás e se declara MC. Sua persona artística, construída ao longo de décadas, não permite isso, nem ele tem essa intenção. Se os tropicalistas Caetano, Gil ou Tom Zé fizerem o mesmo, trarão significações diferentes, pelos diálogos diversos que estabeleceram com esses e outros estilos. Com Chico, a relação é quase formal, e isso por escolha dele próprio, pelas escolhas feitas por ele ao longo de sua carreira.

Pois Chico é fundamentalmente o continuador das conquistas da MPB, que conjugou a modernização não apenas harmônica da bossa-nova com a miríade de manifestações populares brasileiras, elaborando um repertório de procedimentos estéticos e técnicos para esse encontro se dar em frevos, baiões, ranchos, além do samba que lhe serviu de fundamento. Chico é filho desse movimento, e não à toa afirma que hoje, depois da morte de Tom Jobim, sente sua música ainda mais presente em sua composição, e tudo o que faz, faz como se fosse para mostrar a Tom.

Em outras palavras, Chico sabe-se representante de uma vertente artística que tem uma identificação social e histórica específica. Seu ponto de vista não será o do marginalizado urbano, e mesmo quando utilizado o recurso do eu lírico deslocado, algo recorrente em sua obra, ele servirá para estabelecer em seu discurso outro discurso que é o do autor, ou mais propriamente da obra em si. Então, quando em *Bye, bye Brasil* o protagonista da canção está telefonando de um orelhão em algum lugar do Brasil profundo e narra suas aventuras e desventuras de forma entrecortada, o que temos não é algo como a apropriação do lugar de fala de uma pessoa tão distante do universo pessoal de Chico, e sim a narração de algo que transcende à própria narrativa. O que interessa fundamental ou especificamente em *Bye, bye Brasil* não é se o eu lírico tem *tesão é no mar* ou está *a fim de encarar um siri*, mas o retrato conjunto de um país gigante e em transformação que ele nos traz.

Assim, em *Subúrbio*, Chico estabelece uma conversação com a Zona Norte carioca, evocando seus bairros à maneira do rap, mas sem afirmar-se de lá como os rappers fazem – aliás, o mote da letra se inicia justamente na palavra *lá,* indicativa desse distanciamento. Em *Ode aos ratos*, o narrador não se confunde com sua descrição, antes há subentendido um espanto aliado à consternação no reconhecimento do *semelhante, filho de Deus, meu irmão* na criatura retratada, como o passante não reconhece no pedinte ou no pivete a humanidade, desumanizando-se ele também. E n*As Caravanas*, Chico como que descreve as cenas que pode ter visto da janela de seu apartamento da Zona Sul, levando avante a crônica desde desreconhecimento.

Trata-se, portanto, de um posicionamento simultaneamente ético e estético. Isso porque Chico não tem interesse em fazer um rap por saber que não o faria com propriedade, mas tem interesse em colocar sua tradição cancioneira em contato com essa nova tradição que surge. E o caminho que ele escolhe é o da técnica, que permite esse diálogo. Na *Ode aos ratos*, vai pelo caminho já conhecido do repente, desbravado e utilizado pela MPB historicamente, tendo já incorporada sua influência, pelas similaridades entre esse canto/improviso rimado e o rap. E o paralelo traçado se desdobra também em significados – pois, afinal, nas grandes metrópoles do país, o nordestino frequentemente se confunde com o marginalizado retratado metaforicamente aqui.

Assim também, em *Subúrbio*, a melodia base varia no intervalo de tom, aproximando-se da entonação falada, para assumir a tensão da linha reta no verso *fala na língua do rap*. E n*As caravanas*, Chico como que dá outro passo adiante, reduzindo o intervalo inicial da melodia ao semitom. *As Caravanas* parte do intervalo entre a terça maior e a quarta do acorde da tônica para abusar de cromatismos ao longo de toda sua melodia. Chico vai até a fronteira possível do microtonalismo brilhantemente apontado por Tom Zé ao analisar o funk *Atoladinha* (mas aplicável ao gênero como um todo), mas não a ultrapassa, antes acena para o outro lado.

(Esse debate em que o lugar de fala tem uma importância fundamental vai repercutir também na discussão candente que teve lugar sobre *Tua cantiga,* acusada de machismo. Chico já usou abundantemente o recurso do eu lírico descolado do discurso da canção como forma de criar tensão, com a canção como um todo afirmando o contrário do que seu personagem diz – dois exemplos clássicos são o *Fado tropical* e *Mulheres de Atenas*. Porém, em muitas outras o eu lírico se confunde com o autor, em especial suas canções de alcance político ou social, mas não só. Afinal, ninguém vai acreditar na desculpa esfarrapada que Chico deu à censura de que *Apesar de você* foi escrita para uma mulher muito mandona. Sem entrar no assunto de *Tua cantiga*, cumpre apenas lembrar que a simples afirmação *trata-se do eu lírico* não é suficiente para estabelecer a mensagem de uma obra artística, seja ou não canção).

O que nos leva a um terceiro possível itinerário para chegar Às Caravanas, que são suas referências. Duas principais delas são apontadas no release do álbum, escrito pelo jornalista Hugo Sukman: o romance *O estrangeiro*, de Camus, e o tema *Caravan*, de Duke Ellington.

O estrangeiro conta a história de Meursault, francês radicado na Argélia (colônia francesa à época) e que mata um árabe, é preso, julgado e condenado. O crime ocorre numa praia, num dia de sol escaldante, e Meursault afirma que o sol e o calor insuportáveis o induziram a fazer o que fez.

> *Sol, a culpa deve ser do sol*
> *Que bate na moleira, o sol*
> *Que estoura as veias, o suor*
> *Que embaça os olhos e a razão*

Diz Chico no refrão d*As Caravanas*, que contrasta fortemente com o restante da letra. Até então, virtualmente todas as notas da melodia tiveram a mesma duração de colcheia, estabelecendo uma rítmica aproximada à do rap – pode-se dizer, um *flow*. Aqui, ao contrário, as sílabas são escandidas languidamente, acentuando seu efeito, quase como o delírio que acometeu Meursault. Como nas teorias deterministas que afirmavam ser impossível o desenvolvimento de uma civilização no clima tropical, o estrangeiro se vê ofuscado pela luz e perde sua racionalidade. No entanto, no romance de Camus, só os estrangeiros têm voz e nome.

A referência d*O estrangeiro* aponta em múltiplas direções. Uma das principais é a de certa indiferença com relação ao outro, uma insensibilização ao diferente, com viés simultaneamente pessoal e social. Para além da relação com o romance, é possível traçar também um paralelo com a canção de mesmo nome de 1987, de Caetano Veloso. Ambas têm bastante em comum, em que pesem formas e estética muito diferentes. Mas passam-se as duas numa praia, e tratam, em última instância, do discurso fascista ganhando peso e importância (além de certa atmosfera de sonho). Porém, enquanto Caetano é confrontado diretamente com o discurso explícito (*riscar os índios, nada esperar dos pretos*), Chico assiste esse pensamento nefasto tomar forma e ação.

E outro efeito da referência está na universalização do microcosmo, reforçado por Chico de diversas formas, a começar pela menção ao azul do mar de Istambul, outra capital árabe (e berço da civilização), logo ao pintar o cenário da narrativa. Chico, por assim dizer, internacionaliza o conflito praieiro em diversas instâncias, geográficas ao associar a turba do Jacarezinho a muçulmanos indo de 474 para o Jardim de Alah, histórica ao trocar caravana por caravela e rimar favela e Benguela. Chico diz implicitamente o que o Rappa já disse com todas as letras: *Todo camburão tem um pouco de navio negreiro.* Não só o sertão é do tamanho do mundo, mas a praia também pode ser.

Outro ponto a ser notado é o misto de medo, raiva (sua filha, diz ele adiante) e fascínio carregado de sexualidade da gente ordeira e virtuosa pelo populacho que chega. Os versos

> *Diz que malocam seus facões e adagas*
> *Em sungas estufadas e calções disformes*
> *É, diz que eles têm picas enormes*
> *E seus sacos são granadas*

são carregados de significação psicanalítica evidente, os falos simultaneamente apavoram e atraem. E em seguida, temos o magistral verso *Com negros torsos nus deixam em polvorosa / A gente ordeira e virtuosa*. A palavra *nus* pode ser ouvida também *nos*, passando de adjetivo a pronome oblíquo e mudando o sentido da frase, graças à pausa entre esse verso e o seguinte, que revela quem é deixado *em polvorosa* (palavra igualmente dúbia. Horrorizados? Excitados?). Embora a letra oficial seja *nus*, com u, a escuta provisória do *nos*, com o, persiste por um segundo e meio antes de ser rechaçada pela continuidade da canção. Como se Chico sub-repticiamente, por um instante apenas, deixasse de ser apenas o cronista, o estrangeiro que assiste da janela e se incluísse entre a *gente ordeira e virtuosa*, compartilhando a atração e repulsa pela horda do Arará.

Mas o golpe de mestre de Chico talvez não esteja na letra primorosa d*As Caravanas*, e sim no campo especificamente musical. O tema musical d*As Caravanas* deriva do de *Caravan*, de Duke Ellington.

Duke, negro, compõe um tema com sotaque árabe, que se torna um clássico do jazz – jazz ele mesmo nascido da cultura negra. A inspiração árabe na escala utilizada por Duke Ellington em *Caravan* traz à lembrança a microtonalidade melismática típica da música árabe, de um tipo bem diferente da do rap/funk. Porém o desenho melódico escolhido por Chico, num jogo de alusões tanto a uma quanto a outra influência, consegue se equilibrar entre eles sem perder sua característica própria, numa emulação sem imitação. Os cromatismos d*As Caravanas* acenam então numa tríplice fronteira.

Somente o contraste entre a citação melódica de *Caravan* e a temática da canção (com o empréstimo até mesmo do nome) poderia ser suficientemente claro. Mas Chico resolve tornar tudo mais explícito, e convoca Rafael Mike, do Dream Team do Passinho, para fazer *beat box*, a percussão vocal de tamborzão, ritmo do funk carioca. Então, simultâneo ao encontro explosivo entre Zonas sul e norte, Ocidente e Islã, ocorre também o encontro entre canção e rap, e entre Sir Duke e o funk carioca. Porém, ao contrário do choque civilizacional onde preconceitos afloram, da tensão e o conflito que são descritos em vários níveis de linguagem n*As Caravanas*, esse encontro, o único que acontece no âmbito estritamente musical, resolve-se.

É como se Chico pretendesse desmontar antecipadamente a narrativa racista que é aplicada à cultura do rap e principalmente do funk, trazendo-o para dentro da canção e tirando desta um pouco de sua característica de crônica distanciada. A galera do Jacarezinho não se limita a invadir a praia, mas comparece também na música que narra sua invasão, e, ao contrário do romance de Camus, aqui ela tem nome e voz, e se afirma tão negra e tão digna de respeito quanto o jazz de Duke Ellington, parte da mesma herança.

As caravanas é um exemplo de como uma obra de arte pode sintetizar tantos ou mais significados que um tratado, e também de como pode conter um posicionamento político vigoroso sem perder um miligrama de sua densidade. Chico foi panfletário quando considerou haver necessidade. Hoje sua lírica é tão ou mais altissonante, e a maturidade a fez ganhar ainda em complexidade, sem a necessidade de palavras de ordem, mas com uma sutileza que mantém sua enorme capacidade de impactar. *As caravanas* é um retrato de nosso tempo por conseguir representar algumas de nossas inúmeras divisões, enquanto dentro de si realiza as comunhões dessas mesmas forças que se digladiam. Que povos, classes, raças, gêneros ou habitantes da mesma cidade tenham a capacidade de se reconhecerem entre si, assim como tantas trajetórias diversas se encontraram para criar uma canção, é tudo que poderíamos desejar.

O sistema da Babilônia a mais de mil decibéis

Quando comecei a escrever este artigo, minha intenção era fazer uma análise do Baiana System a partir de suas gravações de estúdio, em especial seu segundo álbum *Duas cidades,* de 2016. Porém tive sorte. No meio do processo, o grupo se apresentou gratuitamente na Praça Mauá, no Rio de Janeiro, e fui assistir, o que me salvou do vexame de pontificar sobre algo que não teria a menor ideia do que era, e logo ficará claro por quê.

Mas para começar, acho importante dizer que, sem o Mangue Beat, não haveria Baiana System, e lembrar-se da aproximação cultural e musical histórica entre Recife e Salvador. Ao passar meu primeiro carnaval em Olinda, espantei-me (da minha própria ignorância) ao ver os blocos de maracatu paramentados com os orixás do candomblé e ver as mesmas raízes entre eles e os afoxés de Salvador; o surgimento dos trios elétricos a partir da eletrificação do frevo, com a invenção da guitarra baiana como um sucedâneo dos metais é bem conhecida. Assim também o movimento Manguebeat parece ter dado a senha para a hibridização feita – e radicalizada pelo Baiana.

Radicalizada porque, se o Mangue Beat é a junção do maracatu com o rock, ou a sua eletrificação (o que em si já trazia inúmeros desdobramentos), o Baiana é ainda mais complexo ao fundir coisas que por si só são múltiplas, a começar pela assim chamada axé music, mas também a influência jamaicana não só do dub, mas do dancehall e outras vertentes, como também do hip hop, música eletrônica e por aí vai. No álbum *Duas Cidades,* a canção título é o samba duro de Dona Edite do prato, e também de Gerasamba/É o Tchan; *Playsom* aproxima-se do reggae; *Lucro,* do afoxé; e assim por diante, incluindo influências árabes e caribenhas. Seu nome vem dos Sound System jamaicanos, mas poderia ser também das paredes de som e festas de aparelhagem de Belém e do Nordeste. Baiana System é um híbrido de híbridos.

E essa hibridização tem também um caráter político inegável – mas que merece ser retomado mais adiante de forma mais completa. Antes, é preciso tratar da enorme diferença entre os registros de estúdio do Baiana e sua performance ao vivo, algo fundamental para entender não apenas essa ação política quanto a própria característica estética da sua música. Isso porque essa música tem um elemento para além de harmonia, melodia, ritmo, timbre, letra, que se impõe como fundamental para sua realização: o volume. A dicotomia gravação/ao vivo do Baiana não acontece por acaso, sendo a base do grupo a fusão entre dois fenômenos de palco, o trio elétrico e o Sound System. O Baiana , tanto quanto seus ascendentes na tradição de rua Ilê Ayê ou Olodum, existe para a performance e não é possível entendê-lo sem ela, sua música se completa não apenas com o volume, mas também e talvez principalmente de forma extramusical, na relação direta com o público. É ali que se realiza a obra do Baiana, no ato.

Então, de trás para frente ao processo solitário de composição para posterior exposição, a música do Baiana desde sua gênese tem em vista essa relação. A estrutura das composições tem como base o fato de ter um baixo possante e pulsante e serem jorradas ao mundo, e a provocação da dança como complemento indispensável à música. Isso não é novidade nenhuma, claro, está na base da música popular. No caso do Baiana, se toda música popular ganha em significação e poder ao ser difundida na praça, o que faz diferença aqui é que as canções vão ganhando o formato de diálogo direto com o público, até mesmo na segunda pessoa, conscientemente, como uma estratégia artística pensada.

Por exemplo, na maneira de usar as palavras como onomatopeia, quase lhes tirando o sentido – *dividividividividi, Salvador*, em *Duas cidades*; *Digno de dignidade*, em *Bala na agulha*. A melodia em linha reta, monocórdica, menos melodia e mais *flow*, atua ritmicamente *pari passu* com a percussão, mas diferentemente do rap de forma frequentemente não discursiva – parte-se de outro princípio, o de causar impacto catártico. Não há letras grandes e complexas, mas refrões de ordem, onomatopeias de ordem, sintéticos e rítmicos, dirigindo-se frontalmente ao ouvinte – *Me diga você, me diga*, em *Lucro (Descomprimindo)* –, com sentidos que se desdobram e se amplificam nas caixas de som.

Outra característica do formato de composição é a função da base instrumental com relação à canção propriamente dita. Isso também não é novidade, músicos como Shabba Ranks, a partir da mesma base, criavam três ou quatro canções. Jorge Benjor criou a base funkeada de *W/Brasil* bem antes da composição em si, e a usava em outras músicas em seus shows. Da mesma forma, *Calamatraca* e a própria *Duas cidades* eram cantadas em shows com bases diferentes das que ficaram registradas no álbum. Essa experimentação que permite avaliar a cada apresentação como cada composição vai ressoar mais longe e mais fundo no público é que dá às canções do Baiana a ressonância que têm.

E o resultado dessa ressonância é que o público dá também um show a cada show do Baiana. No que assisti, os convidados vip próximos ao palco subiam nas grades que os separavam do público, de costas para o palco, tentando ver melhor as rodas que se formavam e o *furacão, furacão, furacão de gente* incentivado pelo convidado quase habitual da banda, B Negão. A dança se traduz também em ocupação do espaço – frequentemente e de preferência público e gratuito, como era o meu caso e como é no carnaval, pois o Navio Pirata, trio do Baiana, não tem corda. E assim voltamos ao aspecto político de sua música, ou seria melhor dizer micropolítico, com os pés fincados na cidade.

Pois se a canção que levou a Nação Zumbi (com quem o Baiana recentemente gravou um single) ao Brasil e ao mundo foi *A cidade*, o Baiana System canta *Duas cidades*. E trata diretamente da especulação imobiliária e a reação à venda de lugares públicos para a construção de shoppings e prédios comerciais – caso que originou, por exemplo, o movimento Ocupa Estelita, no Recife, destinado a impedir a transformação do Cais do mesmo nome, um espaço público, em shoppings e edifícios comerciais. Porém, se *A cidade* de Chico Science tem seu foco no lugar em si, *Duas cidades* volta-se para seus habitantes, coerentemente com o diálogo direto com o público.

No momento político conturbado por que o país passa, há algo de uma reconstrução política do país na noção da cidade como ponto fulcral da cidadania, do lugar onde esta se reconstrói, porque é nela que se vive, não no estado ou no país. A música do Baiana System, sem a preocupação de teorizar sobre o assunto, trata de estabelecer um elo forte com o chão, com a rua, com a música que é feita na cidade. Esta é sua ação política. Perguntar aos habitantes da cidade: *Em que cidade que você se encaixa?* E vê-los repercutir e passar a pergunta adiante.

Esse mesmo pensamento está por trás do uso das máscaras que passou a caracterizar as apresentações da banda – máscaras na plateia, não no palco – e que tornou-se mesmo uma logomarca da banda, simbolizando o cidadão comum e anônimo, ou invisível, como no single com esse nome. Os habitantes da Babilônia, em mais de uma letra usada como metomínia da cidade da qual é preciso se apropriar. Virtualmente todas as faixas de *Duas cidades* fazem referência direta ou indireta à ação política individual, micro, porém coletiva, ao festejo como estratégia de atuação subversiva: *Tire toda pedra do caminho do indivíduo (Jah Jah Revolta, pt II); Então escute pi(vete) / Hoje não tem cani(vete) / É serpentina e con(fete) (Playsom); A gente sem dinheiro / Mas a gente junta (Barra Avenida, parte 2,* esses versos deixando uma dubiedade interessantíssima). A máscara que simboliza a perda de identidade, usada coletivamente nesse contexto, inverte seu papel e passa a conferir uma identidade em comum, invertendo a equação: antes cidadão, porém anônimo; agora anônimo, porém cidadão. Uma inversão que faz toda a diferença.

Em *Capim guiné*, single lançado com a cantora angolana Titica e Margareth Menezes, Russo Passapusso vai como que (re)construindo a cidade e a sociedade aos poucos, num crescendo que dispensa maiores explicações:

> *1, criança na escola vinil na vitrola e cintura de*
> *mola é pra 2*
> *Toda família começa de dois, trabalho é comida pra 3*
> *Feijão com arroz comida no prato, chegando visita é pra 4*
> *Polícia educada faz parte do povo*
> *Então, guarda essa arma no cinto 5*
> *Que eu sinto a presença de vocês*
> *Muleque é nós 7*
> *Caboclo é nós 8*
> *[...]*
> *Multiplicados somos mais fortes*
> *Não precisamos depender da sorte*

Todas as três instâncias fundamentais na música do Baiana System – a hibridização de ritmos e estilos a partir da fusão inicial do trio com a aparelhagem; o foco na cidade e especialmente seu habitante; e a potencialização de seu som e discurso ao vivo, são realizadas eminentemente no âmbito estético, e é isso que lhes dá maior força. A banda esteve ameaçada de não sair no carnaval de 2018 por conta de um *Fora Temer* puxado no ano anterior. Quem a ameaçou com a retirada da autorização não entendeu nada, o que é típico da burocracia governamental conservadora. A ação política subversiva do Baiana System se dá toda no próprio ato musical, na celebração conjunta, orientando o carnaval, como ensinou um velho baiano que se encantou com eles; e porque *desorganizando eu posso me organizar*, como ensinou um mangueboy. E assim o Baiana System tira a cidade para dançar. As duas.

O Carnaval contra o fascismo

O gari Renato Sorriso, que se popularizou sambando maravilhosamente enquanto varria a Marques de Sapucaí no intervalo entre as escolas de samba e que nos dias de não folia varre a praça próxima de minha casa, não foi ao primeiro dia de desfiles de 2019. Teve um bom motivo: o condomínio onde mora na Zona Norte do Rio inundou com a chuva forte da noite anterior, e ele, embora tenha tido seu apartamento pouco atingido, pediu dispensa no serviço e ficou para ajudar nos reparos ao prédio e socorro aos vizinhos dos andares baixos, alguns dos quais perderam tudo. Porém, como o tempo melhorou, na segunda-feira ele foi ao Sambódromo fazer seu trabalho, e suas imagens sambando ao som do samba da Mangueira logo se espalharam pela Internet.

Eu poderia começar um texto sobre o Carnaval de 2019 tratando, em vez disso, da tentativa do Presidente Jair Bolsonaro de desqualificar de uma vez só todas as críticas recebidas de foliões e blocos ao longo de todo o carnaval com a imagem do *golden shower*, que caracteriza quebra de decoro e poderia abrir caminho para seu impeachment. Porém preferi tratar do drama de Renato Sorriso porque, sendo o Carnaval a festa popular por excelência, seu foco não pode estar em autoridades, desequilibradas ou não, mas em quem efetivamente o celebra. E no ano de 2019, se houve uma manifestação que sintetizou em si as manifestações ocorridas por todo o período momesco, esse foi o desfile da Estação Primeira de Mangueira, campeã do carnaval carioca.

O enredo da Mangueira, *História pra ninar gente grande*, tem inúmeras leituras e desdobramentos. Para começar, enxergo nele uma resposta ao enredo vitorioso da Beija-Flor de Nilópolis no ano anterior, *Monstro é aquele que não sabe amar*. Ao contrário do título, inspirado na história de Frankenstein, a Beija-Flor usou esse mote para apresentar uma revolta generalizada, rasa e sem direção, partindo do princípio de que a causa de nossas mazelas é moral e não estrutural (aí sim, vide o título), reclamando de todos sem incomodar ninguém – e levando o título ao deixar para trás a crítica consequente e embasada da Paraíso de Tuiuti, que abordou a escravidão enraizada em nosso pensamento até hoje, como um prenúncio da revolta generalizada que levaria o fascismo ao poder meses depois.

A resposta da Mangueira se dá ampliando e estendendo o discurso da Tuiuti sobre a escravidão para toda a nossa história, antes mesmo da chegada dos africanos. A Mangueira inverte o olhar histórico, antes de cima para baixo, agora de baixo para cima, e lista nomes e mais nomes de heróis anônimos e esquecidos ou lendários, cuja existência, mesmo não reconhecida por historiadores, traz uma carga simbólica ao congregar em si muitos outros: Cunhambebe, Dandara, e entre eles Marielle Franco. A entronização do nome de Marielle é um ato político fortíssimo, trazendo atrás dele todo o peso de história do Brasil revisitada, e colocando-a ao lado de abolicionistas como Luiz Gama e sua mãe, a revolucionária Luísa Mahin.

Muito se escreveu sobre o desfile da Mangueira, tanto pelo aspecto estético do desfile quando de sua força política. Porém nosso interesse primordial aqui é o samba em si, a forma musical do samba-enredo é de grande interesse. E os dois melhores sambas de 2019 foram, fácil, e também profundamente diferentes, o da Mangueira já citado, e também o do Salgueiro, para Xangô.

Antes de seguir, registrem-se os autores do samba: Demá Chagas, Marcelo Motta, Renato Galante, Fred Camacho, Leonnardo Gallo, Getúlio Coelho, Vanderlei Sena e Francisco Aquino. Dito isso, registre-se que o samba do Salgueiro é absurdamente empolgante. É um samba bastante tradicional na forma. com dois refrões intercalando estrofes narrativas para que o ritmo da escola não decaia, e também profundamente enraizado nas tradições que visita. O refrão central,

> *Mora na pedreira, é a lei da Terra*
> *Vem de Aruanda pra vencer a guerra*
> *Eis o justiceiro da Nação Nagô*
> *Samba corre gira, gira pra Xangô*

poderia perfeitamente ser cantado em giras de umbanda como um ponto de saudação a Xangô, e não duvido nada que logo passe a ser. O pesquisador Luiz Antônio Simas (recorro pela primeira vez a ele aqui, mas o farei mais vezes mais à frente) comentou: *Salgueiro entrou ao som do alujá , o toque de Xangô. Alujá significa "orifício". O nome se refere ao mito de que, ao virar orixá encantado no fogo, Xangô deixou um buraco na terra.* A bateria do Salgueiro, cognominada *A Furiosa*, levou esse toque afro para dentro de sua batida, com o resultado que se viu. Mas é preciso também destacar a beleza melódica do samba, incluindo desenhos inesperados como o do outro refrão:

> *Olori Xango eieô*
> *Olori Xango eieô*
> *Kabesilé, meu padroeiro*
> *Traz a vitória pro meu Salgueiro*

As curvas melódicas do segundo *eieô* e de *Kabesilé*, ao estenderem a suspensão melódico-harmônica, tornam o verso final, com a resolução caindo sobre o nome da escola, muito mais peremptória. É uma solução extremamente elegante, que longe de romper com a forma tradicional, acrescenta a ela e a veste nobremente.

E contrastando com essa forma de maneira desafiadora, a ponto de embatucar Pretinho da Serrinha, que fez os comentários do desfile na transmissão pela TV, e que nem de longe é um desconhecedor do assunto, temos o samba da Mangueira, de autoria de Deivid Domênico, Tomaz Miranda, Mama, Marcio Bola, Ronie Oliveira e Danilo Firmino – além de Manu da Cuíca, que não teve o nome creditado a seu pedido, por concorrer na disputa de outra escola (em que não venceu). Realmente, o samba da Mangueira é inesperado em sua forma. Para começar, logo o refrão de abertura – e nesse caso o único, já contrariando a forma atual dos sambas-enredo – surge sem a preocupação de um impacto frontal no ouvinte:

> *Mangueira, tira a poeira dos porões*
> *Ô, abre alas pros teus heróis de barracões*
> *Dos Brasis que se faz um país de Lecis, jamelões*
> *São verde e rosa, as multidões*

Uma das obrigações de um samba-enredo é não apenas apresentar o tema do desfile, mas também quem o apresenta. A menção/exaltação á própria escola é obrigatória, e em geral é feita em altos brados, no ponto culminante do samba, aquele que gruda no ouvido. O Salgueiro segue à risca a recomendação. Já a Mangueira o faz de forma algo enviesada. Vale a pena comparar as duas abordagens: O nome Salgueiro, após os dois adiamentos melódicos supramencionados, vem numa afirmação peremptória sobre a fundamental do acorde de tônica: *Traz a vitória pro meu* Salgueiro. E para que não haja dúvidas, mais adiante, no encerramento de uma das estrofes intermediárias, o expediente se repete ipsis litteris: *Lá vem Salgueiro*, e que ninguém duvide disso.

No samba da Mangueira, tudo ocorre de forma diferente. O nome da escola abre a estrofe (e o samba), não o fecha. Mas, principalmente, e de forma totalmente contraintuitiva, a melodia que conduz esse nome desce suavemente sobre um acorde deslizante, e repousa sobre a terça desse acorde. Nada de afirmações incisivas – elas virão, como em *Eu quero um país que não está no retrato*, esta com uma melodia bem desenhada e que termina no acorde de repouso, reforçando-a. Mas não a apresentação da escola. Esta vem humilde como a população que vai retratar, como que amalgamando-se entre ela. Sua intenção não é o enfrentamento, é o acolhimento, é abrir as portas e as alas para estes. Antes de orgulho, há um carinho por quem se é, carinho que encontra na letra seu reflexo no uso dos vocativos *Meu nego* e *Meu dengo* para se referir nada menos que ao Brasil.

Mas o inesperado tem seu preço. O samba da Mangueira, ao não seguir integralmente as convenções melódicas do gênero e colocar uma harmonia semovente sob suas notas, se torna bastante difícil de cantar, especialmente sem um instrumento harmônico de referência. É um samba belíssimo, e que funcionou exemplarmente na avenida. Mas outra vez o contraste com o samba do Salgueiro é claro: enquanto no da Mangueira a harmonia, ou ao menos a memória desta, frequentemente se faz necessária para compreender melhor a melodia, no do Salgueiro, à maneira clássica, a melodia traz em si implícita essa harmonia, mesmo em seus desenhos mais sinuosos, tornando o samba prazeroso de ser cantado mesmo *acapella*.

Mas há também coisas em comum no tratamento dado a seus sambas pelas baterias das duas escolas. Já foi mencionado o toque do Salgueiro para seu samba, em homenagem ao Orixá. Isso porque o mesmo Simas indica essa genial virada da bateria da Mangueira (mantenho o palavrão usado por ele e o corroboro):

Detalhe da bateria da Mangueira. Ela faz uma bossa de marcha militar na preparação do refrão. Só que aí a marcha militar sai e entra uma muzenza tocada nos atabaques! A muzenza é um ritmo tocado nos candomblés de caboclo! A muzenza se impõe sobre a marcha militar. Putaquepariu.

O momento mencionado por ele para a marcha militar é justamente o verso *Quem foi de aço nos anos de chumbo*, aludindo aos que combateram o a Ditadura Militar. E na sequência, os atabaques soam nos versos: *Brasil, chegou a vez / De ouvir as Marias, Mahins, Marielles, malês.* Um ajustamento exato entre instrumentação e letra, realçando cada detalhe. Essa virada não ocorre na gravação em estúdio do samba, mas apenas na avenida – mas nesta é feita várias e várias vezes, provocando um comentário de Pretinho da Serrinha: se está dando certo, fazemos de novo!

E esses detalhes na fundamentação das levadas de bateria de cada escola, respeitadas suas diferenças, são também o que une esses enredos aparentemente tão diversos. Isso porque um enredo de escola de samba cala mais fundo em seus participantes e no público na medida em que tem sua identificação com a própria escola, sua história e sua coletividade, desvendada. Assim como Xangô está na identidade do Salgueiro, a Mangueira conseguiu fazer de seu enredo parte de si mesma a ponto de suas baianas terem desfilado vestidas... de baianas, apenas, e com isso estarem totalmente adequadas à história contada. Ambas as escolas conseguiram uma identificação visceral com o público, ao fundirem a si mesmas com seus enredos e incluírem o espectador na história. Cito mais uma vez Simas:

O que tem de macumbeiro apaixonado pelo samba da Acadêmia é coisa séria. O que tem de macumbeiro silenciado que quer gritar Kawô Kabecilê é lindo. Não sei nem se o Salgueiro percebe isso, mas o samba e o enredo são, nesses dias de intolerância, profundamente políticos. Gritar "Oba Nishe Kawô! em tempos de terreiros atacados toda semana é político pra cacete.Os terreiros e os macumbeiros, aqueles que talvez não vejam o Salgueiro ao vivo na avenida, agradecem e tremem!

Essa identificação descrita veementemente não é, ao fim e ao cabo, diferente da que levou Robson Negão, o porteiro do barracão da Mangueira, a se apossar do troféu do título ao fim da apuração, e realizar uma volta olímpica completa na Praça da Apoteose, seguido por toda a comitiva da Mangueira, diretoria inclusa, porque o presidente da escola, Chiquinho da Mangueira, está preso... o presidente da República, após suas mensagens escatológicas, tentou desqualificar a Mangueira por isso, sem lembrar que foi do mesmo partido de Chiquinho, e considerando que uma obra de arte pode ser manchada por ações políticas acima dela e que ela não controla, como se a Capela Sistina de Michelangelo fosse manchada pela Inquisição

Católica. Mas, mais que isso, sua decisão, anunciada discretamente durante o carnaval, de abrir as terras indígenas à mineração, exemplifica o quanto é necessário para ele desqualificar quem o identifica como um mero continuador dos que guiam de cima para baixo e à força a história brasileira por séculos, ignorando e combatendo os descritos na bandeira brasileira/mangueirense que fechou o desfile: *índios, negros e pobres*.

Faltou luz por horas a fio na quadra da Mangueira durante a comemoração do título. O motivo foi uma chuva curta, mas fortíssima, que caiu sobre a região ainda durante a apuração, tão forte quanto a que atingiu o condomínio de Renato Sorriso em Tomás Coelho dias antes, e que o tirou do primeiro dia dos desfiles. O nome de Renato bem poderia ser um a mais entre os listados no enredo da Mangueira. Mas tenho para mim que Renato sabe que, mesmo sem ter sido citado nominalmente, e assim como Marielle, Dandara, Leci, Jamelão, Francisco José do Nascimento, Cunhambebe, Luiza Mahin, e João Cândido, Esperança Garcia, e Raoni Metuktire e tantos outros, ele está lá.